日本史籍協會編

鳥取池田家文書 一

東京大學出版會發行

鳥取池田家文書第一

原題　尺牘草案

緒言

一本書は池田侯爵家に於て其先代なる前鳥取藩主池田慶徳の事蹟を闡明すべき文書をば年次によりて類纂せるものにして専ら朝廷幕府よりの達書及び慶徳の上書建白往復書翰を輯め又同藩重臣幷に他藩士等の書牘をも採録せり

一本書は凡て八巻あり第一巻は文久二年の文書にして「文久二年壬戌御上京以前書類」「御滯府中」「御在府中御公務御

來書類」を收め第二卷は文久二年乃至同三年の文書にして「壬戌冬江戸表御發駕以來御書類扣」を收め第三卷より第六卷までは文久三年の文書を收む幷に標題を附せず概ね在京中の書牘なり第七卷は文久三年乃至元治元年の文書を收むまた標題なし在京在國中の書牘に係る第八卷は附錄なり文久二年乃至同三年の文書にして「壬戌十二月御在府中別段京師ゟの内書」「文久二壬戌年別紙書類」「癸亥春御上京以來書簡扣」を收めたり

一池田慶徳の事蹟は家譜によりて別に掲載せり慶徳は徳川齊昭の第五子にして徳川慶篤徳川慶喜池田茂政徳川昭武松平昭訓等の同胞なり公武合體の意見を抱き文久

二年以來國事に周旋せしが其思想感情は寧ろ過激派たる長藩に近かかりしかば後ちには同藩と相援引し爲に幕府の猜忌を招きし事も尠なからず本書收むる所の文書は僅かに文久元治の交にのみ限られたれども以て這般の情勢を詳かにし鳥取藩の態度を窺ふべく且つ波瀾多き當年政事界の眞相を知るに足るもの亦多くいづれも皆貴重の史料たらざるはなし就中加茂八幡の行幸生麥の償金將軍德川家茂の上洛及び歸府さては八月十八日政變前後の形勢のごとき能く其委曲を盡せり

一終りに滋み侯爵池田仲博氏が貴重なる原本の製版頒布を允諾せられたる好意を謝す

大正六年九月

日本史籍協會

鳥取池田家文書 一 目次

因幡鳥取 池田家譜

慶徳

初名昭徳幼稱五郎麿天保八年七月十三日江戸ニ生贈從一位徳川齊昭第五子也生母松波氏春

嘉永三年八月二十五日征夷大將軍徳川家慶ノ猶子トシテ慶榮ノ嗣タラシム十月二十九日襲封十二月十九日首服ヲ加從四位上ニ敍シ侍從ニ任シ相摸守ニ拜ス

五年閏二月十六日始テ封ニ就學校ヲ再興ス

六年十一月十四日幕府武藏國本牧ノ警衛ヲ命セラル因テ旗頭鵜殿藤助荒尾駿河荒尾千葉之助等ヲシテ各兵若干ヲ率ヒテ警衛セシム數月ヲ閲ス

安政元年十一月十六日本牧ノ警衛ヲ轉シ品川礮臺ノ警衛ヲ命セラル

三年十二月十六日左近衛權少將ニ遷相摸守如故

四年二月朔別封淡路守清直養女寛子ヲ娶明治五年正月二十五日死

五年六月二十一日品川砲臺ノ警衛ヲ轉シ大阪天保山海口ノ警衛ヲ命セラル因テ旗頭津田筑後乾雅樂之助等ヲシテ兵若干ヲ率ヒテ役ニ赴カシム是年軍政ヲ改革ス
文久元年十二月二十一日左近衛權中將ニ遷相摸守如故
二年十月將ニ幕府ニ覲セントス十四日伏水ニ宿ス右大臣二條齊敬京師在留ノ臣山部隼太ヲ呼テ　勅旨ヲ傳依テ京師ニ朝ス其　旨左ノ如シ
蠻夷渡來以後　皇國ノ人心不和ヲ生シ當時不容易形勢ニ到リ深ク被惱　宸襟候ニ付　皇國ノ御爲ハ勿論　公武猶々御榮久之樣去五月關東ヘ　勅使被差下被　仰出候御旨趣有之候處於大樹家モ去七月朔日叡旨御請被申上　御滿足ノ御事ニ候近々追々制度改革之旨　叡感候猶又　叡念彌以速ニ被行候樣被遊度　思食候旣ニ水戸故前中納言忠節卓越タルニ依リ被追贈從二位權大納言候折柄相摸守ニモ實父ノ事右遺志ヲ繼爲國家抽丹誠周旋ノ儀　御內々　御依賴被遊度　御沙汰候事
今般　勅使ヲ以テ攘夷ノ事被　仰出候ニ付諸蠻漏聞難計　帝都非常

ノ御備無之而ハ　御不安心ノ儀ニ付御備ノ儀同關東へ被　仰出候右等ノ御時節幸通行ニ付暫在京御警衞可有之候樣被遊度　思召候事

十五日京師ニ至ル十八日參　朝　龍顏ヲ拜シ　天盃ヲ賜フ中納言三條實美中將〇少將の誤姉小路公義〇公知の誤ヲシテ攘夷ノ儀再應　勅命ヲ下サル就テハ東下共々盡力可有之旨麝香ノ間ニ於テ關白近衞忠熙懇諭アリ續テ鶴ノ間ニ於テ傳奏中納言飛鳥井雅典宰相中將野宮定功　勅書ヲ傳へ命ヲ拜ス左ノ如シ

攘夷ノ儀被　仰遣候　勅使不日著府　叡旨委曲申達シ且談判等可有之就而ハ速ニ遵奉之儀ト　思召候へ𪜈彼是異論等難計之間相摸守儀ニモ早々出府程能大樹へ直談周旋可有之　思食候事

於關東周旋ノ儀ニ付依事馳走ノ所へ行向　勅使ト面談可有之　御沙汰之事

帝都御警衞ノタメ可然家來人數等可殘置被　仰下候事

二十一日東下ス十二月十九日京師ニ復命ス

三年正月三日參　朝　龍顏ヲ拜シ　天盃ヲ賜殊ニ　詔賞アリテ　著御

ノ御衣ヲ賜ヒ國ニ就ヲ許ス四日京師ヲ發シ歸途大阪ニ淹リ海口防禦ノ
コヲ指揮ス十五日大阪ヲ發シ十七日姫路ニ宿ス時ニ幕府ノ命アリテ更
ニ上京セシム十九日姫路ヲ發シ二十三日京師ニ朝ス二月二十七日拜
命左ノ如シ
頃日横濱港ヘ英國軍艦渡來不容易形勢不日兵端ヲ開候哉ノ旨攝海邊
ヘ渡來モ難計趣非常急務ノ御時節ニ付賜御暇候間早々持場ヘ罷越防
禦御盡力可有之　御沙汰候事
今般英吉利船渡來ニ付夫々防禦ノ次第モ可有之就而ハ歸國ニ可相成
哉若於歸國ハ精選ノ士應在京之人數多少　朝廷爲御警衞滯在有之候
樣關白殿被命候事
二十八日拜　命左ノ如シ
此頃英夷攝海ヘ渡來モ難計ニ付大阪海軍當分總督ノ心得ヲ以凡軍政
ニ預リ候諸事致差圖候樣猶又手配行屆候上ハ國許防禦隱岐應援等ノ
儀モ可心得且一先致歸國候樣被　仰出候事
晦京師ヲ發シ三月朔大阪ニ至ル五日拜　命左ノ如シ

攘夷御祈願ニ付加茂下上社ヘ來ル十一日　行幸被　仰出候間相撲守
儀攘夷ノ儀ニ就而ハ格別周旋モ有之候旁供奉被　仰付候間早々上京
可有之　御沙汰候事
七日大阪ヲ發シ八日入　朝十一日加茂下上社　行幸供奉前驅ス十六日
勅アリテ京師ヲ發シ二十三日國ニ就ク五月二十三日中立賣警衛ヲ命セ
ラル二十六日幕府ノ命アリ左ノ如シ
京師御警衛來年四月ヨリ六月マテ可被心得旨被　仰出有之候處他事
御用モ有之候ニ付當亥歲七月ヨリ九月迄加賀中納言御警衛ト操替勤
仕可有之　御沙汰候事
六月二日拜　命左ノ如シ
追々切迫ノ時勢深被惱　宸襟候就而ハ御用モ有之候間早々登京可有
之　御沙汰候事
八日大阪天保山海口警衛ヲ免ス戍兵猶在リ十四日英國軍艦入港ス我兵
發砲之ヲ却ク二十七日京師ニ覲ス七月三日拜　命左ノ如シ
當月ヨリ三ケ月御警衛先達而來心得ノ處外御用モ有之早々上京　有

之去月　御沙汰之處速ニ御請登京　御滿足ニ候大樹歸府後追々時勢
切迫深ク被惱　宸襟候彌以誠忠猶又國事ニ付被尋下候件々モ可有之
其節無服臟存意等委細言上有之候樣　御沙汰候事
攝海警衛之儀今度被免候處去月十四日英艦渡來之節打拂候ニ付而ハ
暫ノ處人數其儘差出置嚴重手當有之重而渡來ノ節ハ不失其機攘斥有
之諸藩ノ規範ト可相成候樣御沙汰候事

八月十日錦二卷ヲ賜フ先是會津騎兵　天覽アリ命アリテ兵ヲ率ヒテ其場ヲ警衛ス因テ慰勞トシテ此賜アリ十一日東下ノ命アリ其旨左ノ如シ

御親征被　仰出候ニ付松平淡路守上杉彈正大弼松平備前守同道速ニ
東下シ攘夷　叡慮貫徹候樣周旋可致旨關白殿被命候事

十七日　禁闕變動ノヿアリ因テ軍ヲ率ヒテ參　朝　皇居ヲ守衛ス其夜小御所ニ於テ　天皇　皇太子ヲ拜ス左大臣二條齊敬ヲ以テ御前ヘ召テ勅書ヲ賜リ諸侯共ニ命ヲ奉ス其大略ニ云

昨日御親征トシテ御東下御內命アリシ處今日命アリテ夷狄御親征ノ
儀未其機會ニ無之　叡慮ニ候處　御沙汰ノ趣施行ニ相成候段全　思

食ニ不被爲在候得共先此旨被仰下候尤攘夷ノ　叡慮ニ於テ少シモ替ラセラレス候　行幸暫ク御延引仰出サレ候竝今曉來非常ノ形勢混雜ニ付被召候處早速參上鎭撫ノ段　御滿足　叡感被爲在候猶忠勤有之候樣仰出サル

續テ鶴ノ間ニ於テ宮中宿直且六門内外警衞ノ命ヲ拜ス廿一日事平テ退ク猶兵士ヲシテ洛中外ヲ警衞セシム二十六日　勅賞アリテ御持古御末廣幷絹ヲ賜且兵士ヲ慰勞シテ物ヲ賜フ十月八日參　朝　龍顏ヲ拜シ天盃及御末廣晒等ヲ賜且國ニ就ヲ許ス十一日京師ヲ發シ十七日國ニ歸ル十二月十一日長谷家警衞ノ命アリ

元治元年正月上京ヲ命セラル病ニ依テ長臣荒尾但馬ヲシテ代テ上京セシム四月十八日參議ニ任ス之ヲ固辭ス七月二日上賀茂警衞ヲ命セラル十五日支封内匠頭德定ヲシテ代リテ京師ニ朝セシム八月十三日幕府ノ命アリ左ノ如シ

松平大膳太夫追討被仰付候ニ付其方儀者陸地石州路之先鋒被　仰付候間萩城ヲ攻陷夫ヨリ山口表ヘ驅向大膳太夫父子始メ誅戮可致旨被

仰出候尤當月中出陣之心得ニテ出張日限之儀尾張前大納言殿へ可被相伺候

九月十四日南門前警衞ヲ命セラル十月二十五日之ヲ免ス十一月二十四日兵ヲ率ヒテ幕府ノ師ニ會シ長門ヲ討ス軍米子ニ次ス既ニシテ長門罪ニ伏ス

慶應元年正月十日凱旋六月四日因幡守ニ遷任ス十一月七日幕府ヨリ長門再討應援ノ命アリ

二年五月二十六日幕府ヨリ長州征討出兵ヲ命セラル六月津田雄次郎乾小四郎等ヲシテ軍ヲ率テ幕府ノ師ニ會シ長門ヲ討セシム七月四日討長ノ兵石見ヨリ進軍ノ指揮ヲ命セラル病ヲ以テ之ヲ辭ス一門池田周防ヲシテ代リテ陣ニ赴カシム執政田村圖書兵若干ヲ率ヒテ從行ス八月　勅アリテ兵ヲ休セシム征夷大將軍徳川家茂薨スルヲ以テナリ十一月討長ノ兵凱至ス十月拜　勅命左ノ如シ

徳川中納言言上ノ趣モ有之諸藩衆議　聞食サルヘク候間速ニ上京決議ノ趣ハ中納言ヲ以テ奏聞スヘキ旨　御沙汰候事

時ニ病床ニ在テ命ヲ拜スルヲ得ス因テ長臣荒尾駿河ヲ以テ長防所置ノ
意見ヲ上書ス
三年十一月十一日長谷家警衞ヲ　命セラル
明治元年正月三日　勅ヲ奉シテ唯武次郎山岡上野等ヲシテ兵ヲ率ヒテ
薩長土藝ノ兵ト大阪ノ賊ヲ討セシム伏水淀鳥羽等ノ處ニ戰ヒ遂ニ之ヲ
却ケ伏水ヲ戍ル四日正親町三條家ノ警衞ヲ命セラル五日拜命左ノ如シ
　山陰道爲鎭撫西園寺三位中將出張ニ付万一不服　王化者於有之ハ總
　督ノ命ヲ奉シ早々可　奏掃攘ノ功　御沙汰候事
七日　命アリテ伏水屯兵ヲ轉シ八幡橋本等ヲ警衞シ兼テ橋本ノ關門ヲ
守ル勸修寺家烏丸毘沙門堂里坊等ノ警衞ヲ命セラル十日命アリテ八幡
橋本ノ兵ヲ轉シテ大津ニ移ル二十九日山陰道各藩情實探索　奏上スヘ
キノ命ヲ拜ス二月五日之ヲ免ス　朝旨ニ因テ宗末四家幷ニ舊氏池田ニ
復ス六日東山道追討師先鋒ノ命ヲ拜ス十三日旗頭和田壹岐參謀河田左
久馬等ヲシテ軍ヲ率テ大總督宮ニ屬シ先驅シテ京師ヲ發ス十八日病ニ
依テ致仕ノ請ヲ允ス二十日山陰道鎭撫總督ノ師ニ屬シ兵ヲ出雲ニ出ス

二十一日中立賣警衛ヲ命セラル四月四日鎭撫總督西園寺公望藩情　奏
上ノ旨趣ヲ以テ更ニ病ヲ勉メ勤仕スヘキノ　勅ヲ拜ス六月十七日中立
賣警衛ヲ免ス七月十四日東北遊擊將軍ニ屬シ出羽ノ賊徒追討ノ命ヲ拜
ス旗頭山本玄蕃參謀永井與十郎等ヲシテ軍ヲ率ヒテ海路ヲ發セシム八
月四日出羽ノ出兵ヲ轉シ越後進軍ノ命ヲ拜シ岡村喜兵衛等ヲシテ徵兵
若干ヲ率ヒテ卽日出發セシム十九日京師ニ朝ス廿六日　勅アリ旣ニ大
軍ヲ出シ今又奧州出兵ノ命アルヲ以テ特ニ金二千兩ヲ賜フ廿八日東京
行幸後驅ヲ命セラル九月朔參　朝　龍顏ヲ拜シ　詔アリテ御劒ヲ賜フ
十二日兵一大隊大阪府ニ出スヘキヲ命セラル十六日病ヲ以テ東京　行
幸後驅末藩攝津守德澄ニ命セラレンヿヲ請フ之ヲ允ス　行幸中　桂宮
警衛ヲ命セラル屢參　殿恩賜アリ十七日參　朝　天盃御饌ヲ賜フ大阪
府ノ屯兵二百五十人奧州轉進ヲ命セラル十八日參　朝拜命左ノ如シ

先年來　皇國ノ御爲東西奔走周旋不一方近來罹病在國候處春來所々
出兵追々軍功不少全其方指揮行屆候儀ト被　思食候尙又此度扶病押
テ上京勵精ノ段　叡感被爲在候猶此上屢參　內心付ノ儀ハ可有言上

旨被　仰出候事
十九日在阪ノ兵奧州轉進ノ外速ニ東京轉進ヲ　命セラル十月二日自今
車寄ヨリ昇降スヘキノ　命ヲ拜ス五日在阪ノ兵東京轉進ヲ免ス二十五
日　皇城當直ヲ請フ二十九日之ヲ允ス十一月六日隱岐國管轄ヲ　命セ
ラル此日東京　行幸供奉ノ兵隊ニ常盤橋警衞ヲ命セラル十一月十八日
自今參　朝議定候所參入スヘキノ　命ヲ拜ス二十日　皇城當直ヲ免ス
是月東北諸路ノ兵京師ニ凱旋ス初東山道ノ兵甲斐ニ入府城ヲ取リ進テ
勝沼ノ賊ヲ敗リ江戸ニ下リ下野ニ進軍安塚ニ勇戰シ宇都宮城ヲ攻テ之
ヲ復シ尙殘賊ヲ駈テ日光ニ至リ還テ東叡山屯集ノ賊ヲ掃擊シ忍小田原
ニ出兵シテ函嶺ニ戰進テ磐城平城ヲ圍テ之ヲ屠リ尋テ下淺見川及廣野
富岡上手岡新山鴻ノ房浪江等ノ所ニ戰ヒ中村ニ入椎ノ木原竈初野等ニ
劇戰シ旗卷峠ニ克チ遂ニ仙臺ニ入殘賊ヲ剿除ス北越ノ兵ハ高田ヨリ進
テ柏峠ノ賊壘ヲ敗リ妙見ニ戰ヒ長岡城ヲ取リ大黑ヲ敗リ新潟ニ進ミ彌
彥加茂見付今町榎本等ノ各所ニ奮戰ス出羽ノ兵ハ堺村上淀川種澤村岬
等ノ各所ニ勇戰ス此ニ至テ諸賊降伏東北平定ス十二月四日末藩攝津守

德澄東京　行幸後驅ヲ免シ東京滯在ヲ　命セラル五日東京城車寄御番所中仕切中ノ口御内玄關等ノ諸門守衞ヲ　命セラル七日有　命松平容保ヲ東京ノ私邸ニ幽ス二十日九門内乘馬ヲ許サル二十四日　桂宮警衞ヲ免ス恩賜アリ二十五日泉山　行幸供奉前驅ス
二年正月二十四日封土ヲ奉還センヿヲ請フ二月三日權中納言ニ任シ從二位ニ敍シ議定ニ拜ス尋テ因幡守ヲ辭ス七日御學問所ニ於テ陪食ヲ賜ヒ退テ御紋付御短刀ヲ賜フ九日東京　行幸供奉ヲ命セラル二十八日隱岐國管轄ヲ免ス三月七日　車駕ニ陪シ京師ヲ發ス廿七日命アリテ囚人松平容保ヲ支封攝津守德澄ノ邸ニ移ス尋テ中納言德川茂承ノ邸ニ移ス五月十五日議定ヲ免ス麝香間祗候ヲ命セラル廿九日吹上瀧見ノ御茶屋ニ於テ酒饌ヲ賜フ六月二日戰功ヲ賞シ祿三萬石加賜フ其　詔左ノ如シ
丁卯之冬　朝廷之危急ヲ察シ兵ヲ京師ニ出シ戊辰ノ春伏水一戰續テ東北諸軍ニ合シ殊死奮勵每戰奏功藩屏之任ヲ盡シ候段　叡感不斜仍テ爲其賞三萬石下賜候事

池田中納言

高三萬石

依戰功永世下賜候事

明治二年己巳六月

十五日版籍奉還ノ請ヲ允ス鳥取藩知事ニ任ス七月三日歸藩ヲ命セラレ直垂御馬鞍鐙等ヲ賜フ去年來職務勵精ヲ賞シテ也十四日拜命左ノ如シ

國家ノタメ篤志ノ段 御滿足ニ被 思食候今般知藩事被 仰出候ニ付專ラ御趣意ヲ奉體シ格別盡力ノ趣追々 聞食候猶歸藩ノ上速ニ實功ヲ奏シ列藩ノ標的トモ相成候樣精々勉勵可致候事

十二日實父贈大納言德川齊昭墓參ノタメ水戸ニ赴カンヿヲ請フ之ヲ允シ且祖母ノ耆老ヲ賞シテ御文庫ノ內ヲ賜フ二十一日東京ヲ發シ水戸ニ至八月朔日東京ニ還リ五日東京ヲ發シ二十八日藩ニ就キ藩政ヲ改革ス

三年春大參事伊丹忠直權大參事沖守固ヲシテ代リテ東京ニ朝シ藩政改革ノヿヲ奏セシム二月五日北海道後志ノ國島牧郡ノ內八萬石管轄セシム八月權大參事沖守固歸藩入 朝ノ 內旨ヲ傳十月三日東京ニ 朝ス

閏十月十三日五子國若ニ家祿ノ內四百五十石ヲ與ヘテ故池田澄古ノ家

ヲ繼シメンコヲ請フ不允

四年二月二十日東京府貫屬ヲ命セラル七月十四日鳥取藩知事ヲ免ス麝香間祗候如故

五年五月二十七日致仕ス六月七日西國　行幸中宮內省當直ヲ　命セラル七月十九日當直精勤ノ故ヲ以テ布晒一匹洋酒五瓶ヲ賜フ八月二十五日著御ノ御直衣ヲ賜フ九月五日陪食ヲ賜フ十二日鐵道開業式行ハレ橫濱行幸供奉ス十月十五日始テ　皇后宮ニ見ユ十一月廿四日御眞影ヲ賜フ

六年一月二日初テ　皇太后宮ニ見ユ五月十六日　皇后宮御誕辰　主上皇太后宮　皇后宮御前ニ於テ陪食ヲ賜フ六月二十九日輝知ト共ニ金五千圓ヲ獻ス　皇城炎上ニ依テナリ

慶德七男三女アリ二子輝知家ヲ繼五子國若初稱六麿女子正子從五位池田德澄ニ嫁ス常子一門池田政太郞ノ姉養テ從五位池田德定ニ嫁ス凡五男一女皆夭ス○家譜玆ニ終ル以下本會ニテ補フ

〔補〕明治十年八月三日京都ニ於テ薨ス年四十一同月十九日勅シテ正二位ヲ贈ル四十年五月十日更ニ從一位ヲ贈ル

（完）

（原朱）因州家書類

文久壬戌

尺牘草案

一

文久二年壬戌御上京以前御書類

○文久二壬戌年

一此度松平修理大夫殿屋敷ニ逗留致し候浪人者之内三十人計出奔致し候間何時如何様之儀出來致し候も難計旨修理大夫殿家來之ものゝ酒井若狹守ニ申聞候ニ付探索之者追々差出し候處京地ニも怪敷体之もの徘徊致し候趣ニ付御警衛諸家ニも心得申達候旨伏見表ニ而も浪人ものゝ騒立及刃傷同士打等致し候得共修理大夫殿人數ニ而右浪人之内頭立候ものゝ捕押取鎮先ッ別條無之旨若狹守ゟ申來り候事

四月

右之趣伏見御留守居ニ御達し有之候旨京都御留守居ゟ御旅中迄申來於中山道御影寺御承知被遊不取敢別紙之通御建白御認被成候得共有故而御差出し無之

ゝゝ竊ニ傳聞仕候處

主上御英明御果斷ニ被爲　渡専被對　神祖　大神宮御初　御歴代御忠

孝之勅意を以　皇國武威繁榮紀綱倍張士氣振起仕万目一新之上内修外攘之所置被爲行度　叡慮之趣ハ實以難有仕合奉存候既先年以來之　勅意奉拜承一統歸向仕候御事ニ而是全　皇州之御武運猶御繁榮之期と奉恐賀居候然ル處故大樹薨去當主幼弱就而ハ幕吏共攝大政罷在候處彼是紛擾之折柄度々人名も相替り夫而已ならす大礼等打續萬事不行届勝之儀共不少就而ハ厚被惱　叡慮候御儀奉拜承奉恐縮罷在候外藩親藩東西諸侯有志之者共も不少候得者何分ニも　叡慮ハ可相貫候得ども當今之時節昨年　和宮様御下向之御一事ニ於ても甚以奉恐入候御儀奉存候得共事既往ニ御座候得ハ不憚奉言上候只當節之　勅意如何可被爲在哉と奉恐入候既ニ天下諸浪人どもも蜂起仕傳聞ニ而ハ　皇都近邊ニも罷居候而彼是不法ども有之趣甚以申上方も無之御儀と奉存候乍併島津和泉儀忠勇義烈之志達　叡聞右取鎭被　命上京罷在候趣ニ付先以此一儀ハ被爲安　叡慮候事と奉存候得共今度微臣儀國元西下仕道中ニ而往々道路

之風聞承候趣ニ而ハ何共被惱　叡慮候御事柄と深奉恐畏候右ニ就而ハ何角踏留候儀ニハ無之候得共大原三位儀關東江爲　勅使被成下大樹江勅意被爲在候趣是全く家康以來家之功業被思食候而厚キ　叡慮之御儀と於下官も深奉感佩候然ル處此節柄江戸ハ尤貴地海道筋ニ至迄も下官人氣之樣子考合候處不穩哉ニ相考候ニ就而ハ今度之御場合如何可被爲在哉是又道路之傳聞ニハ御座候得共關東江勅使被　仰出候ニ就而大原三位儀以出格之　叡慮先途無之儀御推任候趣左候得ハ彌被下候御儀と奉存候得共前文之次第柄万一此節臨時　勅使被成下候ハ（てカ）ハ天下人心一時ニ動搖仕却而其虚ニ乘し外患も難計と奉存候夫而已ならす萬一　勅意不相貫候樣之儀有之候而ハ第一至極御威光ニも相拘候事柄ニ而乍恐被對　神器候而も御不孝之筋迚もニハ無之哉乍恐天下之御爲と被思召候而右勅使之儀ハ暫時御猶豫被　仰出候樣有之度奉存候間下官儀　叡慮之逐一眼目之　勅意を奉伺候而大樹初幕吏江相諭し猶幕吏共大樹輔

佐ニ如何なる之臣ハ以　勅意申諭し可奉安　叡慮候間一ト先此度之儀
ハ御猶豫被　仰出候而以武官　勅意相貫候樣仕度若万一一應之　御沙
汰ニ而思召不相屆節ハ大原三位被成下候而御宜キ儀ト奉存候　勅使等
ハ甚以御大事之儀萬一　勅使被成下候御廉不相立節ハ日本之御威光墜
地却而万民狐疑之念慮を相生間敷ふも無之奉存候得ハ實以不安寢食次
第ニ付兼而之御規則ニ戻り上書甚以多罪之至ニ御座候――

○文久二壬戌年

御歸城後春嶽樣江御贈書

一翰啓呈仕候漸向暑之時ニ候得共貴地時候如何弊地ハ案外冷涼ニ御座候
先以愈御清榮被成御勤仕珍重至極奉存候暑氣之砌日々御登城別而御煩勞
之御儀奉存候扨過日ハ道中ゟ任御懇意書狀差出候右ハ全く道路之風聞迄
も傳承致し候處　叡慮不容易御樣子歟と相伺殊ニ島津三郎も京師發軔之
趣傳聞仕候處大原左衛門督殿儀　別勅之由日割相考候得者九日頃ニハ著

府ニ存候處定而　幕下御始貴所様方年寄中ニも御配慮不一方御心配之儀
ニ奉存候眼目〔マヽ〕先年掃部頭勤役中より其きさし者有之候事ニ存候得共〔者カ〕此度
之儀者を疾より頓發ニ申譯ニ者有之間敷されハ容易ニ御所置振も御六ヶ
敷事一体　皇妹御降嫁之一件を初メ悉御良策共不奉存候兼々杞憂致し居
候得共時宜不得止事默止罷在候然ル處此度　京洛之一條薩長二士之擧動
共つら〱相考候處實以天下之御大事此時ニ存詰候依而者先時枚方驛ゟ
以書狀着城之上重役田村貞彥を以存意書持參爲致貴所様幷年寄衆ニ及議
白候心得ニ而罷歸候處既ニ大原殿且島津泉州東行之趣傳聞致候間彼是手
間取候而者遲延相成候計ニ而甚心促候間以急飛老中迄一札差出し候右書
中小子之意氣相盡度奉存候得共何分ニも非礼之上之僭踰之至ニ付大意之
荒増而已及建白候得共猶又小子之心中貴所様迄吐露仕候間何卒程能御取
持之程奉希度眼目　幕下ニ於　朝廷君臣之大義被爲在候事故萬々一ニも
御違勅之筋ニ相當候儀共有之候而者取も不直　公武御不和之基ニ可相成

若夫等之儀聊も被爲在候而ハ西隅之大藩如何樣之機密可有之も難計萬々一術中ニ被爲陷候儀有之候而ハ　神祖以來之御鴻業全墜地再德川家之御政道ハ相立申間敷一度東西之諸侯離叛致候ハヽ重而列藩御羈縻ハ拂地御六ヶ敷儀と被存候就而ハ當時之御場合實以神州之安危幕府之御興替關係仕候儀ニ而何れも御同情申上方無之奉恐入存候已於道中乍傍觀伏坂等之人氣合れも相考候處西隅之恩威ニ感服罷在候歟と奉存候次第ニ而甚以恐入候儀ニ存候乍去前文　勅使東向和泉出府も未聞も可有之と猶豫致居候所最早發軔之趣も相聞候就而（者脱カ）猶更深不堪辛苦日夜不安寢食儀ハ御同情ニ存候得共遠隔殊ニ御内話を不奉承知ニ付而ハ今日之日も如何と只々貴地之御儀而已歎息罷在候乍然是ハ全く道路之巷説而已承候ニ付事實相違之儀共不少と存候間それより虛實之所ハ不得辨別儀何れも言上ニも成兼候次第乍去　幕政府も放れ居候小子之儀不與事とハ乍申御一門之末を辱し候身分徒ニ打過候儀も不本意のみならす實心中難默止云々之至情及啓呈

候得共　公邊ニ於而ハ固り疾それ〳〵御取糺被爲在候ニ付而ハ薩長二藩之滯京も其罪御討伐無之事と奉存候得共右等　勅使東向及和泉出府ニ付猶此上迚も官吏迚も心を盡し候樣有之度萬一風説之次第不虚節ハ　御當家之御大難已ニ氣焰を顯し候次第ニ而何迚も此一擧ニ因て安危之基可相發と奉存候何卒速ニ屹度御評定御所置被爲在度奉存候先日近衞殿鷹司殿靑蓮親王御始堂上方且尾州殿御初御家門方御愼解被仰出候儀ハ御善擧之上之御善政ニ御座候得共只御許免ニ相成候而已ニ而ハ如何可有之哉此上迚も引續御英斷を以て凡國体人心ニ掛り候等之儀ハ海内迚更始被爲成勅意ニ被爲從候樣被爲在度左候得ハ公武御合体海内弥以一致可仕左樣無之而ハ文武御德御職掌ニ被爲叶候儀如何可有之哉毎〻申上候儀ニハ候得共何卒御憤發被爲在征夷之御職掌相立夷奴自ら塞膽崩角致し万々歲國家を泰山之安キニ被爲置候御所置目を刮て奉仰候是全く不肖か幕府累世之御報恩祖考地下ゟ之申譯唯此御時節と奉存候右ニ付而愚考之一二を左ニ

申述候
公武御合体ハ申上候迄も無之畢竟薩長滯京之一條等悉幕下之御威光ニ相拘り候ニ付此邊之御所置ハ如何可有之哉何分ニも異姓之大藩尙又帰向仕候樣之御趣向有之度當時之御急務ハ東西諸侯御羈縻ニ可有之奉存候處當時之如キ御仕向ニ而ハ年々月々貧窮ニ迫候而已故自然離反之徒有之候得者自ら新規を企候輩出來難計間大小名銘々自國之政務行屆候樣御教示被爲在度就而ハ參勤御猶豫有之度惣而公武之費を省き候樣被遊度右御所置振ハ差扣及言上不申候
此度諸浪人共京師ヘ相集候儀ハ畢竟彼地御手薄故之事と奉存候間以來ハ江戸之御警衛方も一際　皇都之御守備御充備有之度右御備被爲立候ニハ京坂両地ヘ御親藩之御方御差置御普代ニ而尤格別之有志二三輩御差置ニ相成其御入費ハ東西諸家方高割を以納金被　仰付候得ハ各國之力を合て御守衛之筋ニ相成御忠孝全き樣奉存候二條大坂御城も御丈夫ニ相成萬民

奉感服候事と奉存候

付駿甲二府江も諸侯被差置事

上ニ者御成長之御事ニ御座候得者三番頭始都下之士を御帥ひ被遊候儀第一之御儀何も外藩遠國之士を不被爲待候而も御宜敷就而者御臺場諸國御固等も近國之諸侯江被命當時之御模樣相改候樣有之度且又御旗本ニ而御實備相成不申樣ニ而者數万之御旗本者誠之轂潰而已ニ成行銘々ニ於ても各忠孝之道も相立兼可申第一右等之御所置相立候ニハ御府内之士氣御引立第一之事と奉存候元來御老中初殊ニ所司代坂府御城代等者當節柄別而御人撰ニ無之而者相成申間敷

一交易通商之儀も數ヶ處御開港者如何可有之哉此度者前々ゟ申上候通追々御禁斷御取扱振も追々御改有之其上ニ而彼ニ虛有之候ハ者早々御掃除之御英斷兼而之御決心ニ有之候樣奉存候

以ヶ條申上候得者右等之目ニ御座候得共眼目此度之儀者筋違者御座候共

勅諚ニ者相違無之事ニ付君臣之御大義ニ御座候得者何卒被奉　叡慮候様
此段奉至願候老中ヘ及言上候得者別段奉申上候筋ニ者無之候得共犬馬區
々之情ニ不堪貴所樣迄申述候間小子之至情御汲取可被下候此段得貴意（度脱カ）・早
々如斯御座候恐惶謹言

五月廿六日　　　　松平相模守

松平春嶽様

猶以上書下案壹通入貴覽候以上

○文久二壬戌年

御歸城後一橋樣ヘ被進

洋夷通商御許容以來海內之形勢人心をつら〱相考候處乍恐　公邊御配
意之儀相發し候程難測樣奉存候趣共有之竊ニ抱杞憂居候處此度帰國道中
京洛之次第彼是恐入候風說紛々有之固り誠之風說を風聞仕候儀ニ付虛實
之所不得辨別何共言上ニ及兼候　公邊ニ於而者固り疾々夫々御取糺被為

在特ニ　勅使御下向島津和泉付添已ニ發軔之趣ニ候得者猶更御辨別被爲付候儀ニ奉存候萬一右風説全く不虚次第等も有之候ハ者前ニ申上候御配意之儀已ニ氣焔を顯し候次第ニ而實ニ　神州之安危　幕府之興替ニ相係候儀ニ奉存何とも恐入候如不肖者申上候ニ不及候得共何卒速ニ屹度御評定御所置被爲在度奉存候先日堂上方御家門等御愼解被　仰出候儀者實ニ當時之御善擧ニ奉感服候何卒御引續御英斷を以凡國体人心ニ掛り候等之儀者海内ニ更始被爲成　公武益御合体海内彌一致文武之御德御職掌ニ被爲叶夷奴も自ら寒膽崩角致し萬々歲國家を泰山之安キニ被爲置候御新政目を刮ふて奉仰候不肖幕府累世之御報恩祖考地下ニ之申譯唯此御時節ニ借踰之罪を不顧昧死以陳仕候右ニ付兼而愚存之一二前方申上候儀も有之且御採用ニ不足事共ニ御座候得共犬馬區々之至情ニ不堪別紙ニ相認奉入尊覽候誠恐誠惶頓首敬白

松平相模守

徳川刑部卿様

○文久二癸亥〔壬戌カ〕年

御歸城後閣老ゟ御投書別紙添

私儀此度國許ゟ罷歸候途中京地之次第彼是不容易風説有之候而大原左衛門督別　勅之趣を以下向幷ニ修理大夫實父島津三郎も出府致候由ニ而人之耳目を聳し候全体洋夷通商御許容以來海内之人心如何難測勢を生し居候萬一此度之風説實ニ不容易次第ニ候へ者四海之安危幕府之興替ニも可相係哉と甚以奉恐入候若輩不肖之某如き者申上候ニ不及儀ニ御座候得共人心時勢之處能々御洞見被遊御英斷を以適宜之御所置速ニ御評決　神祖天朝御翼戴尊崇封建藩屏之深謀　宸慮を御讃明被遊此上猶以公武合体四海一致夷奴等自ら膽を落し跡を避け萬民益樂和之聲を揚け候御新政相立候段犬馬區々之至情ニ不堪昧死以陳仕候誠恐誠惶頓首々々

松平相模守

松平豊前守様
水野和泉守様
板倉周防守様
井上河内守様

○

洋夷通商御許容以來海内之形勢人心つら〳〵相考候處乍恐　公邊御配意之儀相發候程難測樣奉存候趣とも往々有之竊ニ抱杞憂候處此度國元ゟ御暇被成下追々道中罷越候處右於道中京洛之御模樣彼是恐入候風說共紛々有之候得共固り誠之風說を風聞仕候儀ニ付虛實之所不得辨別何共及言上兼候乍去　公邊ニ於而者固より疾々夫々御取糺可被爲在殊ニ　勅使御下向島津三郎付添已ニ發軔之趣ニ候得者尚更御辨別被爲付候儀と奉存候萬一右風說全不虛次第等も有之候ハ者前ニ申上候御配意之儀既ニ氣焔を顯

し候次第ニ而實ニ神州之安危　幕府之興替ニ相係候儀と奉存何共恐入候如不肖ハ申上候ニ不及候得共何卒速ニ屹度御評定御所置被爲在度奉存候先日堂上方御家門等御愼解被　仰出候儀等ハ實ニ當時之御善擧と奉感服候何卒御引續御英斷を以凡　御國体人心ニ掛候等之儀ハ海内と更始被爲成　公武益御合体海内弥一致文武之御德御職掌ニ被爲叶夷奴も自ら寒膽崩角致し萬々歳國家を泰山之安キニ被爲置候御新政目を刮ふて奉仰候不肖　幕府累世之御報恩祖考地下江之申譯唯此御時節と僣踰之罪を不顧昧死以陳仕候右ニ付兼而之愚存之一二ハ前方申上候儀も有之且御採用ニ不足事共ニハ御座候得共犬馬區々之至情ニ不堪左ニ以ヶ條相認奉備　台慮候前文申上候ヶ條之儀一々相認巨細申上候筈ニ御座候得共夫々書取候ニいとま無之間猶不肖至情ハ改而重役差登せ候間同人江巨細申聞置候間ヶ條之趣意ハ拜眉申上候樣仕度此段各樣迄言上仕候誠恐誠惶敬白

一公武御合体異姓之大藩歸向之事

一東西諸侯御羈縻之事
付參勤交代御猶豫之事
一江戶表御警衞ㇵ御旗本之御備ニ相成度事
付御府內御城下士風御改士氣御引起之事
一大小名自國富國强兵之御仕向被爲在度事
付家族國許ㇾ被遣度事
一五千石以上無役之面々在所住居之事
一江戶表ㇵ　皇都御守衞御充備有之度事
一大坂表ㇾ親藩之大家御差置被成度事
付二條同斷之事
一京都所司代勤方御城代同斷之事
付有志之諸侯ㇾ被命度事
一別勅之公卿衆速ニ歸洛之儀御所置可有之事

一右同斷御返答ニ而尾張前中納言殿御上京ニ而　天意相立台慮御合体之御所置ニ相成度事
一幕府官吏有志之者御人撰之事
一横濱之外御開港御止之事
一夷奴之御取扱交易通商之儀御所置振之事
右之ヶ條ハ誠之一二ニ御座候得共差當り御急務と奉存候以上
○文久二壬戌年
清水谷家ゟ荒尾但馬ニ書通寫
御別紙之趣令拜誦候如御示近年世上之形勢追々不穩至此節京師市中ニ而種々變異有之邪正も難分終ニ如何樣之大變出來候哉痛心而已之儀候治平之筋難決存候事候別紙之両通両度ニ被　仰出候ニ付臣下一同攘夷之儀及言上候次第ニ候右等之儀ニ付其大守公ニも日夜御心苦之旨御尤ニ存候此度御存込之御所意御治定之上ハ被成御密奏候ニ付其御許不日被成御上京

候由不容易事柄御苦勞存候尙御上京之上ハ不外御間柄之儀乍不及御助力
可申候御安心可給候委細期拜謁可申解候也

九月十七日　　清水谷宰相中將

荒尾但馬殿

○文久二壬戌年

別紙及建白候儀ニ付長臣荒尾但馬上京爲仕候筈之處　勅使之虛實慥ニ相分り兼候儀も御座候ニ付不取敢小臣ニ右建白之書を附し急ニ上京爲仕御地之樣子小臣より國許ニ申遣候樣申含候間五六日を不出して相分り可申其節但馬上京引續慶德も上京可仕候尤　勅使之虛實ハ何レ共此御時節柄不肖慶德相應之御用向御座候ハヽ相勤度心底ニ御座候間奉仰　聖諭候

慶德

右府公臺下

○文久二壬戌年

微臣慶德乍恐申上候先年以來外夷之儀ニ付　宸襟を被爲惱候處當夏中大原卿御東向ニ而　勅意之美天下万民之骨髓ニ徹し幕府庶政も追日改正ニ相成候儀全く　叡慮之故と日夜慶喜仕候且天下之諸侯　公武一和攘夷之叡慮ニ基き追々　朝廷及幕府ゟ建言仕就中薩長土三藩之如き尤盡心竭力天下之人心頗ル冀望仕候然ルニ近日傳聞仕候ニハ再　勅使關東ゟ御下しニ相成候趣慶德愚考仕候ニハ夏中大原卿爲　勅使東行之儀ハ全以幕吏再三被爲　召候而も彼此因循遲滯仕候故と奉存候本關東ニ於て座ナカラ勅使を受候者不敬ニ涉り可申況此度又右樣ニ而ハ益不敬ニ至り且乍恐皇威も之か爲ニ輕く相成候哉と痛心仕候此度ハ必然幕吏被爲　召候樣仕度候尤松平春嶽ハ庶政一新之時ニ御座候間上京仕兼候儀も可有之他人被爲　召候方可然奉存候此儀ニ付慶德不日上京建言仕度奉存候得共其內時勢危急ニ切迫仕候間不取敢家老荒尾成裕差出候臣微衷達　上聞候間　勅使關東ゟ御下し之儀ハ暫時御猶豫被爲在度奉伏希候尤臣不時上京仕度候

間奉仰聖諭候恐惶謹言

慶徳

右府公　臺下

○文久二壬戌年

徴臣慶徳頑愚短才之身分ニ而大政之儀彼是誹謗ヶ間敷申上候段失位之至深恐懼之至御座候得共先年來外夷之儀ニ付而ハ段々厚　叡慮之御旨も奉遙窺既ニ去ゝ夏大原公御東向以來別而　勅意之趣各國ニ彼ゝ衆人之骨髓ニ徹し奉仰候其以來幕政も追々一新仕候儀全　叡慮之行ハるゝ處難有奉存候且又累年之弊風一時ニ洗汚も仕兼候儀も可有之就而ハ暫御猶豫御考察之旨奉傳聞候ニ付乍不及小臣儀關東ニも愚存及内聞候儀も有之日夜不安寢食苦辛罷在候處傳説ニハ御座候得共又々別段　勅使被成下候旨相聞就而ハ此上　勅意相立不申而ハ益以　朝威如何と奉恐入候就而ハ右　勅使東向ニ就而ハ深恐入候得共　叡慮御貫徹之儀を奉存候此時社天下之大事と

脱アルカ

存上及言上度存念御座候間呉々も失位之至ニ御座候得共微衷言上仕　寳祚御長久外夷威服之程奉渇望候尤一己ニ上京も仕兼候事故願ハくハ蒙聖諭度伏而奉希候以上

因幡中將

大原左衛門督殿

○文久二壬戌年

內密言上仕候秋冷之時御座候得共先以　臺下益御安泰被爲渡恐悅之至奉存候然ハ外夷通商內地混淆ニ付而不一方被爲惱　宸襟東武江御懇諭も被爲在候趣ニ御座候得共　勅意相立兼候ニ付而ハ猶深被廻　叡慮臨時爲勅使大原卿東下之趣當夏於伏見傳承仕其砌乍不及天下之爲一心決定仕乍恐上京及奏聞度所存も有之候得共大政之儀卒爾之取計仕候而ハ却而不敬之筋ニも相當り　天氣も如何と差扣旣ニ帰國仕候後も度〻執筆及言上度と存詰候儀も御座候得共大原卿東下中之儀島津氏も厚周旋之趣且松平春

嶽登庸相成候ニ付而ハ不日　勅意可相立と奉存候所更ニ其模様不相分久
世大和守上京御斷申上候後春嶽被召登候所是又及御斷候欤ニ傳聞仕候得
共乍恐右之御樣子ニ而ハ　朝威之程も如何と恐入且　叡慮之帰する所ハ
攘夷之二字ニ止り可申と奉存候左候得ハ今一際御英斷奉仰候就而ハ追日
時勢切迫ニ及天下之勢累卵ゟも危奉存候ニ付此度弊邑舉而憤發仕乍不及
粉骨碎身微忠相盡聊ニ而も奉安　宸襟度宿念依而赤心報國存慮奉言上候
儀も可有之尙下官之愚衷不日長臣差出候心得ニ御座候此段執奏所仰候誠
惶頓首謹言

九月　慶　德

右　府　公

執事言上

猶以　玉躰被爲厭候樣奉專祈候時候御樣躰奉伺度如此御座候呉々も本
文微衷內密奉言上候以上

謹啓

別紙言上仕候是迄ハ不容易儀ニ付差扣且徳川親藩之下官儀猶更猶豫仕候得共最早時勢不得止尊　王之宿念憤發仕乍不及亡父齊昭遺志を繼　勅意遵奉仕度且刑部卿春嶽ハ何レも懇親之者ニ付萬一　叡慮取混せも御座候ハハ飽迄説得仕　叡慮御貫徹　公武御一和　寶祚御長久億兆安堵外寇威服之御所置奉希望候頓首謹言

九月

○文久二壬戌年

任御懇親心中之欝志内啓仕候秋氣追日相增候所先以　大樹公益御安泰被爲渡恐喜之至奉存候隨而貴家被爲揃御平安日々御繁勤之御事ト奉遙察候然ハ過日ハ御用多之御中預高答奉多謝候嘸日々御心配之御事ト奉存候去冬之趣ニ而ハ薩國之事件且先般不慮之筋等ニ而御所置振至而御六ヶ敷御痛苦之旨御模樣柄委曲ニハ不奉承知候得共追々傳説等考合候得ハ不容易

御場合ニ而定而御混淆之儀と奉存候阿兄も折々登城御用向御加談被　仰付候由段々御有志之御方々御人物揃之儀ニ付不日ニ者万目一新各國擧而頌太平候ニ可到と奉存候刑部卿殿儀も定而日々御出合被成候事と奉存候未タ若輩之儀萬端貴君之御敎示蒙候事と猶此上も御鞭敎奉希上候扨三郎東行以來之一條乍不及小子つくゝ愚考仕候處未見留も付兼候得とも何分ニも京師之模様以傳聞巷説等相考候處ニ而者專　天朝を結ひ近衛殿諸卿方等之間不怪之次第無之共恐らくは難計且長州及土佐も滯京之様子外々も外藩大諸侯之向登京之噂も紛々有之候処於　政府者急度御見込之儀被爲有候事と者奉存候得とも時勢日々及切迫天下之形勢ニ而者土崩瓦解實累卵よりも危き様存萬一鎌倉之覆轍とも被爲踏候様ニ而者神祖御祭式を初　御當家之御興廢ニも難計と愚考仕候得者寢食も不安日夜痛哭悲歎のみ乍去兼而御承知之通管見淺識殊ニ短才疎漏故容易愚考之趣施行致し御大事を釀し出候而者後日噬臍仕候迚も不及ニ付只々徒ニ時日を過候得

共最早御威光御挽回之御策ハ此時ニ存詰候ニ付以家來貴所様迄小子之微衷申上度出府之儀既ニ申付候處ニ又々此度難有上意之趣被　仰出猶又貴君御始御列座ニ而被　仰渡趣奉伺候而乍恐御尤之御趣意右等度々蒙御垂問候而ハ猶豫仕候儀も深く恐入候間乍每愚文麁毫ニ而甚見苦候得共則月番迄上書封物差出し候間御披見被成下萬分一も小子愚衷御取捨被成下候得ハ冥加之至ニ奉存候右封中ニも貴君歟又尾張前殿歟何ニも致せ親藩之內上京ニ申儀認置候半ら此儀於小子第一御急務ニ奉存候右ハ餘之儀ニも無之候得共當時之御様子ニ而今來年ニ時日相立萬一不測之擧動相發候節ハ則前文申上候鎌倉之覆轍を難計此節萬々一ツも右等之儀有之節ハ外冦內患一時切迫之姿ニ而於幕も定而制禦之御策相建兼可申歟ニ凡慮不堪悲歎依之何とも舌長なる儀申上候段失位不敬之至ニ候得共　天朝之　叡慮を御遵奉ニ相成候而　公武御間御親睦之儀第一之御儀ニ而其邊を被爲行候儀ハ京師之御內情与得御洞察ニ相成候而　叡慮之趣處を疾御承知ニ相

成候様無之而者當時之次第ニ而者　天意者幕ゟも薩長先ニ知之と申姿欤
と被存候間夫てハ萬々　徳川家之御威光御挽回者如何之ものに哉右故尾
前殿等之内上京被有之候而薩長と和親接睦被致候而聊も無隔意物事相談
致候様ニ被致候得者從夫自然　天寵も傾き可申左様不相成候而者　叡慮
之御内意を政府ニ於て御承知被成候事者元ゟ宜敷儀ニ者無之候得共幕之
天朝ニおける當時之形勢ニ而者　勅に阿り叡念を逢迎せる処ニ無之而者
一通之事ニ而ハ御挽回者御六ケ敷可有之欤兎も角も三郎帰京致し大原別
勅之一條も一ト先相濟候処ゝ者從是其邊之御所置ニ被爲置ゝ候ハ者差當り御
内話御順熟ニ可相成欤と奉存候尤雅樂頭滯京肥後守牧備も不日上京ニ可
相成候得者をせより其邊者与得相心得取計可申欤と存候得共元來貴君御
承知之通御普代家者外藩とハ平生よりして自ら意見も相違なる事にて且
京師堂上方の見込も自然に相違可有之一口に申せハ所司代御両人出來ゝ
せ申位之事ニ止り可申欤と奉存候間一御勘考有之候て却而阿兄抔御上京

之方可然哉上書之中にも京都近親之向に愚衷申達置候段申上候儀も堂上に結ひを付候而追々乍不及其邊の事を周旋致し積年之報恩抽寸忠度愚衷ニ御座候乍去最初より其儀を唱候而者事ハ不被行却而不蒙　台命私ニ浪花警衞之人員之儀ニ付　皇居爲御守衞自ら上京致候て追々其邊之もこひを付度寸志も御座候得共与得京師之方心得不申而者つかと手も出しかたくと日夜心配仕候此書狀者小子心中の有の儘を申上候事故御披見後御投火奉希候御多用御繁務之御中長文差上候段何共恐縮之至ニ候得共御宥恕可被下候書外期後鴻候乍例乱毫御推覧可被下候早々略筆仕候恐惶謹言

九月五日　　　松平相模守

松平春嶽様

猶以時下御自愛奉專祈候此度者參勤交代期月等之儀も御寛宥被仰出候上者諸藩難有かり候事奉感佩候實以武備充實不致而者不相成御時節右等厚御世話有之事故不日御國威御更張御國力相震候事と奉存候折角右

等迄も被　仰出候而乍恐此上迄も年頭三季之外諸献上御免及公務ニ付
而無益之費相掛り候分者悉く御止ニ相成り素〔表カ〕向ニ而相濟候事を又奥ニ
而も御礼申上候与申様乃二重ニも三重ニも相成候儀者とれを一重ニ而
餘者相止候と申様ニ相成候ハ者年分之儀諸向共ニ大ニ助かり可申先年
中ゟ毎度御咄し致候諸家之家内在府ニ付而ハ諸藩之費おひたゝしく凡
慮之愚考ニ而者其邊の費へ相省け候樣被　仰出候而交代者是迄之通り
ニ相成おり悉く御役人之外隔年之交代之面々者何レも勤番ニ相成候而
御威光も相立候而諸家之入費も薄らき可申欤期月等も如何御模様も不
相伺候而猥ニ愚論申上候段恐縮之至ニ候得共時献上等家内在府抔之儀
是迄之通ニ而者如何様在國之間永く御座候而自ら國民撫恤且武備も充
實与申せハ左様なるものニ御座候得とも諸献上御免家内國勝手被　仰
出候方諸藩共ニ困窮者助かり可申与奉存候其上ニ近年者諸藩參勤之期
月私ニ猶豫或ハ一年不出ものも有之事故折角御緩めニ者相成候而も是

迄之時と違ひ下ゟ制し候姿ニ可相當かと恐入候事ニ御座候呉々も任御懇親出〻次第之儀申上候段御高免可被下候尤參勤等期月も一旦被　仰出候事故再變候而ハ却而　御威光ニ相拘り候間是非とも御貫きニ不相成候而ハ不叶候得とも此上ニ前文之ヶ條ニおゐて御沙汰御座候ハヽ諸國とも難有かり候事と奉存候追て火の番方角等も御免ニ相成り駿府加番も御斷絕ニ相成候趣段々被用御心候御政道一々奉感佩候書外重便と早々本文之儀申上度まて如斯御座候乱筆御推覽奉仰候頓首拜

○文久二壬戌年

未得面晤候得共無據要用ニ付以書取申入候追日寒冷相催候御地ハ如何哉愈御平康珍重此事ニ候陳者先年以來外夷陸梁之勢態被　聞食屢幕府ニ攘夷之　御沙汰も有之候得共關東諸有司因循無斷速ニ奉行無之深以　叡慮ヲ被惱諸臣一同ヨも實ニ不堪憂憤候得共時勢不得已空相そこされ候所當春薩長両國義擧深　御滿足ニ被爲有速ニ攘夷之儀關東ニ可被　仰下被思

召候得共右　叡慮を可被爲行ニ者先其任ニ當るへき人躰を被爲擧候ニ可有之と被　思召一橋刑部卿越前春嶽兼而人望ノ歸スル處特ニ賢才勇武之聞へ有之由被聞召候ニ付乃小子蒙　勅命島津三郎へも周旋之儀を被　命右之両人可有登庸被　仰下候處於關東も程好御請相成特ニ一橋殿ニ者御實弟之儀故御登庸有之候上ニ者於貴兄も御實弟合心戮力尊攘之道を被行候ハ者上ニ者被奉安　叡慮下ニ者萬民ヲ被安堵御精忠可莫過之御實父景山殿ニ者數十年前より専尊攘之儀を被爲唱候事故貴兄ニ於も御同意之御事と被存候故幸去五月御帰國之節於伏見御滯在有之可被伺　天氣猶又議奏衆方も御左右可被申入御心組ニ候処折悪御發駕之後ニ而其事不被行候由小子ニ者未其議ヲも不存貴兄浪華著之日始而一昨日者伏水御通行と申事承大ニ驚且又伏水枚方浪華と一日一日被爲遲ゝ候段ハ若哉勤　王之御趣意を被念候故哉と推察候得者實以殘念ニ存候ニ付而者態々使ヲ以御滯坂之儀申入且　勅問御三策之一紙も爲持進し候處時節未到來と申者欲小子心中之

事ハ貴兄ゟ不相通又貴兄之御趣意も不相分甚以殘念無申條事ニ有之候其翌日小子ハ關東下向いたし　朝廷御威光と三郎勤　王之力ニ依り無滯勤仕致し追々幕府よも新政被行候扨昨日以山部隼太御丁寧ニ被仰越候趣一〻承り不堪感心候不量小子推察と貴兄御心中と符合いたし重疊無此上候得共今少し之處行せしめ而も候段ハ實ニ殘念至極ニ存候得共今更噬臍無及候然ルニ猶又昨日以堀庄次郎安達清一郎両人段〻被仰越候御慇懃之儀貴兄御心中令量察候前條巨細承候上者最早是等之儀御掛念必〻御無用ニ可被成古語ニも既往ハ不咎と有之候得者此儀者今日限り必〻被為釋然候様ニいたし度存候于茲一條申入候ハ此度關東ゟ攘夷之儀被仰下候ニ付本使三條黃門實美卿副使姉小路羽林公知朝臣ニ被命松平土佐守周旋之御内命ヲ被下來月八日九日之頃發足ニ付京師者御無人ニ相成候貴兄何卒早々御上京有之被伺　天氣候ハ者被爲於　叡慮候而も深　御滿足可被爲遊と存候松平美濃守ニ者已ニ國元發足之趣言上有之其餘も追〻登京之様子承候

間於貴兄も何卒速ニ御登京有之勤　王之御趣意被仰上諸家ニ御後レ無之
様所祈ニ候先達而之一條且當節　勅使被下候儀ニも巨細ハ堀安達等之両
士ニ申含置候間篤と御聞可被下候且又乍末筆御實父卿尊攘之御深意者
朝廷ニ被爲於候而も深御依頼被遊候御儀ハ天下所知ニ候得ハ貴兄も此度
ニ於ハ出格之御登京之事故別而御盡力可有之候殊ニ近々御實弟も御登京
ニ候得ハ弥以一意ニ尊攘之道ヲ被盡　朝廷之御依頼と御成なされ候ハヽ
被爲於　朝廷候而も實以　御滿悅之御儀と存し候得ハ此趣意を被爲躰早
々御登京有之候様所祈候也

九月晦　　　大原左衛門督

因幡中將殿　内啓

二白禿筆不盡意御賢察可被下候不乙

書添

外御用有之昨夕　殿下拜謁いたし候其砌貴兄之御咄しニ及候処最早先

時二條右府公ゟ御談し有之候処此度一橋も上京之趣兄弟之事故攘夷且御守衛之邊周旋之都合も可宜旁殿下ニも御心得之御事故御内　勅之一紙も相渡し早々上京可然旨御示合被爲有候趣御咄し有之候此御様子ヲ小子ゟも御噂可申入様　殿下被命候右等之御次第ニ候間小子迄の儀本書之通必〻御掛念なく早々御登京被成候様ニ迄於小子も頼母敷存候以上

因幡中將殿

大原
左衛門督

○文久二壬戌年

貴翰奉拜見候如命寒冷相催候處先以貴卿愈御安全被成御座奉欣躍候扨愚

僕共及言上微臣之意内御汲取被下厚奉謝候則來ル八日發程不日登京萬々拜顔可申上不取敢尊報如此御座候且殿下御内命之趣奉拜承候乍憚以御序宜敷御執達奉希候委曲家來之者言上可仕候恐惶謹言

十月五日　　慶徳

大原君閣下　尊報

猶以十四日上著之心組ニ罷在候ニ付貴卿に參謁仕度猶相伺可申候以上

○文久二壬戌年

追日寒冷増加候先以愈御多幸令萬壽候尚又承度存候抑當節夷賊日跋扈時勢追々切迫深被惱　宸襟候ニ付今度一橋刑部卿　大樹公後見被　仰付水戸故前中納言忠節卓越たるに依て被追贈從二位大納言候折柄貴官外ならぬ御實父之遺志を繼爲國家盡力周旋可被抽丹誠存候殊ニ貴官兼々修文演武日夜被盡心候由扨又其家祖先宰相輝政格別之　勅使を以拜領并參内等も有之候舊例及承候旁早々上京可被奉安　叡慮存候何レ京著之上ニて可被

蒙　御內命と存候先近親之邊を以此段申入候早々御上京之方可然存候先
右爲其如斯候也穴賢〻〻

十月二日　　齊敬

松平相模守殿　內密

再陳時令厚く御保愛專要ニ存候也

松平相摸守殿　內密
齊　敬

○文久二壬戌年

貴翰拜見仕候如仰寒冷相増候處　殿下愈御安康被成御座奉雀躍候今度不
肖○○身分ニ過候高論を蒙り恐縮之至ニ奉存候則明八日發程上京可仕先

不取敢以老臣鶉殿大隅御請申上候以上

十月七日

大原殿綾小路世子ゟ之書取寫

○文久二壬戌年

不審被申越候條々尤ニ候野宮引受商量いたし被居候先滞京被　仰出滞京之上參　内致サセ出府周旋被　仰付候御次第之樣ニ聞及候彼近親役方回り乃事　殿下ハ其筋なき故二條殿限リニ御差圖可被成御返答有之候趣咄ニ候三條野宮も近親役方もゆけと　御所又ハ殿下ゟ被　仰出候筋ハなし堂の評議又斷然と出京の了簡なられ其邊無頓著勝手行らよいと申樣な事ニ候何レ野宮も可被參候間又斷しも可承候先此段申入候

○文久二壬戌年

一橋公ゟ被進御書扣

一翰拜呈仕候追日寒冷之候先以愈御清安被爲成恐喜之至奉存候然ハ小生

儀迚も大政之儀彼是申上候筋ニ者無之候得共兼得　特恩何レ之時を以可奉報哉實ニ當時之形勢宇内一變致し治乱之堺ニ切迫致し候唯今於　幕府御擧動聊も御缺失被爲有萬一於諸藩一點一指を下し候儀有之候而者忽以德川御家之御一大事と可相成儀掌中を見るか如しされ者此度之別　勅者不安儀旁以兼而欝志及言上度と晝夜兼行致し去ル十四日伏見ニ著致候處不計も家老共坊城家ニ被呼立　勅諚之趣御内々御沙汰ニ相成候ニ就而者難有儀者申迄も無之候得共不肖之身分容易ニ御請も難相成且公儀御規則之儀も有之候ニ付上京も如何と相心得候得共何分　勅命雷の如く下り彼是申上間も無之因而上京之上官家ニ相越し候處不計又候　内勅之趣二條殿ゟ被相達猶今般　勅使東行之御意味合共委曲拜承仕候ニ付而者益以公義之御所置振深御案事申上候筋も有之品々不容易形勢事端も見留候ニ付而者最早一刻も猶豫仕兼早々東下仕度と心促候得共何分其邊之もこひ而も至り兼候次第且近々參　内も被　仰出候欲ニ内々相聞就而者右之

御次第相濟次第早々發足來月上旬ニ者著府之心得ニ御座候ゑ共より別
勅使三條黄門殿姊小路侍從ニ者廿五日著輿之趣ニ付此節者　勅意之趣
大樹公江被申述夫々御評議中尓も可有之歟ニ候得共此度右等　勅使被差
向候儀者眼目難有キ　御趣意ニ而於　公義も深く難有可被思召御譯合之
儀殊ニ者右御請振之儀於當御地上　御所を始大臣方御役掛り方一同今日ゟ
明日歟と飛脚の來るを被待候勢ニ相見へ候處聊も御請之御次第万一　勅
意ニ不應節者諸藩共如何動搖も難計就而者小生乍不及不日東行　叡慮之
御宿意及言上候迄者乍恐容易御返答無之様奉存候ニ付此段明公迄及言上
候實以天下分離之事端者此一事ニ歸し可申至而御大事之儀ニ奉存候條呉
々も明公御周旋を以　公武御一合天下安寧之策略被爲行候思召ニ候ハヽ者
暫御返答御猶豫之儀奉希候

十月十八日

○文久二壬戌年

大原公世子ゟ之御書取寫

參　内之事廿日若彼さし支あらハ廿一日て殿下二條殿ゟ被仰二條殿御退出早々るす居被召可被　仰渡御咄しニ候内々御申遣し可給候事

又一紙

矢張參　内して出府の方宜旨承知候猶其旨可申談候へとも只今人まゐせ返事申様ニハまいりかね候間先御かへし被成候事勿論何れとかゝると云事も言かゝく何分精々早くあらふる周旋の詮あき事ハ申入置候様成丈早く可成候以上

○文久二壬戌年

大原公御來書

口上

昨日ゟ御參　内無御滞珍重存候其砌一寸拝談辱存候御尋之一條如御示種々有之候得共先　勅使下乘之廉并大樹送迎之處肝要ニ候自餘御誂之廉書

ゟ會津藩臣ら　勅使發足前ニ持下り周旋いたし居候事ニ候其書取ゟ景山ニ遣し置候間同人ゟ御覽ヽ存候若御覽無之候ハヽゟ廉々書從跡可進候右要用也昨日も御用ニ取込御面會も暫時ニあり誠ニ殘念千萬候得共無是非起座候事ニ候何レ御成功之上御上京御怡顏ヲ可拜ヽ相樂居候寒氣之砌長途隨分〱御用心養生ゟ只ヽ食物ニ有之候小子も道中ゟ至而微食致し甚壯健ニ御座候故殊ニ御敎喩申入候實ニ大事之御身ニ候間無恙祈申候差急キ用事計如是ニ候不宣

十月廿一日朝　　重徳

相摸守殿

二白昨夜御入來御入念之御口上共何も承り痛却候御留申置候ニ矢張御出實ニ御丁寧之御儀御挨拶之申樣も無御座候併尊王之御意味徹底いたし至極珍重ニ存候也

○文久二壬戌年

芳墨薫誦候弥御安泰珍重存候抑昨日ゟ御參　內無御滯珍重令賀候且　天盃御拜戴特ニ恐悅之儀ニ存候尚又　聖詔御拜受無此上御悅申入候猶此上ゟ不〔マヽ〕投御身命尊王攘夷之道相立候樣御盡力所祈候將以景山龍造御丁寧御口論之趣御慇懃令感銘候自後御用有之候時ゟ以密封可申上或以龍造可申入候每度被表御決心候御詠拜受不堪感佩候特ニ墨川之御詠是亦無此上御賴申處と實末賴・〔母脱カ〕敷相樂居候御返歌も申度候得ども只今も來人有之失敬高免可給候實父も最早參　朝被致候間御書中之趣跡ゟ可申入と存候急要之御答申入候自餘從龍造御聞取賴入候追々寒氣相增可申道中萬々御自愛所祈候早々不宣

十月廿一日　　俊實

因幡中將殿

追而建仁寺僧天章詩呈覽候此人大慷慨家ニ付若哉と令進呈候也

三白昨夜ゟ御丁寧御出痛入候小子にも御傳言深〻令恐縮候也

急キ大乱筆頼入候也
粟田宮ニは御參入之事御所勞中ニ付御理ニ候得共今日ハ乍御所勞中御面會可有被仰入候趣誠以重疊之儀ト大慶致候間御面會有之候ハヽ御誠意十分被仰上候樣ニ存候也
實父小子等を如父兄被思召候由御口達實以痛却候實父歸宿後早々可申入候皆是尊　王之御趣意ゟ出候事實以不勝感泣候此上ハ御成功御歸京候ハヽ緩々得拜面何欤可申謝候ト相樂居候貴家ハ幕府御連枝之儀ニハ候得共土州ニハ廿日ヨリ卅日と滯府幕府尊　王無之ハ即時ニ歸京ト申事ニ候右意味能ゝ御推案御周旋所祈候也

○文久二壬戌年
右綾公子ニは御賜御歌
墨田川すみに染りし武士を加茂の水をてはらゐ流さん
大原公より前におくりける歌のかへしをて扇ニ書て給いりける

大君のみことをさゝけむ眞心をもめら御國のたのみ之ける

同し世子より扇に書て給はりける

空蟬の命をさへにおしまつは世中になに〔か脱カ〕くるしかるへき

綾小路俊實朝臣近日の詠とて來る

常欽排佛物公風　深慕勤王楠氏忠　爐炭鑊湯亦何避　欲加今古丈夫中

○文久二壬戌年

綾小路世子之書翰

御書中令拜見候弥御多祥令珍賀候抑昨日ハ無御滯御發駕御悅申入候於省中從實父内々被申入候　勅使云々等之事被仰越承候右ニ付一寸申入度儀有之候處誠幸便ニ付申入候乃過日會藩臣持下候條々最初ハ少々六ヶ敷樣子之處追々都合能相成一橋殿ニハ少し御不承知ニ有之候趣ニハ候得共是も程能御同心ニ而至極之事と則會藩ゟ内々申越候ニ付先一御安心と存候間此段一寸申入候乍併必御油斷無之樣萬々祈上候猶此樣子ニ候得ハ追々

尊　王之道も相立可申被爲於　叡慮候而も御滿悦不さ可被爲有此上とも小子迚も實ニ相樂居候猶此上十分御周旋之程願上候御參　內之日六門內御步行之趣最早人口ニ膾炙致感心候事ニ候右樣之者ニ而善事ハ善事と直ニ人之申者ニ候得ハ能々御勘考　叡慮ニ相叶有志人望ニ相合候樣御周旋呉々賴入候昨日ハ靑門ヘ御參り至極之御都合之趣於小子も大慶仕候愚使御見送り爲申候處御丁寧御挨拶介痛却候猶又麁品差上候處厚御挨拶實以恐縮候併何卒尊　王攘夷十分御敎諭若不用命者有之候節ハ右箠ニ而御杖可有と存候三條ヘ之書中之儀彼是御配慮何共氣毒千萬無申條候右狀箱ハ堀庄次郎承知之樣ニ愚使申歸候間安心仕居候尙此上宜御賴申入候昨日御書中且御口上之趣實父退朝後段々申聞深被痛入候御詠も實ニ被爲感吟候今日御書中從實父御答可被申入之處入來人有之無據托小子御答不被申候失敬之段御海容萬々願入候自玉時中不乙

十月廿二日巳半刻認　　看　山

稻園源兄

追而申道中千萬御大事ニ祈入候將昨朝ゟ不存寄菓子拜受深々畏日々相
樂候猶又過日ゟ

羽二重　三端

箭根　三端ママ

干鯛　十尾

右實父江

杉原　五束

箸

右愚拙江

此餘家來共迄

右爲御土產拜受深〻畏存候千萬御礼申入候從實父も宜敷御礼可申入申
付候猶跡ゟ委敷御礼可申入候得共爲早々如此候也昨日ゟ深更御著今日

ゟ早天御出立嘸々御草臥と令察候萬々御保愛所祈候前條申入候通無據
來人有之大取込誠ニ不文乱書呉々御宥免御推覽願上候也汗顔〻〻御覽
後火中〻〻

上封

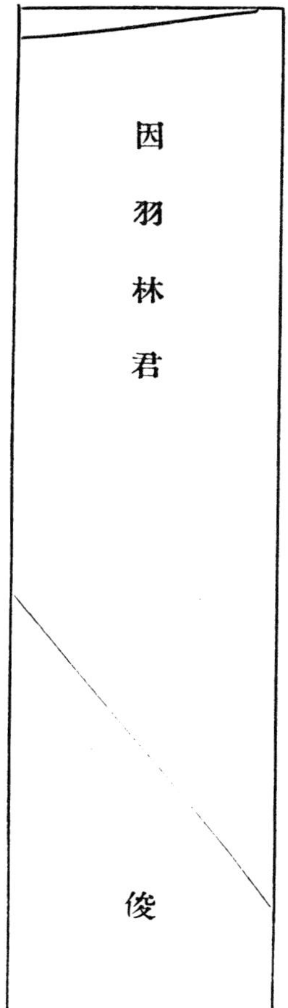

○文久二壬戌年

右府公御書

追日寒冷加增候愈以御多幸令萬壽候抑過日ゟ寛々御對話申入不淺〳〵令
大慶候併誠ニ急場之儀何共無風情殘心無限候且其砌御約束申入置候君臣

名分之儀ニ付早速殿下江申入置候処右者會津専周旋之由ニ付先日　勅使被持下候一紙如是候趣ニ而別紙壹通今朝殿下ゟ被相廻早々貴官江御傳達申入候樣との事ニ候何卒精々可被爲周旋存候先者荒々要用而已急便を以申入度艸々如斯候也恐々謹言

十月廿四日　齊敬

松平相摸守殿

再陳寒氣之折柄火急之御旅行一入〳〵御苦勞之事ニ候折角御自愛可有之存候也

松平相摸守殿　齊敬

平安

別紙

一一橋殿正道之中興ニ御改正之儀有之度事

一尾張殿水戸殿家來正邪之儀御申入之事

一勅使下向候ハヽ三家三卿大小名等　天朝御機嫌伺馳走所ヘ參候樣有之度事

一登城之登之字相改度事

一御暇と申儀可被止事

一勅使後見總裁閣老月番等廻禮之儀從關東御辭退之事

一關白職以下任職傳奏ニ至迄御相談從關東御辭退職任後御沙汰可被仰下事

一勅諚有之候救〔赦カ〕命之儀速ニ被行候樣有之度事

一六門外彥藩小濱藩番士被相止會藩ヘ被命度事

一勅使御取扱振之儀過日會藩ヘ以書取申入候儀被行候樣有之度事

右役掛り談事之一条

○文久二壬戌年

大原公父子一封之書翰

追日寒氣増加候御旅中愈御勇健珍重存候陳ハ不料光來ニ相成尊攘之御咄しも至誠之御辞ニも感昭(服カ)いたし候間愚官も申述崇敬之廉とも打明申入置極安心いたし候事ニ候折節會津藩士上京人之説ニ初ハ少し如何ニ候得共十五日會談之砌ハ至極御都合之由ニ承り大ニ安心いたし候處又之便り又不純一由を承り如何ニも心配いたし候得共何分百三十里外之事ニ而虚實難相知風説も同様之事ニ而心配致し候此段申入候間猶又御差含ニ而可然偏ニ御周旋之様御頼申入候不宜と承候得ハ　勅使も嘸〻心配と遠察致し候尤　勅使ニも此段申入候間程好御談合専要と存し候會津藩士も出府之人御座候故此事書状を傳へ肥後守殿へ申入候間偏ニ可有御周旋様ホニ存候會藩士ハ三日四日頃發足之由ニ候

一過日御出之御手みやけ迄して種々被下物何迄も痛却候得迄も折角之御芳志辱申請候段御礼申述候然ル処又々羽二重十端被贈下重々ニ相成段々御使ハ御理申述候得共御心入之事共巨細ニ被申述承候上ニ而此上御辞退申候も却て芳情を空いたし候ニ相當り候得ニ而辱拝納候併ヶ様之御心遣ニ而決てゝ御無用可被下候扨又昨廿九日大隅日向（此人使行違不來）清一郎龍造等相招候所幸來入何欲くたらぬ事ニ而一献相勧一笑いたし候事ニ候其砌大隅辞ニ尊王第一次ニ攘夷次ニ富國強兵是主人之心ニ候と被申述至極感心之事ニ候是も一寸御咄し申候筑前下向之事も候得共長々敷候故御用多て書取而ハ綾小路ゟ申入候能ゝ御量察可有之候早々要用耳申入候不乙

十一月朔　當日芽出度候

重徳

松平相摸守殿

内啓

追而申候去廿七日ニ而勅使著府之日取賢兄ニ而五日御著府嘸御心せき

迄存候何レ初入城　仰を被傳候迄ても内評も可有之候間五日ニ而も六日ニ而も御周旋之御間ニ者可合と存候御誂申候廉々者初入城之間ニ不合廉も可有之勿論之事ニ候何レ　勅答帰京之時ニ而も宜キ事与存候以上

二白寒氣御厭専要与存候也此文三條殿江御傳可給候

新寒日々増加候所道中何之御障も無之定而不日御下著之事与珍重奉賀候抑筑前中將今度東行周旋仕候ニ付極内々申入候ハ右藩ハ兼而御承知之通風評も不宜何卒東行不仕京師滯在御警衛被致候様ニ存三藩薩長土も滯在之方同意ニ付實父而も段々周旋被致候得共本人陽明家二條家等江被參下向於關東周旋致度旨段々懇願ニ付遂東行之儀御許容ニ相成候元來是迄右藩主幕江諂諛致候風説有之其上去夏大藏谷ゟ引返し候儀共全勤　王之意ノ薄ゟ起候抔共申且者此度斷て東行相願候も矢張前條諂諛之意有之候ゟ

強而相願候抔共申事ニ候処陽明家二條家抔ニ而公ニ直ニ被申上候處ニ而ハ實ニ勤王之心有之候ニ無相違樣相見へ候ニ付旁其懇願ニ被任於關東周旋候事被命候得共若又彼諂諛ノ氣味有之貴君御始大正議家周旋之御邪魔ニも相成候儀有之候ハヽ早々其旨二條家又ハ當家へも御一筆爲御知有之候樣ニ存候尤右之都合ニ候ハヽ速ニ可被召還迄の　御朝議ニ被爲在候間左御承知可給候尤　勅使ニも右之條從實父可被申入候得共猶又貴君迄可申入實父被命候元來實父ニハ是迄容堂格別周旋有之候上貴君も急度御決心速尊　王攘夷之道被相行候樣御周旋可有之迄の御約束ニ付今更筑前ニ東行之儀被命候ニも不及事特ニ彼是異論有之候者ハ猶更不宜ト被存候得共何分　朝議東行御決定之上ハ如何共被致方無之實以殘懷ニ被存候事ニ候右ニ付段々子細有之面上ナラテハ難申候何分右不得止事次第不惡御聞取ニ而右人周旋振正議ニ相副候ハヽ猶又正議御扶被成共ニ御周旋之樣存候若又前條之通正議ニ相觸候儀候ハヽ直ニ被仰越振棄て獨り御正議御申張有之候樣ニ存候吳々右

樣不評判人ニ周旋之儀貴君御同樣被命候事て御氣ヲ不被腐候樣偏ニ御賴
申入候實父而も實不得已次第伏御推察賴入候容堂へも右之段不惡御申傳
呉々願入候右藩主者前條格別赤心之樣陽明家二條家而も御聞取ニ相成候
事ニ候得者於藩主者彼是無シヤモ難測候得共何分家老立花山城元彈正風
評一向不宜實姦物ニ相違無之候ニ付右樣者相從下向候ハ者定而正議之御
妨事も可相成と存し實父而も大心配被致二條家ニも其旨被申入二條家而
も御同意ニ而右藩主ノ山城之不善事共被仰聞候ニ付藩主も恐入拜服被致
山城儀者國元ニ差返し候ニ決定候趣ニ候得者先是者一安心ニ候得事も猶
又藩主之處も精々御氣ヲ被付千萬宜敷御賴申入候將又尾州之儀先達面上
萬々宜相願置候處去ル廿四日角田久次郎弘成事也植松犳次等來尾表樣子
申述樣子ハ過日上置候書中之通ニ候處當大納言者江戸表十五日發足ニ而明日者帰
國事の儀ニ付小子貴君御定之趣且貴兄思召之処も申述候処大ニ殘懷之旨
萬々申述候然レハ貴兄尾大納言御面會之儀も相成申間敷且又堀庄次郎植

松庄左衛門面會之都合も有之旁翌廿五日發足仕猶帰國之上有志一同談合之上何とか願可出との儀ニ而帰候間堀植松談合之都合ニより何とか可申出候間申出候ハヽ早速可申入候間其上ニ而萬々宜敷相願候乍併堀植松談合都合能貴意ニ相適候ハヽ其分ニ御取計可給必定小子申入候を御待ニハ不相及候何分ニも貴君ニ御依頼申入候千萬宜相頼存候右之條々從實父可被申入之處兼而御承知之通日々參内勝ニ而寸暇無之小子江相託申候乍併前通ニ少々被申入候宜御勘考頼入候乍筆末當地も格別相變候儀も無之久留米も滯京致し今度　勅使御用相濟候迄ハ御警衛申上弥　叡慮相立候様乍陰盡力致候との決心之趣ニ而實ハ去ル廿三日弊宅迄相來り心事萬々被申居候事ニ候是も貴兄御出之例ヲ以斷然被來候事と大相悅候事ニ候其餘宇和島伏水通行之節以使一言申遣候処上京去廿七日陽明家江參上致候旨ニ候乍併是ハ小藩之儀不日御暇相候帰國父伊豫守出京ニ相成候様ニと存居候事ニ候未如何之御運ニ相成候哉難計候將又一昨日ハ思召寄羽二重十

反給之何共痛入候次第清一郎へ段々相理候処貴兄出格之思召ニ而御贈給
候旨委細承何共御深情之程不堪感佩候ニ付幾久畏拜受致し候猶又面上萬
々御礼可申入候得共先不取敢御礼申入候昨日ゟ鵜殿黒田不來清一郎龍造
相招一酌相勸申候先達而御出之節鵜殿ニ面會も不致餘り失敬ニ存し旁相
招御警衞向之心得も承候事ニ候御屆も不申入勝手ニ相招御海恕賴入候龍
造も夏以來苦心御褒賞永代五拾俵被下候趣ニ而大ニ相悅雀躍致居候御厚
賞大感心仕候何も右要〻申入度不宣

十一月朔日書當賀　俊實

稻園大源兄

内啓

追而申入候陽明關白職御辭退之儀過日も申入候通實父も段々心配被致
御諫言被申入候得共頓と御聞入無之弥御辭職ニ相成御代りゟ一條殿と
申事ニ候尤陽明御辭職後も　内覽者如旧と申事ニ有之候前條ニ付申入
候過日御心得一紙上置候通今度關白任職幕府ニ御相談被爲在候ハヽゟ

朝廷思召次第違存無之旨言上御返答被申上且以後之処御相談　勅問之
儀従幕府辞退有之御任職後御沙汰被為有候様と被申上候様ニ御周旋偏
ニ御頼申入候尤輦轂之本ニ将軍被居候ハヽ御相談も亦有間敷ニ而も無
之候得共百有餘里も隔候處ハ御相談と申も實以譯の分ラヌ事と存候此
等も全小子抔之論スル處ニテハ無之候得共一同之公論と存候間不憚僭
越申入候此條御含萬々宜相願候實ニ憂國愛　君之情片時も難相忘癡心
千萬御用捨可給候何分不時候御自愛之程祈入候何も急キ大乱書其上不
文御推覧後火中頼入候赤面

上封

松平羽林君

重徳

俊實

○文久二壬戌年

二條殿御書

追日寒氣增加候處弥萬福長途無御障御旅行最早此頃ニ者御著府と欣幸不少令賀候抑此程御在京之節御約束之傳　献物去十月廿九日萬端都合克相濟候間御安心〳〵可給候則女房返書到來之儘内々令入覽候扨御著後何角御繁多と令遠察候尙精々周旋之儀可被盡誠忠專要ニ存候餘情後便と申殘候也恐々謹言

十一月四日　齊敬

因幡中將殿

平安

御内披

尙々時令折角御保愛〻〻と存候也

御ぬし乃のやう承り申入られ候〳〵御機嫌よくおらせ給へ兆て度御

こゝろ安おぼしめし候を様これへハ此ほど因幡中將上京の節内献上物いたし度よしにて關白殿へも御内たんならせられ御親族の御事御傳献くるしからには其よし御ゑんとうなそれしまゝて此御しな〳〵羽二重御なを御掛物御見事なる御まな一折親王殿へも御めつらしき御見臺御硯箱御短さく箱御傳献にてぬなく御まんぞくなり〳〵御重ほうの御しな〳〵猶又よろ敷く御申傳へ候様と思めし候かしく
なを〳〵何も宜しく申入まいらせ候様にと候御事にならせられまいらせ候
そきあら〳〵めてたくかしく

御な〻ハやう申入まいらせ候けふもさむさにおもしまし候愈御機嫌よくな
らせられめて度(添カ)りまいらせ候右府様にもいよ〳〵御機嫌よくならせられ
めて度(添りまいらせ候右府様にもいよ〳〵御機嫌よくならせられめて度)衍カ思しめし候准后様にも伊よ〳〵御機嫌よくならせられ候さ様ニ
候へも此にとは松平相模守殿上京致され候につき此御目録のとを参右
府様より御傳へにて御内〻献上致され度よし御満そくニ思しめし候古筆
も添おもしまし扨〻めつらしき〳〵古物にて御なくさみニ成らせられ
候御内〻　御所にハ御覧ニ入まいらせ候御満足の御事よろしく松平相模守殿
へ御挨拶御頼あそハし度候此よし御まへ様より右府様へ御申入御頼申
入まいらせ候何も〳〵此よしよろしく御申入の御事御頼申入まいらせ候かしく
なをさむさ御用心〳〵様ならせられ候様にと思しめし候めて度かしく

上封

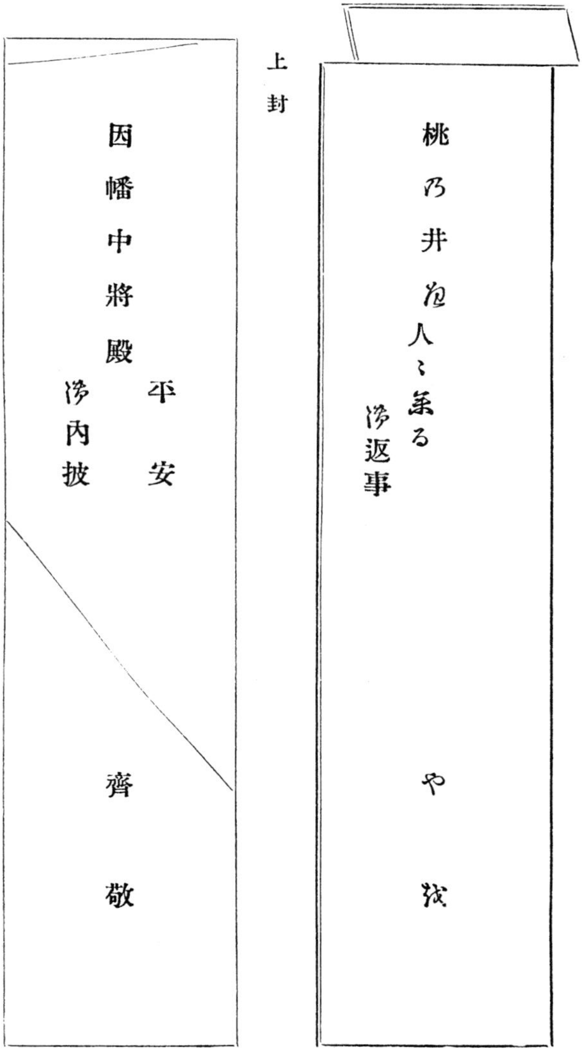

○文久二壬戌年

十一月四日之尊翰謹而奉拜見候追而寒氣愈增ニ御座候處　臺下益御安泰

被爲成御座恐悦無量奉存候如　聖示旅中差急十一月五日下著仕既ニ六日ニ　勅使にも拝謁仕候追々當地之様子者両君ゟも被　仰上候儀と者奉存候得共中〻存外之次第共ニ而心配仕候抑先頃在京中奉願上候献物之儀萬端御都合克御取扱ニ相成候旨奉伺冥加之至奉恐謝候則女房衆御返文御差下拝見被仰付難有仕合奉存候如　尊察著後日々之様役掛りへも面談仕乍不及粉骨仕候右御請奉申上度執事迄言上仕候誠恐誠惶頓首謹言

十一月十四日　　　御實名

御實名トハ池田慶徳ノコトヲ云フ

右府公臺下

執事言上

猶以　玉躰被爲厭候様奉専祈候謹言

○文久二壬戌年

御內書奉拝見候如命寒冷弥増相募候処先以　臺下愈御安泰被爲成恐悦至極奉存候抑先頃者不存寄蒙　勅命上京仕滞在中者不一方蒙御懇命依台慮度々參殿重キ　叡慮之筋相伺殊ニ蒙過當之　朝恩不參ゝも參　內拝　龍顔

賜　天盃冥加之至將從　臺下御袍御平緒並品々從　若君御方も御末廣等
拜受被　仰付參殿之節も大奥にも罷出種々御饗應等實以過分之儀深畏入
奉存候右之御礼下著後早々奉言上候筈之処著後日々繁雜殊ニ大樹面談之
上右模樣も申上度今日者明日者と差扣居候得共何分痲疹後不整之趣ニ而
今日ニ至候迄接遇無御座且一橋中納言も折惡敷微邪引中ニ而談判彼是不
行届ニ而甚以　思召之程も深奉恐入候得共致方無之抑去ル五日下著老中
一應面談其後春嶽方に者再三罷越會津土州に者談判仕候處三人共ニ　叡
慮を深難有遵奉之趣ニ御座候間其後者下官共都合宜敷奉大慶候得共何分
ニも後見以下之情實今以委細之儀者分り兼且水戸中納言面談之儀者是亦
先方に申遣御座候得共彼是故障等ニ而未面會不仕候何分ふも事情至而六
ケ敷焦思苦心仕候乍恐心中可然御汲取奉希上候尤　勅使御入城之節之儀
者去ル十二日於城中老中面談之節嚴敷申入會津春嶽も厚周旋仕御書取之
通ニ多分相成候欤ニ被存先以其段者安意仕候其外之儀下官奉伺條々も夫

々書取を以申入置候明望日又々登城老中ニも精々申談候心得ニ御座候且參殿之節申上置候君臣名分之儀ニ付早速　殿下ニ被仰入置候処右者會津專周旋之由ニ而先日　勅使御持下之御一紙御別紙之通之旨　殿下ゟ御廻しニ相成候趣ニ而下官ニ被仰傳候樣との御事ニ而御差下ニ相成謹而落掌仕候猶如　聖示精々周旋可仕心得ニ御座候何分ニも前文之次第ニ而吉左右申上度〻日々夫のみ存候而下著之御吹聽滯京中之御禮共延引ニ相成多罪奉恐入候右御請奉申上度且當地事情荒增之処言上仕候誠恐誠惶頓首謹言

十一月十四日　慶德

右府公臺下

執事言上

○文久二壬戌年

芳翰拜見仕候如垂示寒氣增加候處愈御清榮奉欣喜候滯京中者何かと御懇切被成下深畏入奉存候呉々も萬々御懇談ニ而よく御意味も分明いたし奉

三位閣下ハ大原重德ヲ云

大慶候扨會藩士上京之人之說ニ初ハ少々六ヶ敷十五日會談ハ至極都合之樣ニ御承知ニ而御滿足之所又便者純一ニ無之樣ニ御承知虛實御分り兼御心配之旨拜承仕候猶差含候而周旋之儀被仰下　勅使ゟも不宜と御聞被成候得ハ御心配と御遠察之程御尤至極奉存候委曲前侍從殿江申上候通ニ而春嶽初三人之外無之甚六ヶ敷ニハ下官も大心痛仕候三條家江之御狀ハ相達申候肥後守へも被　仰遣候旨奉拜承候會津ハ微力ニハ候得共誠意可感之至ニ御座候過日參殿之節進呈之品間ニ合兼此程差上候得ハ縷々之御挨拶赤面痛却之至扨又大隅始家來被召呼種々蒙御懇命拜領物も仕候趣於小子大慶仕候其砌大隅ゟ下官心中申上候どて委細ニ相伺恐入申候筑前中將東行一條是又拜承仕候玉諭御投下奉畏入候貴答早々恐惶謹言

十一月望夜半燈下乱毫御仁恕奉希候

三位公閣下　　御實名

貴答內呈

猶々御誂之かど／＼　勅使初御入城ニハ間ニ合兼候どても無據御歸路迄

ニとの御事何も綾公ニ御文通申上候通ニ御座候春嶽ニ御傳言之趣申入候得者何も相伺是非とも早く登京と心促候得共老中始不居合故明られ不申一日〳〵と延引の段者實以恐惶至極奉存候得共何分にも先頃献呈之品々者是非御入納相願度との事ニ御座候實以是ハ春嶽申通りニ而容堂春嶽會津なれハこそ此位ニ参り春嶽骨折故ニ而留守ニ相成候而者とても當地之処者立行兼候儀者差見へ候故是も不得止事儀と奉存候以上

○文久二壬戌年

先マ月十五日朝之芳翰相達奉拜見候如垂示新寒日々増加候處愈御清榮被成御座奉欣躍候然者下官去ル五日早朝著府仕候其後同日先閣老邸ニ相越し月番ニ面會仕猶春嶽へも相越し事情万端与得相咄候處同人儀者急ニ遵奉之心得ニ而誠ニ愚慮ニ相違ニ而一々小子と同意ニ而更ニ異論之筋無之小子東行屈指ニ而相待候趣ニも承悉く異存符合ニ而其邊者萬端都合も宜敷大慶仕候其後容堂肥後守ニも面談右三人ニ者時々會合談判仕候所三人共

ニ　叡慮遵奉仕候心意誠實ニ相見何角談判も致しよく大悦仕居申候將十
二日初登城老中にも与得相談仕候［坂倉周防松平豊前十二日ゟ引込居候而此日不得面談］得与も一向意見
合ひ不申嚴敷論談致し詰候處老中大キニ恐怖仕候体ニ相見へ申候其節綾
公ゟ御渡之ケ條書之内先對　天朝候儀を別段書拔申入候処何分心得候趣
ニ而其節迄相分レ申候其後も度々春嶽容堂會議仕り肥後守へも萬端申談
右三人小子四人之所ハ諸事居合候得共兎角後見以下幕吏共異存符合致し
乘十三日ニ一橋中納言亭へも相越し嚴敷論判仕候得共遂ニ兄弟喧嘩ニ相
成說得付乘十四日ニ春嶽も相越し候得共未少々六ケ敷乍去過日吉江相越
候節幷愚臣貞彥遣候儀も有之其節抔の口氣者至極宜敷候得共十三日之談
判小子全く激發ニ至り候故欲共存候間叉相越し論談仕候心得ニ御座候其
節水戸之儀も相謀り候所是ハ一ツ橋も至極と同意ニ而同人も厚く盡力仕
候未ゝ公事之方閑暇無之候故水戸へも面談延々ニ相成居申候間何レ十八
日ニ相越候心得ニ御座候間其上ニ可申上候今十五日登城春嶽老中に面談

仕十三日申入置候儀迄も尚又申込候所右綾公ゟ御渡し御書取之内ハ大ゐ
さおきつけ多分此後之面會ニハ決答相成候儀と少々ニ而も悦居申候抑御
垂示之筑前中將東下之意味一ゝ被仰下拜承仕　三位公にも種ゝ御盡力被
成候得共段々之懇願ニ付遂ニ東行御許容ニ相成候得共右藩之儀ハ云々次
第も有之候ニ付正議家周旋之邪魔にも相成候得ハ早々申上候様迄の御
事委細拜承仕候尤　勅使江も三位公ゟ被仰入候旨拜承仕候此邊ハ何も先
御心配之筋も無之春嶽容堂へも与得申入両人共ニ厚く承知之事故御案被
下間敷候容堂へも御傳言之趣ハ申聞置候且又尾州之儀云々御談之趣去ル
廿四日弘成植松狗次等拜趨之様子申述（書中同様のよし拜承仕候）大納言ハ發足之趣御承
知被成然ハ面談ハ相成間敷迄の御事其通ニ而殘念仕候乍去如垂示尾臣植
松庄左衛門江堀庄次郎面會之都合ハ至而宜敷竹腰初片付是ゟ國元之小人
左遷之調ニ而前大納言江も大納言發足前懇談等有之田宮大キニ盡力と相
聞最早尾藩之儀ハ万々安心致居候今一際相調候ハヽ上京相成候様ニ周旋

可仕と存候事ニ御座候得共差當り當地之居合甚六ヶ敷候間於此地先〻時〻之登城を社渴望仕候間其儀ハ老中ニも申込御座候事ニ而是又近日返答可有御座と存候何も両士國元へ罷帰候間帰國之上有志申談何と欤願可出との儀ニ而帰候間申出候ハヽ早速可被仰下其上ニ而取計候様ニとの御事拜承仕候乍併堀植松談合都合宜候ハヽ其分ニ取計候様ニとの御事是又相心得置可申候三位公御繁用之趣御尤千萬奉存候尚又宜敷奉希上候貴地先相變候儀も無之旨御同慶奉存候久留米少將も滯京　勅使御用相濟候迄御警衞相勤候趣ニ而同人も玉亭ニ參殿之由拜承仕候宇和島も上京相成候趣ニ而是ハ父伊豫儀登京之御もおひニ可相成哉之旨拜承仕候過日亀品進呈之處段々之御挨拶痛却仕候尚愚僕共拜趨之旨ニ而云々御楮上拜承仕候何分日々之論判晝夜寸暇無御座其上少々も吉左右申上度と今日ハ明日ハと存候て延〻ニ相成候段御海恕奉希候未タ大樹公痲疹後不整一橋中納言も不快引等ニ而　勅使對顔も延々相成両君御退屈之事と恐察仕候去ル六日

両君へも拝顔仕候定而御文通之事と奉存候于時六門外守衛彦藩小濱藩之儀者相止候筈ニ相成肥後守ニ被申付候様ふと申入置候多分左様可相成と奉存候夫ニ而宜歟哉外ニ思召無之哉如何相伺度任序伺申候　勅使初御入城相濟不申而者何事も片付兼心促申候先延引貴答相束乍大畧著府御吹聽且滞京中者不一方御懇志被下忝右御礼共申述度早々畧筆仕候書外追便可申上候恐惶謹言

十一月十五日夜半燈下書　御實名

綾公子閣下
貴答内呈

猶以陽明家御辞職之御決しニ而御代り者左府公と申趣拝承仕候尤陽明公御辞職後も　内覧如元之旨先以難有奉存候夫ニ而御相談之一條是者老中方今日御相談御辞退之儀ニ取極候趣申聞御座候間尚早々其運ひニ相成候様ニ可申入と奉存候玉詠御投下拝吟仕候猶不時候御自愛専一貴地如何當所此節麻疹流行仕候早々以上

○文久二壬戌年

議奏方江之御書

前文畧然者此節　關白殿下弥御退職ニも可相成御内定之趣其御地家來之者より粟田宮様ニ而拜承仕尚又當御時節柄之儀ニ付自然御仕掛ケ之事件徹底不仕候内御退職ニ相成候而者天下之人心ニも關係仕候所も如何哉と思召候段奉伺候由於慶徳も既ニ滯京中何卒今暫御勉強候様乍恐奉申上候儀も有之旁以今般總裁職始江も其段申出候處　大樹家始同様被存候而右御止メ之儀懇願ニ相成候趣ニ御座候勿論天下御重職之御進退を彼是奉申上候儀ニ者無御座候得共關係小ならさる御時節ニ付乍恐不顧僑〔僣カ〕越慶徳ゟも愚衷之趣奉申上候間不悪御酌分御謀議被成下度此段奉願上候誠恐誠惶頓首〻〻百拜

月日　御名

中山大納言殿

正親町三條大納言殿
飛鳥井中納言殿
野宮宰相中將殿

○文久二壬戌年

然ハ私儀十一日御國表出立仕候ゟ晝夜兼行十四日之晩上京仕候則旅宿ニ而衣服相改直様三條殿御内富田織部方江罷越し扨ハ國元江罷帰候處　旦那儀弥以時勢切迫ニ相及候儀最早公武爲御合躰力を盡し候も是迄之通り筆紙ニ而ハ相濟不申何卒參府仕候而微力をも盡し度奉存候折節今度幸御暇之年限中たり共參府不苦旨被仰出候ニ付則不時參府仕候而微力をも盡し度奉存候早國中江不時參府之儀觸出し居申候元ゟ伏水通行之刻京都江御・候（伺脱カ）可申上存意与被察候ニ付私儀ハ諸藩追日京都御候等之御振合も承置度先上京仕候与尊慮申聞候處織部大悦仕御國表之尊慮左様ふも被爲在候上ハ一時も速ニ諸藩有志共江ハ勿論　天朝江何卒尊慮相達し候様仕度奉

存候何分而も今夕直樣旦那江可申聞与申出候ニ付宜賴入候与申置旅宿江罷歸申候其翌々十六日織部ゟ人遣し一昨夕談示之儀ニ付旦那内々御對顏被仰付猶御國表之　尊慮直ニ被爲聞度存知候間麻上下用意五時參殿仕候樣申參り則上下用意參殿仕候処御對顏有之御盃も頂戴罷歸申候其翌十七日又々御對顏被仰付旨申參り參殿仕候処御客來有之候而此日御對顏者無之織部ヲ以所天之尊慮内々議奏正親町三條江申傳候処正親町三條も御同樣御由緣之儀ニ付申聞候儀も有之依之今日二條方江罷越し二條江所天之尊慮申傳候就而者今明日之中二條ゟ關白近衞家江内々之表向　所天之尊慮申出しニ相成候左樣候得者御依賴之勅不遠内御下しニ相成候儀与奉察候其儀者何れ近衞家ゟ二條家江申傳二條家より當家江申傳ニ相成ニ付當家ゟ其方江申傳候間左樣相心得可申候尤國元江申遣候儀者今少し相見合可申候右之趣近衞家ゟ二條家江傳ニ相成り二條家ゟ當家江傳ニ相成候其直書其方江遣し申候間其直書を證據与仕候而國元江事之情實申遣し可申

と御沙汰ニ付奉畏候と申上置罷帰候然ル処三條公廿日ニ議奏御加勢被爲
蒙　仰續而廿一日別　勅使被爲蒙　仰候此邊之儀ニ而乍恐　天朝も御用
多之御央依而自然近衞公ゟ二條公ヘ之御傳も相延居候事欤併し両三日之
内ニ者是非態飛脚御左右仕候様相成候儀と今小路富田之両人も申居候間
左様御承知可被遣候唯々勝手ニ御早道留置候段實以恐入儀ニ奉存候得共
今日者御様子相分り可申欤明日者是非相分可申と奉存候ゟ遂ニ長逗留爲
仕候此段者格別之御賢考を以宜様御執成被遣候様奉願候先急キ要用耳如
斯御座候恐惶謹言

九月廿三日

追啓

二條家者格別之御縁家ニ御座候得者二條公兼而御國表之儀如何哉与御
案思被爲在候由ニ御座候然ル處今般不時御參府公武爲御合躰御力を御
盡し被遊度段三條公より御直ニ御傳ニ相成候ニ付二條公も御喜悦被成

候御様子去而のみならは近衛公ニは御直ニ御出ニ相成　尊慮御傳ニ相成
候付而ハ不遠御依頼之　勅御下しニ相成候も二條家を以御下しニ相成
候趣右之次第ニ而二條家御家來へ壹人交り置度奉存候折節幸今小路兼
〻入江此面と申人深交居候間猶甚都合宜御座候是又左様御承知可被遣
候大急何卒御恕し可被遣候様奉頼候不具

○文久二壬戌年

一筆啓上仕候寒冷之節御座候處先以
上〻様倍御機嫌能被爲遊御座恐悦至極奉存候御次愈御安泰被成御座乍憚
目出度御儀奉存候御次私儀無別條相勤居申候條乍憚御心易思食し可被成
遣候昨日申上候通二條様は參殿仕候處少〻御様子も被爲在候ニ付二日巳
ノ刻參殿仕候様諸大夫北小路申聞候段〻内考仕候処　御直書御渡しニ相
成候趣大切なる御用之趣ニ付申談之上財原甚之進立歸持參ニ談事合仕候
故何れ明日晝頃手廻し次第出立仕候間左様思召可被遣候右ハ全　君上御

忠節御盡力之処龍造ゟも精々申上自私も精々申開仕候処既ニ大原家にも參殿御父子様へも御目通仕候事御座候庄次郎清一郎も上京同様參殿御目通之上萬々御都合能相成申候右ニ而惣方同様之譯ニ而御赤心之處御貫徹ニ相成候處　殿下被聞召格別御忠節之儀兼々御遠知之儀故猶御分明ニ相成候より既ニ被　仰上ニ相成達　叡聞候處　叡感被爲在候而　御内勅之御沙汰被爲在候由右ニ付猶又内探仕候處諸家様御同様之御文言ニ而も無御座右故ニ御座候哉　君上御上京之上御渡ニ相成度ニ而二條様ゟ御直書ニ而御上京之儀被　仰進候趣ニ相成申候成丈御上京之儀ハ無御座様内考精々仕候得共何様兼而　御所ニ而も御勝（マヽ）望之由ニ御座候処五月以來之御様子欤何となく　御沙汰も延々ニ御座候処　御赤心御貫徹相成候上ハ右様之御模様ニ相成申候此段申上候右ニ付別段但馬殿上京ニ及不申哉奉存候宜敷御厚考但馬殿にも御咄し合可被遣候左候得ハ御用意次第ふも御上京被遊候様相成候哉共奉存上候俄之儀とも申萬端御配意ニ被爲在候半と奉

遠察候未發之儀ニハ御座候得共多分　御出府御盡力被遊候様ニも可被
仰出哉も難計心配仕候猶〻精〻内探仕申上候尤取留候儀ニハ無御座候猶
御差圖可被遣候唯　御赤心御貫徹相成候上御使者ニ而但馬殿上京と申處
ニ而相仕舞可申と夫のみ心配仕居申候処全兼々御勝望之所ニ御赤心御貫
徹ニ相成候ゟ上之通候様之譯ニ而右様之御模様被　仰出ニ相成候不惡思
召可被遣候先ハ右之段申上度猶相分次第又々可奉申上候恐惶謹言

十月朔日　　隼太（花押）

白井様

猶〻本文之次第　御赤心ハ十分御貫徹ニ相成達　叡聞難有奉存候得共
御上京御出府等之儀ニ相成候段却而恐入奉存候難有過候と申様なる事
ニ御座候何も重便萬々可申上候以上

○文久二壬戌年

龍儀十一日御國元出立仕候而ゟ晝夜兼行十四日之晩上京仕候旅宿ニ而衣

服相改直様右三條家御内富田織部江罷越し扨ハ國元へ罷帰候處旦那儀兼而宜敷所置不申時柄追〻時勢切迫ニ相及候ニ付而ハ最早此上之愚筆紙ニ而力を盡のみニ而ハ相濟不申何卒參府微力をも盡し度奉存候折節幸今度御暇之御年限中なり共參府不苦旨被仰出も有之候得ハ不時參府公武爲御合躰微力を盡し度奉存候付而ハ既ニ早不時參府之儀國中江觸出しニ相成居申候就而ハ伏水通行之刻是非京師江も御伺可申上事と被察候仍而私儀ハ近日諸藩京師江御伺等之御振合も承り合置度先出立上京仕候と申聞候所右織部儀不堪喜趣ニ而申出候ニハ扨御國表　所天之尊慮左様被爲在候上ハ何卒一刻も速ニ諸藩之有志共江ハ勿論　天朝江御達し申上度奉恐察候今夕ハ疲居候事ニ候得ハ先宿處江引取休息致し可申候得共今夕中ニハ是非御國　所天之　尊慮ハ旦那江申上候間左様承知可致候段申聞候ニ付宜賴入候と申置宿處江引取申候其翌〻十六日之早天織部ゟ扨ハ一昨夕御國表　所天之　尊慮一〻旦那江申聞候処旦那大ニ感服被仕就而ハ私ゟ申

出候のみニ而ハ先〻江談示候事相成不申候間今日御對顏被　仰付今一應直ニ承度存念ニ付上下用意五ッ時參殿致候樣申參候間則上下用意其刻限參殿仕候処早速御對顏有之先　源烈公其御亡父前右府公等之御談し有之然上ニ而一昨夕織部江申聞候事夫々御尋ニ付則奉承居候　所天之　尊慮申上候處甚御喜悦之躰ニ而委細承候實以爲　神州同慶と之御沙汰御盃も頂戴罷帰候其翌十七日又々御對顏被　仰付間五ッ時參殿可致旨申來り參殿仕候處俄ニ堂上方御出ニ付御對顏無之依而織部ヲ以扨ハ其方旦那之存慮議奏正親町三條殿江申傳候処正親町も當家同樣由緣之義大ニ相喜悦且又申聞候儀も有之ニ付二條殿江參り二條殿江其方旦那之存慮申傳候處二條殿ハ其方旦那とハ格別之通家就而ハ兼々因州何之話しも無之候得ハ如何哉と折節案思被居候折柄ニ付亦大ニ喜悦被致直樣關白近衛殿江其方旦那之存慮內〻之表向直ニ被參言上ニ相成候依而考候処不遠內　天朝御滿足ニ被爲思召候儀ゟ御依頼之　勅御下しニ相成候邊等右近衛家ゟ二條家

江御内達有之二條家ゟ者當家江御内達可有之と被存候先左樣承知可仕候
尤國元江此邊之儀申遣候事者今少し相見合可申候其故者近衞家ゟ二條家
江之御内書者何れ直書又二條家ゟ當家江内達も直書ニ而候得者其直書を
夫々其方へ内々下し遣候間其書を證據と致し國元江可申遣候左樣無之候
而者万一諸有司共疑念出來事ニ間違を生し候節相濟不申儀其旨も承知可
致よし御示ニ御座候仍而奉畏と御請申上且御禮申上罷帰申候其後者毎々
參殿仕候

私承候　御大所置者御國元何欤騷動之樣商人共ゟ上京風說等之恐も有之
候得者上京之上者追々諸有志江者實事申聞置候樣白井氏之深慮も有之儀
依之龍夫々今般之御役進退之儀も申上候

○文久二壬戌年

拜啓仕候愈御安全被成御座奉拜賀候御次小子共両人廿九日入京即日大原
公へ參殿拜謁種々辨解公大ニ釋然ニ而晦日朝　所天江之御直書御渡被成

候ニ付即刻京發足罷帰候處今朝舞子ニ而野田江面會承候處五日御發駕御
觸出しニ相成候段無此上大慶至極ニ奉存候右ニ付明石ゟ晝夜兼行ニ而罷
帰候間三日夜半迄ニ者著仕候間拜顔万々御咄可申上匆々不備

二日夜半　　　　　　　　　　　　　　　清　一　郎

謙　藏　様

猶以輿中ニ而相認メ甚草略何も拜顔ニ而御咄可申上呉々も三日夜半過
迄ニ者著仕候半と奉存候

○文久二壬戌年

一筆奉啓上候先以寒冷相催候處被爲揃益御安泰被成御座恐悦奉存候御次
ニ私儀無事ニ相勤候間乍憚御安慮思召可被遣候其後當處之事も先相替候
儀無御座候間左様思召可被遣候此中堀庄次郎安達清一郎罷帰嘸御聞取可
被遣奉存候然ル處明二日二條様ゟ御書被進候御様子ニ而右ニ付明日者隼
太罷出可申筈左候ハヽ者頂戴次第直ニ私儀御國へ持參可仕心得ニ談合仕候

間乍憚左様思召宜御執成奉願候何事も奉得尊顔可申上候先ゟ右之段御内
含迄申上度如此御座候恐惶謹言

九月朔日　　甚之進花押

重之進様

猶以至極御都合宜敷趣ニ相聞候間御安心筋と奉恐察候弥明二日ゟ相違
無御座と奉存候左候ハゝ即刻出立可仕心得ニ居申候多分但馬殿御上京
無御座様ニ心得居申候餘ゟ近日尊顔申上度奉殘候以上

○文久二壬戌年

今日二條様へ参殿仕候處北小路治部權大輔を以　御直書御渡ニ相成候處
御内勅之御儀私深心痛仕候段治部權大輔申上候由ニ而未被　仰出無御座
儀を拜承仕候譯ニゟ不相成御儀御座候得共格別之譯を以　御内勅之御寫
し別紙掛紙朱書之通　叡慮　殿下迄被　仰出候趣奉伺誠以難有仕合奉存
上候右ニ付御内々奉申上度段治部權大輔へ申談候處一應　右府様へ奉伺

候處未被　仰出無御座他見決而不相成候得共　御前江差上候儀ハ不苦趣
堅御沙汰御座候乍恐奉差上候

十（九カ）月二日　　　　山部隼太

別紙

蠻夷渡來以後　皇國之人心不和ヲ生シ當時不容易形勢ニ到り深被惱
宸襟候ニ付　皇國之御爲ハ勿論　公武猶〻御榮久之様去五月關東江勅
使被差下被　仰出候御旨趣有之候処於大樹家茂去七月朔日　叡旨御請
被申上御滿足之御事ニ候近〻追〻制度改革之旨　叡感候猶亦　叡念弥
以速被行候様被遊度　思召候水戸故前中納言忠節卓越なる而依追贈從
二位大納言候折柄相模守儀も實父之事右遺志を繼爲國家抽丹誠周還（マヽ）之
儀御內〻　御依賴被遊度　御沙汰ニ候事

九月

○文久二壬戌年

一筆拜啓仕候寒冷相募候所　中將樣倍御機嫌能被遊御旅行恐悦至極奉存候御次弥御安全被成御陪駕目出度奉存候次小子儀道中差急十一日朝上京早速大原殿ニ罷出候所三位樣ニハ近來議奏加勢被蒙　仰候ニ付御參　内後ニ而綾小路侍從樣ニ拜謁御沙汰之趣申上候處深御滿足被遊候御書ハ綾小路樣ゟ早々御所ニ御届ニ相成申候明十二日ニハ早朝參殿三位樣ニも拜謁仕候筈ニ御座候隼太ゟ段〻周旋仕候而今十一日二條樣ニ拜謁之都合ニ相成居申候ニ付則兩人ニ而二條樣ニ參殿仕御目見被　仰付段〻御直ニ御沙汰被　仰聞候御事ニ而　御所ニ於而も深く　中將樣御待被遊居候所急速御上京ニ相成深く御滿足之御樣子ニ而難有御沙汰等・種々御座候晩刻罷帰候処伊吹市太郎早追ニ而罷越し御沙汰之趣委細奉畏候右ハ隼太ゟ段々周旋も致し居二條樣大原樣ゟも厚御世話被爲在候而至而御手都合宜相成候別紙之御手續ニ御座候間此段宜御申上被遣候樣奉願候積ル處十四日ニハ伏見御滯留十五日御上京之御都合ニ御座候

十四日ニ傳　奏ゟ　御内勅御渡し御家老罷出頂戴即刻御家老御留守居
伏見迄罷出此段申上之事
十五日　御上京所司代へ御届傳奏方ゟ御請大原殿二條様ゟ御出之御都
合ニ御座候
右之御手續ニ御座候間左様御承知被遣宜御披露被遣候様奉賴候右之段差
急申上度大乱筆御推察被遣候餘ハ拜顔ニ申上洩し候恐惶謹言
十月十一日　清一郎花押
兵太夫様
大助様
謙藏様
猶〻前文之次第宜御披露被遣度奉賴候小子も枚方迄是非罷出候心得ニ
御座候得共様子ニより伏見迄罷出候ニ付此段も御含置可被遣何分罷出
不申上候而ハ不相成事のミニ御座候間何もいさゐ罷出其節万々可申上

候以上

別紙

御手續

十四日伏見　御上著御止宿例年之通御使者御勤等を

右御止宿明日　御廻京之儀御所司代江御届

是者御舊例之通御届

同日傳奏ゟ御咄出し御家老中同伴私罷出　御內勅御渡し并御上京御滯在被遊候樣別段被　仰出即刻伏見江御家老中私右　勅書差上ニ罷出ル

翌十五日　御上京被遊候事

○文久二壬戌年

一筆啓上仕候　中將樣倍御機嫌克順ゝ被遊　御旅行恐悅至極奉存候然者今日二條樣江隼太參殿仕候処此以後御両敬被成度段北小路治部權大輔殿を以被　仰候此段申上候御伺濟ニ相成候ハ者御請ニ參殿可仕奉存候猶御

勤向之御都合も御座候ニ付即刻貴答被　仰下度奉存候此段爲可得貴意如
此御座候恐惶謹言

十月十三日

安達清一郎

山部隼太[花押]

赤座爲藏

和田平太夫様

猶以爲御心得清一郎御用中ニ付判形不仕候

○文久二壬戌年

一筆啓上仕候　中將様倍御機嫌克被遊御旅行恐悦至極奉存候御次各様弥
御安全被成御供目出度奉存候然ハ別紙本多弥右衛門儀　近衛様御内命を
蒙り御直ニ申上度儀ニ而罷出候間御内々御目見被　仰付御聞被遊候様申
上候様二條様ゟ御沙汰御座候間宜敷御目見之儀御取計可被遣候先ハ右之
段爲可得貴意如斯御座候恐惶謹言

十月十三日　隼　太花押

兵太夫様

大助様

謙藏様

猶々本文之通二條様ゟ御沙汰ニ而近衛様之御内使者同様ト申事ニ御座候故御目見ニ相成候様御取扱可被成候以上

薩州周旋方　本多弥右衛門

○文久二壬戌年

未綬々得意候得ども各様弥御堅勝被成御座珍重奉存候御名様倍御機嫌克今日當表ヘ御著之由恐悦奉存候然ハ　近衛關白様ゟ奉承知趣有之極内御目通御直ニ御名様ヘ申上候様被　仰付今朝ゟ當地ヘ罷下り奉待居候就而ハ何時頃參上仕候而可然哉萬端可然様御差圖御賴申上候尤御内輪之儀ニ而表向關白様御使等之御會釋被成下候儀ハ別而困入仕合ニ付返々も御斷

申上候間其邊御含被置宜敷御取計可被下候此段奉得御意度如斯御座候以
上
十月十四日
京都薩州屋敷留守居
本田弥右衛門
和田平太夫様
土肥兵太夫様
追啓御著涯諸事御用繁〻奉推計候得共差急キ之御用向故彼是御面倒ニ而
から可然御披露奉賴上候以上
○文久二壬戌年
貴簡拜見仕候如貴諭未得貴顏候得共弥御安全被成御勤珍重奉存候然ハ
關白様ゟ御內命之趣も御座候ニ付御名様ニ御目通被成度旨御紙面之趣承
知仕則申上候所何時ニ而も不苦御隨意御入來被成候様被　仰付且又御扱
振等之儀云々被仰下趣入御念候儀ニ奉存候右御報爲可得御意如此御座候
以上

十月十四日　土肥兵太夫
和田平太夫
本田弥右衛門様

猶以御端書之趣入御念候事ニ御座候今日柄繁雑中ニ而御座候得共不依何時御入來可被成候以上

○文久二壬戌年

以手紙得御意候弥御堅固珍重奉存候然ハ明日御名様御参之時刻巳之刻ゟ御談申置候処少々御差支御座候間巳半刻ゟ午刻迄之内御参御座候様被成度此段宜御披露有之候様致し度候仍而為可得御意如斯ニ御座候以上

十月十八日　今小路伊豫介
林　日向介
山部隼太様

○文久二壬戌年

以手紙致啓上候然ハ差掛り御達被申候儀有之候間家老衆御招可被申儀ニ
候得共夫ニ而ハ手間取可申候間其許様只今早々當家江御出役有之候様可
申入旨被申付如此御座候以上
十月十八日
坊城殿家
山科筑前守
淺野主膳
因州御屋敷
御留守居中

○文久二壬戌年
今日も御安全大慶奉存候然ハ昨日承知致し置候　御名様　粟田宮江御對
面之事今日高崎猪太郎を以申上候御返答之儀ハ御聞取被下候半扨明日弥
御發駕ニ相成候哉奉伺上候今日　御參内無御滯被爲濟候半恐慶御同然奉
存候將又先日より度々　御目見被　仰付右之御禮參上も不相調今日も筑
前邸江差越只今罷帰候處夜入乍御面倒御返事寸翰奉願候匆々敬白

十月廿日　　　本田弥右衛門

安達清一郎様

○文久二壬戌年

弥御清福被成御周旋奉欣賀候偖今日ハ　御名様御事首尾能御参内被爲濟何共結構之至恐悦奉存候昨日ハ不圖遂拝謁實ニ感佩不少以御序可然様御禮被仰上可被下候其折承置候　粟田宮様江御参殿之事今日私直ニ昇殿奉願候處當分乍御病中　御逢被遊度　思召候得共　關白殿下江奉伺候上ニ而らてハ御逢難被遊旨被　仰聞候ニ付又々殿下江罷出右之趣逐一申上候處是非御逢之方可然との思召ニ而　殿下ゟ御逢ニ相成候様御内書を以被仰遣筋ニ決定仕候間明日御發足掛御推参有之可然候右之配行尊藩江ハ私より御通し申上候様　殿下ゟ御沙汰承知仕候間左様御含折角早目御仕舞相成御出掛被遊候ハヽ彼是情意貫徹於關東之御盡力御手延之方歟と奉存候右ニ付　宮様ニハ御病氣中之御事ニ被爲渉候間御改席無之其儘ニ而御

逢可有之其段も御通し申上候様被　仰聞候且又水藩云々之事情書認呈上之積候処彼是紛擾未清書ニ不及候間明日御発駕前迄ニ而献呈之都合ニ可仕弊夫発途も今晩之含ニ候所故障有之明朝ニ相延申候自然老兄ニ而御地江御引殘之都合ニ可罷成欤東西御互ニ周旋尽力仕度折角無御痛様奉祈候此段右之趣奉得貴意度如是御座候猶後信縷々可申述候恐々不宣

十月廿日　　高崎猪太郎

安達清一郎様

○文久二壬戌年

謹啓過刻而御多務之御中登門得拝鳳難有奉謝候さてハ其節寡君申付候事ともハ乍中不法ニ登館申上奉恐縮候乍去寡君微志徹上不仕も遺憾之儀と相心得且　老臺御懇諭も被成下候事ニ付一往弊邸江申遣候処早速此段御留守居方迄ニ而も可申上由只今申越候ニ付此段御承知ニ相成候ハ而直ニ登館申上候心得ニ御座候間萬々乍御手数鳥渡被仰知被下候様奉願自然時刻

相移寡君微志も不相達事ニ御座候ハヽ無是非次第ニ御座候間於江府世子
より此段可申上候先ハ為其匆々頓首九拜
十月二十一　桂小五郎
堀庄次郎様

○文久二壬戌年
貴墨拜見仕候厥後愈御清適被成御勤奉恭賀候　所天倍御機嫌克大津驛御
止宿被為遊候段恐悦奉存候殊御逗留中ハ種々御配慮被遣難有奉萬謝候扨
ハ粟田ニ而御託し申上候儀夫々御取計被遣且御品も御差上被遣候由附而
ハ御止宿匆々御返書御認被遊候ニ付御廻し被遣候旨被仰聞委細奉畏候則
謹而落掌早速參殿御返書差出候処又々御內書御渡しニ相成候間御回申上
候早々御差上可被成候將且大原公方三條公に參候御書ハ表ニ喜多川大膳
森寺大和守様と認有之書ニ御座候趣此御書ハ昨夕蹴上ニ而大膳方堀庄次
郎に直ニ相渡し庄次郎請取居申候間此段ハ左樣御承知可被遣候急キ要用

耳爲貴酬如此御座候恐惶謹言

十月廿二日　　　　景山龍造花押

土肥兵太夫様

尚〻何角御苦神奉恐察候御保養奉祈候御留守居井正薫ゟ之御傳聲承知仕候匆〻不乙

御滞府中

○文久二壬戌年
奉拜啓候寒氣弥增候處益御壯健被爲渡奉恐賀候將又明八日側用人
白井平次兵衞
名越十藏
右両人内用向被申付五ツ時前其御上屋敷御通用御門ゟ御内玄關へ差向使
相勤候樣被申付參上仕候間其節　御前ゟ御申上　御目通ニ而被申上度候
間其砌乍御面倒樣萬々御都合向御執成之程偏ニ奉希候此段御案内旁奉願
度如是御座候以上
十一月七日
山方
中島樣
洞樣
猶以本文之趣私今朝御上屋敷ゟ爲使罷出御側向樣ゟ御談申上早朝罷出
候方御差支無之旨ㄑ思召相伺候ニ付明朝五ツ時前參上之振ニ御座候全
御含被成下且御目通之節至而不案内之儀御執成奉賴上候以上

三白御返報ハ御差合有無一寸被仰下候様奉賴候

○文久二壬戌年

昨日御入來も可有之歟ト待心ニ御座候處御出無之遺憾不少奉存候扨其太守様弊邸御來臨之事内々寡君ハ申聞候處明廿八日早朝ニ而も又者明夕ニ而も宜敷御座候乍去夜分之方者緩々御話被仕候間可相成者退出後御入來被遊可然哉之由被申聞候右御承知被遊候上者今日表向御使者を以公用人ハ御逢被成旨御申込ニ相成候様可取計是亦寡君ゟ私共ハ被申付候此段御承知可被下候右要用而已早々不宣

十一月念七　　　　板倉周防守内　川田剛

土肥謙藏様

猶々偶評拾五卷差上候御入手可被下候御赦之事昨今両日中ニ發し候筈ニ御座候若昨日者未被　仰出候ハ者今日者必發し候ニ相違無御座候

御在府中
御公務御來書類

○文久二壬戌年

追日冷氣相成候得共先以　大樹公益御平泰被爲渡恐賀無量奉存候隨而御安康被成御起居欣然之至奉存候偖者貴君御事御所用有之候ニ付近々御參府被成候由右者當今不穩公武之御間深く御配慮被成候ニ付御周旋被成候との事誠以感服仕候此節　勅書等諸家江御下ヶニ相成候ニ付而者若貴君江も　勅書等御下ヶニ相成候哉若御下ヶニ相成候樣之儀御座候ハヽ者御取計振　公邊江御伺ニ相成候方兼而之御底意も相顯レ御都合も可然哉と任心付此段申上候何レふも御懇篤之御扱有之候樣仕度候右者如何樣之儀ニ候哉も承知不致右樣ニ申上候者甚以如何敷候得共極密ニ及陳述候不惡御汲取被下候樣致度御座候再拜

十月十二日夜認　　徳川刑部卿

松平相摸守樣

玉机下

猶以時下折角御厭專一ニ奉存候實ニ不容易御時節心痛仕候のみニ御座

候不備

前文畧此度濱松閣老被　仰付候其外堀田加州大岡紀州大番頭被　仰付
諏訪因州寺社奉行被　仰付候

○文久二壬戌年

一三條三位中將殿姉小路侍從殿両人別　勅使被　仰付候趣
一入道前關白殿入道左〔前カ〕内大臣殿千種入道殿岩倉入道殿富小路入道殿少將
前御局藤式部右依有　思召被止洛中住居候
一九條殿法名圓眞と被申候由德大寺殿内大臣　宣下二條殿叙從一位四辻
中納言殿任權大納言久世殿議　奏御免松平大膳大夫當月四日參　内拜
龍顏　天盃頂戴珍事之事ニ御座候
一先便當月五日御國御發足之樣ニ相伺候か江府に者いつ頃御著之事哉是
又御序ニ相伺候京地にも両三日御逗留之樣ふも相伺候ら左樣ニ候哉是
又相伺度候今便者差急キ全ク用事而已早々申上殘候頓首

十月十九日　　　　　　　　　　　　　　　　前侍從拜

中將樣　机下御直披

猶以時下折角御厭專一奉存候猶又此度之一條ニ付而者御同家之事以後者此上とも萬端御世話ニも可相成奉存候宜敷奉願上候以上

○文久二壬戌年

本月十八日付之華翰廿四日相達雪手奉捧讀候寒冷相募候所足下愈御多祥被成御起居奉恭賀候陳者從是社乍存御無音申上實ニ多罪不堪恐懼之至候過日來每〻之御懇書御用多ニ而奉復不致候段者御海恕可被下候扨又先般者諸侯就國妻子勝手次第就國之儀者小子之斡旋ニ而者無之全く深重台慮ゟ出候儀ニ御座候且足下今般方今切迫之危殆を被思召斷然東行實ニ爲天下感服之至ニ而候扨御著京之上御家老坊城ニ御呼寄別紙之通　勅諚被仰出尙又二條殿ニ御出　勅意之御主意委曲御拜承猶更　皇國德川之存亡離合之分判ニ御座候得者此度之御一大擧實ニ御大事至極ニ付刑部卿殿ニ

及御書通候得共　勅使御返答御猶豫之儀被　仰下一〻拜承仕申候早速老中ニも申聞置申候實ニ於大樹公も尊攘之御主意厚被思召詰君臣之大名義を明らかにせんとの　思召立ニ被爲在候上ハ刑部卿殿小生井老中一同も其心得ニ罷在候今度之儀ハ實ニ　皇朝之安危之境且者　皇國一新之大機會と奉存候幾重にも　御尊奉之思召故今般之　勅使よりハ一際御取扱振も御丁寧御懇篤之儀ニ有之今日ハ　天使御副使品川宿御泊ニ付小子井豐前守爲御使右御旅館ニ罷出安否御尋之御主意昨夕を　台旨被　仰出候尤今般ハ傳奏屋敷ニ而ハ無之候淸水屋形御旅館之積ニ而候御東著之上萬縷面盡之及海嶽之心緒可申述候貴答如斯ニ御座候謹言

十月廿七日　春嶽花押

相模守様

尚〻時下御自玉奉專念候足下不日東行面晤屈指日々待居申候以上

乍序申上候　公方様此程中ゟ御痲疹追〻御順快之御様子ニ御座候此段

も添而申上候
坊城家ゟ之御書付二條殿ゟ　勅意御書付都合貳通御廻し被下留置申候
以上

十月廿七日　　　　　春嶽

松平相摸守様　　平安
　　貴答
　　　　　　　　松平春嶽

○文久二壬戌年

両度之尊翰拜誦仕候先以御安靜被成御起居奉欣喜候然ハ御内〻　勅諚之
儀ニ付縷々御書中之趣入御念候儀ニ御座候御承知之通此節ハ　上ニも御
痲疹ニ被爲在候得ハ何レニも御答御出府之上ニ可相成候得ハ御著府之上

得と御談話致し度候先頃申入候　公儀ニハ御伺之上云〻右ハ全く御都合宜敷様ニと任心付申上候儀ニ而段々之次第柄伺候得ハ誠ニ御尤至極ニ御座候將又於　御所御達之趣とも一〻拜誦仕候何も此段御報迄如此御座候草々再拜

十一月三日　中納言

相摸守様
御報

○文久二壬戌年

一筆奉拜呈候雪故欲寒氣も強御座候處先以弥御多祥奉珍重候然ハ過日御申越し相成候貴書相達し直様中納言様ニハ入御覽候處少々此節御不快ニ被爲入候間御出之御頃合ハ追而可被　仰進旨尤御當分之事ニ候間御案事被進間敷旨是又申上候様御沙汰ニ御座候尤御申越之儀ハ公邊ニハ御伺之上ニあらてハ御答被遊兼候趣ニ御座候早々頓首

十一月四日　九郎麻呂

相模守様
机下

猶以時下折角御厭被遊候様專一奉存候以來過日被　仰下候様之御相談事ハ直様　中納言様ヘ御申上之方可然奉存候以上

別紙申上候別封申上候黄門公之御不快ハ全くうそニ而御座候なふか過日之貴書一橋殿ヘ御廻しニ相成候趣ニ而　公邊御伺之上ならてハ　勅諚之御受相成兼候御模様ニ御座候當時小石川邸中御在國之儀も何欤色々と御中立ニ而御在國ニ不相成様御願之御様子ニ而當時ハ御家中一同家内迄も引立下國之様子不相見候且別封ニ申上候通御相談事ハ黄門公ゟ差圖故以後ハ直様被　仰上候様申上候得共心得ふも相成候事ハ小子へも被　仰下候様奉願候用事早々申上殘候以上

十一月四日

○文久二壬戌年

貴書相達し難有奉拜見候向寒之節御座候處弥御安康珍重奉存候被　仰下

候公用事と御認之御書ハ直様　黄門公ニ差出し猶御側御用人若年寄之出候事も申上候處委細御承知ニ而則明日（此處認候得共不分明ニ御座候）白井平次兵衛名越十藏被差出候趣ニ付右様御承知可被下候且主税頭殿ニハ　黄門公ゟ被相廻候哉難計候間内ゝ小子ゟ寫取相廻し申候事ニ御座候間左様御承知可被下候於當屋形ハ何ゟ在國之儀相止候様幕ニ願書ニ而も被差出候哉ニ漏聞承知仕候間爲御心得一寸申上置候右故家中向も下國之模様無之候委細ハ近々拜顔之節可申上候文略早々申上殘候以上

十一月四日　　九郎麻呂

中將様

机下

○文久二壬戌年

呈一書候若輩之身分ニ而申上候も如何敷候得共幸此度貴兄御出府且被蒙勅諚候事ニ候得ハ猶更之事ニ候間　公武御合体蠻夷御打拂之儀人心合体連年御摸通り宜敷相付キ候様愚考致候得ハ只今和親相結ひ候國ニ理不盡

ニ戰爭相始候而も我國ニ不有理して有害於彼國有理無害之道理と存候間
勅諚攘夷ニ有之候とも右等能御勘辨ニ而諸有司御相談ニ而左之ヶ條當時
速ニ被相止其上ニ而彼國ゟ戰爭相開キ候得共有我理彼レニ有害之道理と
存候間　皇國之武威諸蠻ニ而恐懼仕候樣御周旋　公武〻之御忠節と奉存
候間奉申上候前文申上候ヶ條左之通
一御殿山夷人館被止候事
一越中島調練之節夷人ニ差圖を受候事
一神奈川橫濱交易被止候事
一如前々交易共蘭人唐船可限候事尤長崎たるへき事
一人心不和且　皇國不有易候間諸蠻夷交易御止メ之事
前文五ヶ條速ニ被行候樣日夜苦心罷在候間一寸申上候可然と思召候ハ共
御序ニ春嶽初〻も御相談相成候得共自分之大幸共申迄も無之天下之御大
幸と奉存候任心付不敬之申上樣偏ニ御宥免可被成下候樣奉願上候恐惶頓

首百拜

十一月四日　九郎麿

御直覽

御覽後御投火

○文久二壬戌年

昨夜ハ久々ニ御來臨被下緩々期面盡實ニ大慶不啻爾來愈御清安被成御起居奉恭壽候陳ハ近日之內ニ容堂肥後守も弊屋江參り候樣申遣其節貴兄ふも御貴臨御一同ニ而御談判申上度奉存候尤其前時候御見舞且京地一通り之事情爲被　仰上候一橋第江御出有之方可然存候何んても小子容堂御相談有之候而一橋江御督責有之候樣ニ而ハ却而橋公思召も如何可被爲在哉と心付申候故早々何ントナク橋江被爲入御逢可然存候此段任心付奉謹陳候誠惶謹言

壬戌冬仲初六書於執政府　慶永

省山賢兄

○文久二壬戌年

寒冷候得共先以　大樹公益御安泰被爲渡奉恐賀候随而尊君弥御平安被成御起居欣然之至奉存候然ハ御道中無御滞去ル五日御著府之段大賀無量奉存候小子事一昨日ゟ風邪ニ而引居候處最早全快就而ハ得拝顔京師之御模様振も承知致度候得ハ何時ニ而も故障無之候故御枉駕被下候ハヽ大幸不過之奉存候此段申上度如斯候書外期拝顔之時候不備

十一月七日　　一橋中納言

松平相摸守様

玉案下

○文久二壬戌年

華翰拝読仕候愈御清安奉壽候陳ハ御家臣貞彦明日明後日の内橋館ニ御差出被成候ニ就而ハ黄門君御逢之儀被　仰下逐一謹承仕候今日黄門君御登城被成候間篤と申上候後従是又々可申上候只今差掛り諸役人評議有之不得寸暇候右貴答迄早々如此御座候謹言

冬仲初七書於執政府謹復　春嶽

相州明公
座下

猶々明後日ゟ御登城と奉存候以上

○文久二壬戌年

先刻ゟ華翰被投草卒之貴答申上恐惶之至奉存候得共無據事故萬死御海恕可被下候扨又貴臣貞彥事橋第ニ罷出黄門君ニ御逢之儀申上候處御承知被遊御目通り之上存寄御聞可被成との事と貞彥罷出候日限ゟ從貴君橋ニ御懸合可被成候右申上度如斯御座候頓首

冬仲初七書於宰相局　春嶽

省山明公

○文久二壬戌年

朶雲雪手奉拜誦候氷霜冽〻愈御清安被成御起居奉南山候陳ゟ御箇條書之

儀過日尊話有之候故御内々御投示忝奉存候右ハ今夕容堂弊屋に参り候故
拜見爲致尙容堂とも可申談候夫故右御書付ハ御懇切之御投借故廟堂にハ不
差出候間左樣御承知被下度候夫故貴君御登城之節右御箇條書ハ表向被差
出候樣仕度御座候且又今朝大原卿ゟ御書翰來り候ニ付小子容堂に急々御
面談被成度旨拜承仕候今夕容堂罷越候故同人とも篤と相談仕り一両日之内
御來臨可奉希候何分筑前東行假令著相成候共小子容堂貴君御咄相伺候上〔迄カ〕
ハ面談仕間敷此段ハ御降心被下度候橋館に貴臣被差出候云々之事ハ昨夕
奉拜陳候通ニ御座候其他之垂示謹承貴報迄早々申縮候頓首九拜

十一月八日　　總裁

相州明公　研下

○文久二壬戌年

氷霜凛冽愈御清安珍重奉存候陳ハ今夕容堂會津罷越候間尊兄ニも何卒小
子退出頃ゟ御貢臨奉希候右所要如斯御座候頓首

冬仲初八即月曜書于亮惠閣　　春　嶽

呈省山賢契硏外

○文久二壬戌年

愈御清勝奉壽候陳者貞彥橋第ニ罷出候者明日宜由黄門君御噺ニ候間其心得ニ而貴臣方橋之用人ニ掛合候而可然存候且又明日者御酒湯御祝儀ニ而惣出仕ニ御座候貴君御用談ニ無之御登城被成候哉相伺度候昨日和泉守方參勤御礼ニ不及月次其外在府中者登城不苦旨貴臣呼出し達有之候積ニ而候夫故相伺申候艸〻頓首

壬戌冬仲初八書亮惠閣　　春　嶽

呈相州明公　玉案下

○文久二壬戌年　十一月八日カ

朶雲拜誦先以無御障奉賀候如示　大樹公御痲疹御順痘ニ被爲在御同意奉恐悅候次ニ尊君益御勇猛之段奉壽候然者御家臣御差越之儀ニ付委縷之垂

示謹誦仕候明夕何等差支無之候此段御報如斯御座候百拜

即時　　　　　　一橋中納言

松平相摸守様　貴酬

○文久二壬戌年

色〳〵申度候得とも少くいそき用のミ申入候先〳〵御道中御障りもなく御著ともそんし候俄乃寒さ御用心被成候やう扨は此度　御内勅御持參とか申風聞追〳〵うけ給り候所れいの水戸をの勅と申所にて言だていたし候右ニつきをし人氣たちれてさハき候てハ公邊へも恐入候へは伺度とも私抔申も恐入候へとも大づ伺度右ニつきいそき一筆申入候事ニ候追ゝ申度事澤山ニ候得とも跡より早々めて度かしく

一極御内々申入置候白井伊豆の申事を實事とも御うけ被成申さぬ様ニけハ跡から申候

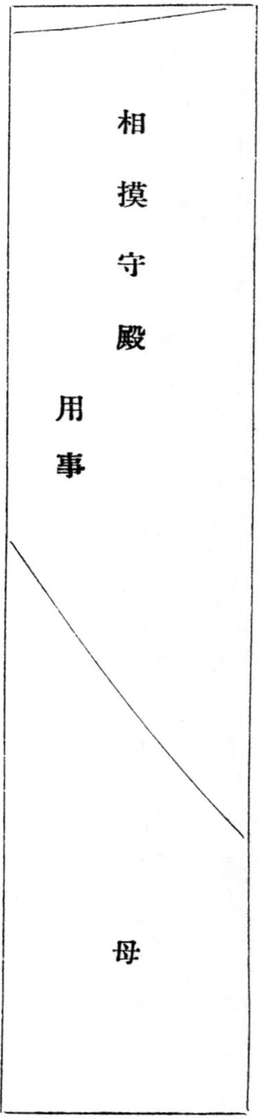

○文久二壬戌年
愈御清適奉賀候御談申候儀有之右ゟ明日ニ限り候儀ニ候間成丈御操合被成候而八ッ時御來駕可被下候尤御平服ニ而御出可被成候先ゟ用事艸々頓首

仲冬十日　阿波守

相摸守様

猶〻時下御自玉專一奉存候否早々被仰下度奉存候不乙

○文久二壬戌年

御答書薫披仕候御安清奉賀候明日水府館御斷被成候而八ッ時茅屋ハ是非とも御來駕可被下候明日ニ限り候御談ニ候間左樣御承知可被下候尙又否神速ニ可被仰下候再答迄艸々頓首

即　　　　　　　　清海

省山君

再復

○文久二壬戌年

一昨夜者御光臨被成下大慶之至爾來愈御清勝奉南山候陳者一昨日貞彥橋第ハ罷出候節之御都合並昨日貴君參橋ニ而黄門君御應接振如何被爲在候哉橋公定而御開悟と奉存候猶御樣子奉伺度奉存候不苦候ハ者委細以華牘爲御聞被下度候扨又貴君今日者阿州ハ御入來之由阿ゟ昨日承り申候尤御承知ニ而可被爲在候得共京地之事情等者詳細御咄露無之方宜尤ヶ條書并勅使御取扱振等者決而御沙汰無之樣致度容堂肥後守抔と者更ニ違ひ阿州者兼々御承知之通油斷相成兼候間左樣御承知被下度乍愚念奉拜陳候攘雷

抔ゟ尤御漏泄被下間敷候右申上度用事艸々頓首

壬戌冬仲旬一日　春嶽

省山大兄

○文久二壬戌年

奉呈一翰候向寒之節益御清福被爲渡奉恐欣候陳ゟ過日ゟ参殿種々御丁寧之御馳走頂戴殊ニ嗜好之鴨御惠投被下奉多謝候扨其節御相談申上候一條最早中納言樣ヘ被　仰上候哉若未タ御招請之御沙汰も不被爲在候哉も難計と掛念仕候萬一御招請不被仰進候共重キ御内勅之御儀ニ候故一日も御早く被　仰上候樣御盡力之程奉祈候先ゟ右御模樣相伺度早略申上候恐々頓首

十一月十一日　松平主税頭

因州大君

○文久二壬戌年

拜見仕候今日御登城御不參ニ而も宜御來臨之儀ハ差支無之候老中ニも申
聞候所其通りニ御座候委縷今夕拜晤之時ニ讓り候頓首

即時　　　　　春

相
公

十一月

○文久二壬戌年

朶雲拜誦先以御安靜欣賀之至奉存候過日ハ久々ニ而得拜顏大慶無此上奉
存候然ハ今日御家臣御差越之儀病床ニ而面會難致候ニ付乍不本意御斷申
上候處猶御用御座候ニ付明日御出被成度趣右ハ何之差障も無之候間御出
ニ相成候樣致度候尤昨今寒キ強キ折（ヨ脱カ）も有之候得ハ及失敬候儀も可有之御
仁恕奉願候先ハ右之御報申上度不快中別而乱毫御推覽可被下奉願候頓首
再拜

即時　　　　　一橋中納言

松平相摸守樣
貴酬

○文久二壬戌年

昨日ハ於　營中得拜顏大慶爾來愈御淸全奉恭壽候陳ハ今日足下一橋公に押掛ケ御來臨之儀ハ御相談申上候通被成候事と奉存候就夫而ハ昨日も鳥渡申上候橋公開悟幷板相一件等委細申上度候間橋に御來臨前今朝家來中根靭負差出候間同人に口上申含候ニ付委曲御目通被　仰付御尋問奉希候橋に御入來前何分御逢被下御聞糺之程奉願候此餘ハ使節之口上ニ讓り早々及閣筆候頓首

文久壬戌冬仲旬三書於山紫水明之處

政治總督永

呈久松閣明公閣下

○文久二壬戌年

前略水府君御登營之儀早々貴君ゟ御勸メ御登營候樣仕度存候

一十五六日之頃茅屋に御來駕被下候樣過日御噺合仕候處此節甚多端ニ而

何分差支候間御斷申上候猶其內可申上候右用事迄艸々頓首

仲冬十三日　　　　清海

省山君　内用

○文久二壬戌年

拜見昨夜ハ御光臨面盡大慶爾來愈御清安奉壽候陳ハ只今迄黒田參り對話仕候得共別段申上候程之儀も無之候委曲之垂誠謹承書餘ハ期明日之面盡候頓首

十四日　　　　春嶽

復相州公

今朝ハ芋の家來參り又黒田へも對話喫食是より參橋てんてこ舞申候以上

○文久二壬戌年

一章呈研所候先以益御安清奉雀躍候扨ハ今夕登城退出ゟ春嶽兄此方へ參

申候足下も御閑日ニ御座候得ハ御來駕被下間敷哉右而已如此御座候頓首
冬仲旬四日書于此君堂　　九十九洋外史
因州明公坐下

九十九洋外史ハ容堂公之號

○文久二壬戌年
愈御安泰奉恐壽候陳者足下御不快ニ者候得共御近邊之事よも候得者何分今夕容堂方に御出可被成候小生も罷越し候積ニ而候艸々頓首
十四日　　春嶽
相州公

○文久二壬戌年
御清安奉壽候然ハ午後ゟ御登城可被成候此儀月番ゟも可申上候得共猶又申上候萬々御相談申上度委縷期後刻候頓首
十一月十六日　　春嶽

久松　公坐下

○文久二壬戌年

華翰拜讀仕候先刻者得拜顔大慶爾來愈御清安奉南山候陳者於松溜御相談申上候一件之儀ニ付逐一垂示謹承仕候大略之次第可申上候中納言殿御出仕有之候日迄者實ニ尊奉と攘夷御請者不致候半而者難相成迚乃見込ニ御座候其後咽喉強く被痛候ニ付出仕御斷ニ相成申候儀ニ而決而於　廟堂異論抔有之候儀者毛頭も無之候此儀者駿河井水和泉江御聞被成候而も相分リ申候然ル處其後薩藩人高崎猪太郎容堂方江罷越周防之儀申上今夕猪太郎小子方へも參リ申聞候故周防殿者暫くの內不參爲致候儀ニ而候其後橋公御説相變し候哉小子罷出候節者周防ら引あらハおれも引く抔と被申候儀ニ而廟堂中右之論判者必無之事ニ而候實ニ中納言殿御出仕ニ相成候て迚もかくも御相談申上尊奉攘夷之御請者是非致度積ニ而候右等ニ御座候間何分御出被下御兄弟之御場合ニ而中納言殿一存をも御聞遊し又御出仕

をも御進メニ致度候尤此書面ニ而御不分明ニ候ハ者明朝御登　營可被下
候其上ニ而盡詳悉可申候右拜答艸々頓首

十六日夜　春嶽

久松君

猶〻何分御出勤被下候得者萬事御相談申上道理之相立候處江取極可申
候御出勤無之候而者甚當惑仕申候以上

○文久二壬戌年

昨日者於　營中乍暫時得拜晤大慶爾來愈御清安被成御起居珍重奉存候陳
者今日一橋江定而御出御登城之處御説諭有之候事と奉存候何分過激ニ御
論判ニ而者益御憤怒之御情盛大ニ相成候而道理消却可仕者無疑奉存候間
何分ニも寛和劑御用ひ橋公思召氷解相成候様奉希候就夫爲御心得別紙寫
入貴覽候間御覽後御返却被下度候尤此狀者本月九日來り候様相覺申候右
申上度用事艸々頓首

文久壬戌冬仲旬七書於寄心淸尙處　　春　嶽

呈久松明〻臺

○文久二壬戌年

拜讀奉壽候垂示敬承仕候別紙貳通ヽ一昨朝長門守ゟ差出候今晩御披見被下明日晝前迄ニ御返却奉希候拜答艸々頓首

十九　　　　春　嶽

相　君

○文久二壬戌年

華墨拜見奉南山候扨ヽ御實家近來忠邪紛乱之處此節公明正大之御所置ニ相成候趣雀躍之至奉存候即天下之御爲ニ御座候書外期面盡候頓首

冬仲旬九燈下　　土　州　隱　居

因　州　君

○文久二壬戌年

嚴寒栗烈之時ニ候處愈御清安奉珍重候陳ハ近衛殿下御辭職之儀ニ付肥後守三條公江罷出御内談申上候處三人之書付從三條公別使被指立候由ニ御座候昨夜足下御家臣ゟ家臣迄申越候扨又一昨日昨日　廟議ニ而ハ黄門春嶽ハ連名容堂ハ政府之人体ニ無之候故當時御相談也依之別名相成容堂認候得ハ夫を一處ニ三條ニ被遣候方可然与申事ニ相成小生今夕ニも　勅使旅館江罷越三條江面談候而可差出積ニ候處昨日夕小生老中蒙仰深重之台命一橋江罷越申候而御登城之儀御勸メ申上候末ニ殿下辭職之云々申上候處橋君ハ斷然畢竟於關東深重之　殿下之辭職を進退せるいもれ無之且ハ早々就夫品々譯合も可有之候間從關東不申出方宜との事ニ御座候獨り橋君不同意ニ御座候今日小生登城之上猶又相談も可致候得共橋公をへ御同意被下候得ハ今夕ニも其事件ハ相整申候事ニ御座候其餘水府一條ハ昨朝以家臣鹿之助申上候通ニ御座候呉々近衛之儀遲緩之儀ハ右之仕合ニ而

候此殿申上度艸々如此御座候恐々謹言

廿二日　　　　　　　　　　　春　嶽

呈　省　山　明　契
研北

尙〻時下御自玉奉專念候本文之趣不悪思召可被下候尙期近日之拝晤可
申早々頓首

○文久二壬戌年

貴翰拝讀仕候今夕之御光駕何分御斷申上候明朝御入來之儀無差支候以上

十一月廿二日　　　　　　　　春

相　君

猶々御用多ニ而當惑仕候以上

○文久二壬戌年

一翰捧呈嚴寒之候ニ御座候処愈御清安被成御起居奉恭壽候陳ハ今朝御光
臨可被下樣ニ昨日御約束申上候處俄ニ今日ハ田安殿御三家尾張前大納言

殿溜り詰登城被　仰出候ニ付而ハ小生も例刻ゟハ早く登城相成五半時供
揃ニ御座候故何分ニも御面晤出來兼候故及御斷候若弥御逢被成度候ハヽ
今朝月番江被　仰達今夕御登城ニ而一同江被　仰聞候様奉希候且又過日
以貞彥御投借被下度候別紙書付返上仕候間御落手可被下候右別紙ハ御內
々入　台覽申候而觸　御手候故麁末ニ被成間敷候此段も申上候何分乍殘
念御光臨無據事ニ而及御斷候不惡御亮察可被下候右用事申上度艸々如此
御座候頓首

十一月廿三日　　松　春嶽

松　相摸守様

尙々今日退出ゟ容堂江罷越候積故左様御承知可被下候以上

○文久二壬戌年

貴書難有奉拜見候如貴諭寒冷弥增候處弥御機嫌克被遊御座奉恐悅候貴約
申上置候ニ付來ル廿五日尊邸江罷出候様被仰下候而難有奉存候直様黃門

公ニ相伺候處罷出候而宜敷との御事故罷出候樣可仕候甚恐入候得共供揃刻限之處ハ同朋迄明日ニも被仰下候方都合よろしくと奉存候何ら相願候而恐入候得共岸初被召候一條ハ可相成ハ小子參殿之上ニ而被召候御都合ニ奉願候內實ハ竹村も表向願出不申候內ハ岸等ニ面會ハ如何と申候事も有之候間南石ニ內談仕置候間否返事承候上ニ仕度奉存候且岸等ニハ何等遣し不申候而も宜敷儀哉又遣し申候方可然と被思召候ハヽ御取計奉願上候

一此後外出之処も如何と存候間罷出候上ニ而俄之思召之樣ニ被遊候而御近處之事ニも候間餘六殿屋敷ニ罷越候儀ハ相成間敷哉若し出來候儀と被思召候ハヽ其御含ニ被遊置被下候樣奉願上候尤貴君御同伴之つもりニ候

一白井伊豆同平次兵衞去ル廿一日夫〻咎御座候先両人と相見へ申候今日ハ黃門公ハ御不參ニ御座候貴答早々申上度候以上

廿三日　九　郎拜

相　州　兄

猶以同日より小子壹人哉又ゝれそ出候哉若し誰そ出候事ニ候ハゝ明日可被仰下候同心之所も承知仕候同日馬乗袴羽織ニ而出候間是又御承知置可被下候以上

○文久二壬戌年

甚寒之節ニ御座候處倍御勇猛被爲渡奉恐欣候昨日より貴書被成下殊ニ何寄之御品御惠投被下奉萬謝候早速賞翫仕候事ニ御座候扨其節より折惡敷留守ニ而貴答大延引之段御宥恕可被下候且過日より御光駕被下置緩ゝ拜顔御高話相伺大慶不過之奉存候然ル処任山家何之御風情も不仕大失敬之所御念書ニ而痛入候事ニ御座候且両白廿一日ニ御免ニ相成御同樣安心仕候今一ツの方御六ヶ敷旨何れ參殿之節萬々可相伺奉存候將又過日之御品今日御廻し申上候樣被仰下候處未御品出來上り兼候間出來上り次第御廻し可申

上候且又廿五日ニハ九郎麿様御出ニ付小子ニも參殿可仕旨承諾仕候其節大炊頭ニも參殿仕度旨申出御座候所御不都合も無御座候ハ者同道仕候而も不苦候哉相伺度何レ今日之御左右次第明日參殿縷々可申上候何も昨日之尊答迄申上候早々謹言

十一月廿四日　　主税頭

相摸守様

○文久二壬戌年

奉呈一書候甚寒之節御座候得共益御清榮被爲渡奉恐欣候陳者今日者參殿仕種々御饗應被成下奉多謝候大醉ニ而失敬而已仕候何も御海恕可被下候且御內々礫之御一件度々御登城不被遊候儀ニ付　公邊ゟ御沙汰之御噺合も御座候得共熟考仕候處先春嶽殿ニ御咄し等有之候儀者本邸御爲ニ痛心仕候間乍不及今一廉周旋仕度此度者今日御內談之儀者御猶豫奉願候九郎麿様より今日之御內談御催促等も有之候而も此儀ハ前申上候通ニ付御含

置奉願候此段御礼旁申上度早々頓首

十一月廿五日　主税頭

因州大君

○文久二壬戌年

寒冷候得共益御多祥奉欣喜候然ハ小子事内願書差出置候處段々厚御沙汰も被爲在候ニ付昨日ゟ出勤仕候就而ハ竹田大場等之儀其後如何相成候哉御同意之事ニ候得ハ御不都合之儀も有之候ハヽ如何様ニも周旋可仕候只今登城前此段のミ申上候鳥渡被仰下候様致度奉存候再拜

十一月廿七日　一橋中納言

松平相摸守様

○文久二壬戌年

甚寒之節ニ候得共弥御安康珍重不過之候扨此程被心遣候御書面之趣ハ猶得と勘辨之上取計候而も宜キ筋ニも候ハヽ夫々申付候儀ニハ候得共全く

之風聞のみニ而ハ何レふも申付兼候得ハ先此程之御報迄早々申進候不備

十一月廿七日　　水戸中納言

相摸守殿

○文久二壬戌年

謹而奉言上候寒冷之時御座候得共先以　殿下益御安泰被爲成恐悦至極奉存候抑先般ハ非常之蒙　勅意上京之上尚重キ　叡慮之旨被　仰出過當之蒙　朝恩不計參　内拜　龍顏　天盃頂戴被　仰出冥加至極難有仕合且又以傳　奏衆被　仰出候趣ニ依而則發足先月中旅中差急去五日著府後　勅使ニも度々面談仕乍不及盡力仕候折惡敷大樹公痳疹後不整ニ而昨日（時カ）延引仕候得共昨日　勅使對面　勅書奉戴之旨ニ御座候間最早幕議も不遠一定御答被申上候事と奉存候將又水戸家之儀も去ル十八日相越し則殿下御書も相渡　台意之趣中納言ニも申聞と得申談則正邪巨魁黜陟相成申候得共未（武田修理）始出府不仕何レ不遠出府之上ニ委細面談可仕候得共先右之次第ニ

御座候間上洛之節同伴之儀斷然被　仰出候共奸徒隨從ニ而不仕樣ニ尙修理ハ申聞候間此旨及言上候乍前後　勅使御入城之節ゟ萬端城內模樣も變革ニ相成尊奉之次第追々相立候樣子故此段も奉申上候島津三郎ハ守護職被命候ニ付此旨一橋中納言始ハ早々申入候樣ニとの儀ニ而委細奉畏委細ニ申入則尊翰相渡し此節廟議中与申趣ニ御座候種々多端荒々執事迄申上候誠恐誠惶頓首〻〻謹而言上

十一月廿七日　　小臣慶德

呈　關白殿下

執事披露

猶以寒冷之砌玉躰被爲厭候樣奉專祈候過日二條殿ハ以愚翰此地事情申上置候定而入御聽候事与奉存候尙風說ニ而候得共佛蘭西人大坂港渡來之趣相聞候所下官兼而同處警衛之儀被申付置候儀ニも御座候得ニ而幕議次第早々上京猶下坂之上同所手當向も申付度日々心促居申候事ニ御座候頓首謹言

○文久二壬戌年

愚翰謹而拜呈仕候寒冷之節ニ御座候得共先以臺下益御安泰被爲渉恐悦至極奉存候過日及言上候後追々登城も仕時〻春嶽始ニも面談仕乍不及周旋仕候　大樹公違例も此頃快方ニ而既ニ昨日　勅使御入城對面　勅意奉戴之旨ニ御座候間最早不遠幕議も一定之上御答被申上候事と奉存候將又滯京中　殿下ゟ水戸家之儀ニ付厚　台命有之猶玉翰御渡相成候ニ付去ル十八日相越し与得中納言ニも申入御書相渡し熟談仕則正邪巨魁黜陟ニ相成申候乍去未正臣共出府不仕何レ不遠出府之上ハ尚与得申聞亡父之遺志繼述之樣爲致候心得ニ御座候乍前後　勅使御入城之節より万端城中模樣變革ニ相成尊奉之次第追〻相立候樣子ニ相見へ申候尚先日以薩便　殿下ゟ御書拜戴仕難有仕合奉存候御請書差上候段重々奉恐入候得共御內密之儀ニ付僭越不敬之至御座候得共奉差上候不苦候ハヽ宜敷御取扱奉願候誠恐誠惶頓首謹言上

十一月廿七日　慶　德

右府公

執事

猶以寒冷之砌玉躰被爲厭候樣奉專祈候尙風說ニ者候得共佛蘭西八大坂港渡來之趣ニ而本國出帆欲ニ相聞候間下官兼而同所警衞被申付置候儀旁幕議一定之模樣も畧相分り候ハヽ早々發程上京仕尙下坂之上　皇都近之場處更ニ嚴重手當申付度心促居申候早々拜上

○文久二壬戌年

拜誦先以御安靜奉賀候然者尺書差上候儀者急用ニも無之全く武田等之儀ニ付而之事ニ有之處段々入御念候儀ニ御座候就而者朔日於營中拜面可仕候此段御報迄如此御座候謹言

即時　一橋中納言

松平相摸守樣

○文久二壬戌年
今夕何時頃礫邸ゟ御出被成候哉此段鳥渡御聞申候以上
十二月朔日　中納言
相摸守様
○文久二壬戌年
其後御勇健奉欣喜候然ハ今夕參殿之儀礫邸へ申入候處別紙之通被申越候ニ付先見合申候間此段申上候不備
十二月朔日　一橋中納言
松平相摸守様
御別紙
御本文之趣委細承知仕候乍去今日ハ少〻不快ニ而登城も御斷申候事ニも候得ハ今日御出之儀何共御氣の毒ニ奉存候得共御斷申度奉存候右ニ付而ハ今夕明朝之内御都合次第家老之者差出候間其者ゟ御用向之儀被

仰聞候様仕度此段早々御報迄申上候以上
十二月朔日
二白家老共ニ被仰聞兼候儀ニ候得共其御方計御出被下候儀共指而不都合且差支候程之儀も無之候得共此節相摸守參り候得共色々種々之風聞等相立何レ而も差支候間相摸守儀今日參り候儀共幾重而も斷申度其御方之御出ニ相成候儀も可成共御斷申度候得共前文之通故其御方御出之儀共御都合次第ニ仕度奉存候以上

○文久二壬戌年
昨日共於　營中得拜晤大慶爾來御淸安奉壽候陳共昨日於　御座間之　上意振御取次ニ賴候處差出候處入貴覽候尤御留置ニ而宜候右之段申述度如斯御座候頓首
冬季二　愼獨齋閑鷗
純々齋省山賢兄

上意振

此度態々參府且京都表周旋太儀滿足ニ存ル

○文久二壬戌年

扨先日近衞殿御辭職之儀一橋殿異論有之ニ付其儘相成居候欤右者弥御止ニ相成候儀哉且又其後御談合ニ而京師江被仰遣相成候哉相伺度尤昨日又候而く申參候間入貴覽申候此度者從京師御相談御座候趣ニ付右御返答之節思召次第關白職ニ彼是御座候而者天下江關係不細ゝ候間可成儀ニ候ハ者暫時御見合之樣ニ御願被遊度と申樣ニ御返答相成候樣奉願候右迄早々頓首

十二月二日　　　相摸守

春嶽樣

○文久二壬戌年

一翰呈上仕候向寒之砌御座候得共先以御揃被遊御機嫌被爲入珍重之御儀

奉存候然ハ先達而中ゟ諸藩ニ　御内勅之趣ニ而夏中より何レも上京仕居候由兼而承り居候處皆大藩殊ニ公邊ニ御由緒も無之者而已ニ御座候得ハ愚按ニハ京師御評決之處ニ而ハ　公邊ニ御違論之筋ニ而も有之　公邊を御忌避被遊候御意味合ゟ畢竟　公邊御血筋之家々ハ御避被遊候御事と乍恐奉存居候然處今般ハ於尊家も御同様被爲蒙　御内勅候得ハ從是ハ右様之儀ニハ不被爲拘候御儀と奉存候時ニ此程中龜井隱岐守抔ニも從毛利家以傳　御内勅蒙り候趣竊ニ承り申候右振合も御座候得ハ拙家抔ニも尊家より以御傳蒙　御内勅候哉も實ニ難計深心配仕居候事ニ御座候若右様之儀出來仕候節不意を取候而ハ實ニ當惑而已ならす事ニ臨違失仕候様ニも可相成哉其程も難計奉存候間槩未前ニ事態を探索仕置不申候而ハ不相成事と奉存候間此度之御上京ニ而ハ定而　叡慮之御旨も分明ニ可被爲在と奉恐察候乍去我々共ニ御密事御洩と申儀ハ實以不容易御事とハ奉存候得共前條之儀も御座候間枝葉ハ兎も角も　叡慮之大本兼而伺置度奉存候間

何卒後雁之砌ゟ被仰下候樣仕度奉願候於尊酬奉待居候間御序之節早々御
筆勞奉願上候頓首百拜

十月廿九日　　　　　　　　　　　松平右近將監

松　相摸守樣

○文久二壬戌年

一勅使旅館ゝ御三家御両卿大小名等　天朝御機嫌伺罷出候樣相達候事

一登城之登之字御改メ相成候事

一御暇ヒ申儀被止候筈ニ候事

一勅使廻禮御辞退之儀近日御沙汰可有之候事

一關白職以下任職傳奏ニ至迄御相談御辞退之儀近日所司代ゝ可相達事

一勅諚有之候赦令之儀速ニ被行候事

一六御門外彥根藩小濱藩番士被相止會藩ゝ被命候事

一勅使御取扱振御改メ相成候事

一尾張前大納言殿繁々登城國事政務方御取掛之儀ハ御直ニ御沙汰有之候事

以上

○文久二壬戌年

十二月四日河崎驛ゟ一橋公江被進御書扣

晋呈仕候嚴寒之節御座候得共先以御安泰被爲渡奉恐悅候然ハ一昨日ハ參上御懇話𪜈も仕難有仕合其節御咄之儀ハ一々畏居申候猶水家之一條ハ何も上京御願君側小人御退黜之二條御盡力相願度且大場出府昨朝面談仕誠忠感心之至乍去水公御逢無之旨實ニ被對　勅候而も恐入候儀折角出府之上からハ大場初専御信用之樣ニ可相成樣願上候皆君側ニ離間人有之故と奉存候猶美濃部山國之儀愚僕ゟ申上候筈ニ御座候間右両人御拔擧今井初御退黜之儀急速被行候樣御周旋奉願上候大場初水公御逢有之候樣御取計可被遣奉願上候一昨日水戸御家老私宅江參御請申述候事ニ御座候誠ニ水

藩ニハ實以當惑仕候早々右迄向後ハ公ゟ外ニ委任可相願ハ無之と水正臣
願望罷在候旨ニ御座候原初三人之者共被召候得ハ情實ハ委細御分明と奉
存候間何卒被爲召候樣奉願候右申上度早々恐惶謹言

十二月五日　　　松平相摸守

一橋中納言樣

○文久二壬戌年

晋呈仕候嚴寒之節御座候處先以御安泰被爲涉奉恐壽候然ハ去ル五日弥
御勅答御請被仰出候事と奉存候得共一向貴地之御模樣伺兼如何御座候哉
且大場一眞齋　礫公拜謁誠意言上仕候而御開悟之儀とハ奉存候得共如何
御座候哉　明公御周旋如何御座候哉定而武田岡田両士も著府と奉存候極
めて出府之上あらハ參上拜謁ニ而両士も何レ言上仕候半と奉存候猶原初
ハ被爲召候哉呉々も　礫公之處ハ如何御座候哉上著之上　關白殿江言上
之振も御座候得ハ礫館之御模樣相伺度御一筆御投下伏而奉希度猶十日頃

御發駕欲ニも一寸伺候得ヽ弥左様ニも御座候ハヽ奉窺度旅中乱書蒙御免
度軀（樞カ）要迄言上仕候恐惶謹言百拜

十二月十日掛川驛ゟ　松平相摸守

一橋中納言様

（原朱）因州家書類

文久壬戌
文久癸亥

尺牘草案

二

壬戌冬江戸表御發駕以來御書類扣

○文久二壬戌年
水口驛迄安達清一郎持參
陽明家之一條ゟ則其藩安達清一郎江申聞置段委細被聞取早々春嶽容堂へも被申通候樣存し候用事而已頓首
臘月十六日夜　尊融
中將殿
內々

○文久二壬戌年
十一月望夜御認之御狀同廿六日亥刻頃拜讀面晤之心地ニ候寒氣之砌御無異御著府其後愈御安康珍重存候御在京中之御挨拶とも御念示痛却不少候陳ゟ申入候事共分明ニ御解了安心いたし候扨申入候會藩便り分り兼候而心痛ニ付申入候事共俊實ハ巨細ニ御示喩相分り申候乍去兎角十分ニも無之御樣子扨々御心配御推察申候春嶽初四公之外無之由人物ハ無きものと歎息いたし候併會肥公愚眼ニ違誠ニ感心なる儀ニ而彌以賴

母歟存候事ニ候扨又御贈物云々御家來衆相招云々大隅ゟ云々御念示何共痛却之事ニ候且又筑中之事御承知安心候猶御含可給候愚詠亦赤面萬々候御端書春嶽殿ゟ御傳言之事具ニ御通達給候段不淺々々辱存候上京御遲引之事子細承り候得共實ニ無理ならさる御儀千萬點頭いたし候貴兄ヲ始岳父容公會公有ハこそと御示幷ニ俊實へ御答振且又昨日（此時ハ廿九日）土藩周旋方平井收次郎と申者ゟ承り候事共思ひ合せ候得共遲引左も可有實ニ今岳公上京留守ニ成候ハ共世諺之通坂ニ車と御察申候實ニ不得止御次第と存候何欤御心配と存候最早遲引御咨共不申候間此旨嶽公御安心之樣御傳聲御賴申入候任便申入候昨日（前同斷）收次郎ニ承候得共一橋公御辭職之由如何之御事哉何等之御了見ニ候哉定し深御思案も有之候事哉と存候併差向只今後見御理ニ而共尊奉之御心無之筋ニ而何とも御不勘辨欤と存候先頃春嶽殿御咄しニ何卒正議之者を御家來ニ上度事と御語被成候如何ょも其邊之事も可有之所謂一日も溫ムル者なく衆楚人

ニ而者自然と賢君も御迷被成候樣之事も出來可致歟武田大場之輩復職之事被達候樣ニ收次郞ゟ承候此人々侍陪候ハ者實父卿之御傳遷本來ニ御立戻り者無疑と御察申候何卒此儀急ニ運度事ニ候此儀者幕府ニ而者ヾ登庸之御人ニ而無之候故御辭職ニ相成候而者御所之御目達ニなり扱々歎ヶ敷事と存候併さふしても御立戻りなくハ無是非事大義ニハ親をかき候も經書之面ニ候能々御勘辨可有之候且又六門外御警衞常番小濱藩之事御示之通ニ而宜候尤先頃御所ゟ一躰ニ可相止樣御下知有之候樣ニ承知いたし居候二藩を御止ニ而者何歟廉立罪人なから人氣も立候歟一躰之處を一先御止（從元御所ゟ被仰付御警衞ニ而者無之候故御止サセニ而も不苦事と存し候）ニ而更ニ御守衞職へ被　仰付可然哉ニ愚案致し候（但し御尊敬之廉ニ取てハ御止も如何ニ候得共御尊敬ならハ御覽之通之麁末仮番處ニ而も如何ニ存し候御尊敬ニ候ハ者關東之門々之通ならてハ人々感心も仕間敷候是ゟ御時節御場處も無之てハ難調候御賢考々々先差當り只今迄仕來り通りニ候歟）

一內々先便關白御辭職御次職者一條殿之事申入候其後又々御改評ニ相成鷹司殿とやら（分明ニハ不承候）其內御辭退御留申候方ニなり卽靑蓮院宮ゟ淸一

郎へ被命候趣同人ゟ承り候其儀可然餘ニ上策者有之間敷何卒御止り所
祈候尤先日申入候通小子も段々御止申上候得共御承知も無之殘念ニ存
候折柄前條之通青門ゟ御沙汰之通此上者貴君春嶽容堂會津其餘有志之
大藩と連署ニ而傳　奏衆へてもケ樣之御時節ニ只今御當職御辭退ニ而
者人心之動搖ニ相係り心痛候間何卒御辭職御差止ニ相成候樣願度云々
御奏書御上之樣いたし度小子も宮御同樣ふ存候但全体之處俊寛へ御答
書ニ被示候通關白之免任之儀幕府に御相談自後辭退之事老中へ御了喩
委細拜眼（マヽ）之由格別御周旋實以感入候弥其運ニ而宜候右者右ニ而至極宜
候併今度此一件者自由之事なから差向タル事ニ而幕府へ者御相談御理
之樣ニ御申諭し間もなく貴處方より御獻立も如何之樣ニ候得共是者御
頓著なく候其譯ハ幕ゟ被申上候ハ表向ニ候貴公等ゟ被申上候者畢竟內
々小子等申上候も同樣之儀且者一時之權策ニ候故右極內々宮之御詫ニ
付小子も御同心ニ而申入候宜御賴申入候是ハ別段申入候前段申入候儀實ニ御好候筋ニ而ハ無之既ニ御詫申候御周

（旋之筋ニも障り候欤ニ候得とも誠ニ時ニとり不得止權策ニ出申候御量察可給候）ケ様ニ密事を申入候も全墨田川の御詠御國忠を見届候故ニ申入候左こそ贈亞相公も御喜と存候事ニ候何欤種々申度事も候得共多用取紛耽筆出來兼即十二月二日曉天認了候例之乱毫不文御推覽可給候去月廿八日ゟのき始此曉天燈下認終老眼二枚眼鏡御一笑〳〵不宣

十二月二日　　重徳

相摸守殿

追而申入候追々寒氣も増長致し候隨分〳〵御自愛專一ニ存候書餘萬（内々）々御量察可給候也何そ愚詠を呈存し候得共寸隙なく候

本文認落書添申入候

一岳公御贈物之事御懇示痛却實ニ御面倒恐懼候是ハ猶志願成就御成功も被奏候上之事ニ可致候御差含願入候

一分部若狹守城主格之事ハ如何御座候哉今ニ何之御沙汰も無之様ニ被

存候どふそ〳〵宜御取成被遣候樣願入候勿論御國事御心配之中へヶ樣之私事實以御面倒氣毒千萬ニ存候得共聞込候譯合御噺申候次第ニ候間何卒〻〻宜御沙汰之程御賴申入候事ニ候

但ヶ樣之時節ニ私事御取計者御差支之廉而も成候歟左候得者無是非候得共可相成者御勘考御賴申入候

○文久二壬戌年

去十五夜御認之御書昨廿六夜拜見候嚴寒之候御滯江中何等之御障も無之珍重令賀候然者去ル五日早朝無御滯御著江之旨珍重存候御道中且御著早々種々御盛之事候側聞仕大ニ相喜居候處御來書中春嶽屆指嚴君御東下相待居候趣逐一敬承實大慶無此上と存候其上春嶽會津容堂總而御同意何事も都合能被爲運候旨實國家之御幸福無此上儀と存候去十二日御登城老中御議論之事共實感心之事ニ候其儀者既ニ京師而も早沙汰有之由ニ承候天朝江相對候條御書拔老中江被仰聞拜眼（服カ）之趣實重疊之御都合と深安意仕

候其餘中上置候事件追々御たき付大体御出來之御見込之由格別御周旋御忠誠之程感泣致し候總而御四人者何事も御同意重疊之御都合ニ候得共兎角一橋殿御同意ニ至り兼其餘小吏共正議を相妨候趣扨々心外之事ニ候乍併老中以下之儀者誠なれハ退役ニ而子細無之候得共一橋殿之儀者不外御方扨々殘念之御事ニ候何卒可然人日々御教諭申入貴君等御同意ニ相成候樣乍蔭萬々所祈ニ候薩吉江中初十四日發十九日著廿三日面會仕江戸表之儀種々申居甚都合宜敷由ニ承春嶽容堂且貴兄之事抔大ニ賛美仕居實以大慶致候攘夷御親兵御請之儀者申迄も無之實ニ尊王之道者十分ニ被相行面白程之樣ニ申居大慶者致居候得共餘り善過如何と案思居候處御書中ニ而委細相分り猶又半喜半案思致候三條よりも實父ハ十日發書狀ニも半喜半惡之樣ニ認有之候何卒乍此上精々御盡力御周旋相願度候何分　勅使入城も無之內者何事も御運ニ難相成御尤ニ候何卒大樹痲疹後之調も早く出來候樣日々祈居候水府一件一橋殿御同意ニ而至極之御都合ニ候得共何分御

繁用延々ニ相成候由御尤ニ存し候猶十八日ニ者御越之趣萬々御盡力有之候様祈入候是全御實家水府計之儀ニ而者無之實天下之御爲ニ候得者呉々も宜敷願入候猶又御様子善惡共御序ニ伺度存候過日水留守井坂昇太郎來正姦之内沈正激正両様有之其邊得とかみわけ呉候様申居尤先月十九日松梅院迄出候處御他出中猶早々御發京ニ而遂ニ不得拜面大殘念之趣申居猶又小子ゟ萬々宜敷可申入様頼候側承り候得者貴兄御實家且一橋殿之爲御心配寢食を御廢し候趣御尤至極實左なるへき儀ニ者候得共迚も思食様ニ者難相成抔迄も申候間左程御心配御疲も出候而者却而御不孝忠迄も可相成候間呉ゝ其覺悟被遊成丈之御盡力被遊弥思食通りニ鴟鴞音を不改候ハ者又々不得已之御勘考も可有之必々御心配過御病ニ不相成様願上候實是御大事之御時節と存候間右等之事不遠慮ニ申入候御海容呉々願上候筑前中將之儀申入候處委細御返答畏存候先心配之筋も無之旨先々安心仕候猶正議御引立呉々願入候春嶽容堂ゟも右之儀被心得候趣重疊ニ存候容堂ゟ

ハ別段御傳言給候旨畏存候三條黃門ニハ實父ゟ被申入候處委細承知之趣返書有之安心候右書中ニ嚴君御著江後早速　勅使館ニハ御出御赤心御吐露有之於黃門も感心實御依賴被申候趣認有之乍陰大慶致居候得共筑前著後之樣子何共認無之是を以考候而も萬々不足賴人と存候而案居候事ニ候尾州之儀段々被掛御心頭御委敷御文言敬承候如貴示存外都合宜敷候而實ニ大慶之事ニ候右之都合ニ付段々御周旋も被成遣上京之運ニも可相成哉然ル處過日陽明家ゟ御內　勅相下り上京之儀被命候趣ニ承候然ハ誠ニ御都合之上之御都合於前亞相も無此上御畏と存候於尾城ハ當亞相大後悔　朝廷陽明家ニハ相對し是迄無禮之段何共恐入心配之樣子ニ而今度家老生駒賴母抔差登せ陽明家ニハ萬々御理之樣子ニ候右役々之內角田久次郞弘成も在京用達被申付拙宅ニも來り御書中之通且前條之次第申居當亞相後悔前亞相同意之處深〻喜居候事ニ而最早別段相願候廉ハ是と申而無之候得共猶又自後之處精々引立吳候樣との儀ニ候得共中々是ハ實父抔の力ニ及候譯

ニ而ハ無之旨辞し被置候得共何分ょも宜賴と申事ニ候得ハ嚴君ょも猶此上御周旋前亞相御引立之程呉々祈入候陽明家江ハ右同役尾崎八右衛門と申者從來御親敷人ニ付罷出候趣ニ申居候何分ょも右之次第案外宜敷都合一安心之事ニ候久留米少將も滯京致居候得共是ハ今年迄五ヶ年も滯江ニ相成候儀故御宥免賜御暇廿四日曉發足歸國ニ相成家老中老ニ人數差添殘置御警衛爲申候由ニ候宇和島も上京陽明ニ而伺　天氣候後御暇相賜父伊豫守被爲　召候仰詞寫ハ從淸一郎上候筈ニ付不贅候藝州も上京參　內後速發足東行周旋之趣ニ承候右ハ何等之事やら不存候得共定而　叡慮徹底周旋之譯と被察候右人姦正兩樣沙汰致し候何分難分是も筑前同樣御心得可然と存候藤堂も去廿二日上京廿四日參　內廿五日拙宅江も被來小子を面會仕色々話承候尊君も格別御心知之趣承候中々高才之人と被存話も大ニ面白存候併風評ハ是迄餘り不宜候ニ付何欤少々遺憾ニ存候尤上京之譯ハ神宮警衛京師應援之心得方被聞食度被仰下候ニ付上京心得言上被致且

齋宮御再興之儀建白有之多分御内　勅許之御運ニ可相成哉とも被伺候當三十日ニ者歸國　神宮近海巡見可致願之上　勅許欤共相伺候鍋島閑叟も去廿四日上京是者未何等之沙汰も不承候得共不遠東行周旋共風聞致候細川も近々上京之由承候先手ニして次男澄之助も相登候趣是者兼而高名人賴母敷事ニ存候何卒斷然たる處置有之度事と存候備前も上京之處依所勞代家老土倉彈正中老土肥典膳都合人數五百人ニ而御警衛爲申候旨承候阿州も近々上京と申事ニ候何分右之次第ニ而京師者大ニ勢よく候得共乍併銘々心々ニ而一向一致之躰ニ者難相見乍蔭煩思致居候何卒兼而御勘考通り幕府一日も早く　勅意遵奉ニ相成容堂共ニ御歸京人心一致御警衛申候樣相成候樣御周旋願度日々御歸京而已相待居候實父始如何樣存候而も志計之事力と申而者聊も無之候得者傍看之外無之實ニ苦心之事ニ候父子心中御遠察願度候島津三郎も被召候由未タ御書付も拜見不仕候得共一段被仰出候　勅諚之儀是非申候儀者聊も有間敷候處何欤世評ニ彼是有之趣大

ニ苦心之事ニ候小子等是非之儀ハ何共不存何卒只〻公心を以國家　天朝之御爲ニ已心力を一同盡し假令椽下之力持ょもせよ樂屋働ふもせよ其儀ハ頓著無之只々身家を投御奉公とのみ相心得候樣致度事ニ存候何ら樣々之浮說共相起り候ニハ憂苦仕候事ニ候呉々不遠內御歸京此邊御盡力偏ニ御依賴申入候今朝土平井收二郎來一橋殿御辭職御願之旨ニ承候段々之御苦心も皆無ニ相成御氣毒千萬ニ存候乍併不得已次第ニ候得ハ致方も無之候得共何分右樣之形勢ニ而ハ總心痛之事ニ候猶萬々御盡力耳祈入候關白辭職之儀ニ付申入候以後御相談幕より辭退之事段々御周旋之趣敬承不一方御書中御盡力不堪感心候猶又六門外番云々之事被仰聞敬承候右兩條ニハ少々意味有之候ニ付從實父被申上候間別段不贅候心事申述度儀も候得共餘り長文是ニ而相仕舞置候又々變り候儀出來候ハヽ從跡可申入候早々不盡

十一月廿七八日認　看山

稲園源君

猶々不時候御自愛専一祈入候三條黄門書中ニ先々暖氣之趣書有之京地も當節ハ緩なる方ニ候何とも皆々無事御安意願度候乍御面倒貞彦庄次郎其餘之人々にも寒氣大切ニ被相凌候様御鶴聲偏ニ頼入候當地鵜殿始無事ニ相勤御安心之様と存候也

一中川修理太夫事定而甚歎事ニ御聞及と存候得共最初之勢ハ左様よも有之候得共只今ニ而ハ御理も相濟滯京ニ相成有之候御安意之為申入候此後之運ハ如何相成候哉不存候也

一閑叟今十二月二日參　内被致候東行之儀ハ何共不存候

一六門番之儀從實父被申入候得共猶又申入候實御勘考一日も早様ニ存候去月被咎後彦藩之戸も閉慎候由右様之罪人ら今依然と御警衛申居と申ハ實以不束之儀格別御勘考之様ニ存候也彦若計ニ而無之總躰被止候事深き御趣意と存候御推察〻〻〻〻〻〻

公を思ひて

鳥に啼なきまの空をなかめはゝ朝な〳〵君に歸るをそ待

述懐て　公に呈る

國の辱そゝにてやましたとひ我骨は粉となり身はくさくとも

御一笑御點削願入候　俊實

○文久二壬戌年

被示聞候九ヶ條各從私子御取扱有之度旨申入候所程能御取計ニ相成御尊崇之廉も被爲立於私子大幸存し候猶巨細之儀者從私子關白殿に可及言上候也

十二月十九日　重德

因幡中將殿

○文久二壬戌年

一翰奉呈書候甚寒之砌御座候得共先以益御勇健被遊御座恐悅之至奉存候

將又先達而ハ始而昇殿仕度々御料理等も頂戴仕其上萬端無御伏臓御心添被成下候段重疊難有大慶之至奉存候厚奉拜謝候隨而今般花輪圖書不學不才之者ニハ御座候得共當時詰合之中外ニ心當り之人物も無御座候間先頃參殿仕候節御內々申上置候儀も御座候得共本家役人共相談ニ而無據同人儀上京申付候實ハ盛岡ゟ兼而申付當地に出府仕夫ゟ上京仕候積ニ取計申候何レ同人儀も昇殿仕可申候間何卒御慈愛被成下無御伏臓萬端厚御心添之儀伏而奉希上候同人儀御目通奉願候儀ハ至極恐入候儀ニ付何卒御腹臣を以御心添之儀偏ニ奉願上候呉々も何分宜敷奉願上候且又今度上書仕候書取之儀も定而扣書を圖書ゟ差上可申儀と奉存候尤先日本家奥迄被遣候御書取之儀ハ乍恐至極仕候儀と役人共一同奉感伏候間右御書取之通ニ而上書仕候儀ニ御座候呉々も宜敷樣御心添奉願上候何レ其內尊顏を拜し候哉と奉存候間若御目通も仕候ハヽ其節萬々御礼可申上候大取込文畧乱毫恐入候草々頓首百拜

十二月五日　　南部障五郎

相摸守樣

玉案下呈上

猶々御旅中と申折角御保護被遊候樣專一奉存候將又大原其外ニも贈物等仕候方可然と思召候ハヽ右等之儀も何卒御心付被成下置候樣奉願上候以上

○文久二壬戌年

一翰奉拜呈候追々寒氣相增候得共先以益御機嫌克被遊御座奉恐悅候然ハ此度本家家老土倉彈正儀上京仕候ニ付而ハ　公邊之御樣子且京都之儀も甚不案內之儀ニ御座候ニ付尊君樣ニ御目通奉願御內々奉伺度儀も御座候由申聞候然ル處同人儀未一度も御目通ハ不仕候得共何卒御目通被　仰付無御遠慮御咄も被成下候ハヽ同人儀も難有仕合奉存候右之段私ゟ奉願呉候樣申出候ニ付甚呈書仕候儀如何敷恐入奉存候得とも兼而奉蒙御懇命候儀故私ゟも乍恐奉願候間何卒御聞込被遊候御儀も被爲在候ハヽ同人ニ御

内々被仰聞被下候様奉願上候且本家も兎角手痛不宜右ニ付養子之儀も甚
差急き候様子ニ御座候間何卒乍恐尊君様一入御世話被成下候様奉願上候
何レ彈正ゟ委細申上候得共前文之通私ゟも奉願呉候様申出候ニ付乍恐呈
書仕候段偏ニ御仁免奉希候右奉願度如斯御座候恐惶謹言

十月廿三日　　池田信濃守

相摸守様
拜呈

○文久二壬戌年

貴翰難有奉拜見候追々無御滯御旅行目出度奉存候然ハ大場始黄門公に御
目通云々拜承仕候大場ハ壹度目見仕候由其後一橋公御出之節武田等一同
ニ御目通仕候趣ニ御座候貴兄御出立後も一度二度御出ニ相成候御用之品
不相分候得共彼是御周旋之事と被存候毎度大場武田御目通相願候得共御
目見不被　仰付小子取次ニハ困り切候間度々斷候得共取用無之大當惑千
万ニ御座候大場ハ一日も早く御下し被成度御樣子爲御心得一寸内々申上

候大場にさ御一封遣し候處則御文差上候間御廻し申上候岡田も上著乍去是も御目通ヵ六ヶ敷五度ニ壹度位之樣子ニ御座候

九郎麿

相摸守樣

御直披

御書添

京都御警衛之儀ニ付此度大坂表海岸爲見置一橋中納言殿被相越候樣被仰出候右ニ付源烈殿ニも積年御憂慮被有之候事故其方幷有志之者五六人可被召連候間爲國家諸事格別骨折可相勤候

水戸殿家老
武田耕雲齋

名代
山野邊外記

一十一日御歸後夜大場一眞齋を被爲召候よし

○文久二壬戌年

一書謹啓仕候寒氣甚敷御座候處貴兄愈御壯健可被成御在國と千萬目出度奉賀壽候陳其後ハ意外之御疎濶打過實ニ以不本意之次第恐縮之至奉存候

将又追々相伺候得ハ　公邊ニ而も種々御變革被　仰出候趣等傳承仕候事ニ御座候右ニ付參勤割合之儀も被　仰出候旨左候ハヽ此後ハ拜顏之期限も相見え不申候事ニ而小子之輩部屋住之向ハ五ヶ年ニ一度出府候樣との御達も御座候事故折能御相參府不相成候半而ハ今暫く拜鳳之期ニ至り申間敷と奉存候扨此品甚如何敷御座候得共當季之御尋問申上度驗迄ニ恭而呈机下候早々御取捨可被成下候先ハ右寒威之節御動靜相伺度如斯候尙期後鴻之時候恐惶頓首

霜月廿二日　　下野守

相摸守樣

玉机下

猶々例文畧之

○文久二壬戌年

如諭嚴寒候得共益御多祥奉欣喜候然ハ無御滯御發足被成候段先以奉賀候扨又一昨日ハ段々御世話拜承仕候於小子も失念不致盡力罷在候昨日一眞

齋ニ面會追々承候處未御逢も無之由如何之事ニ候哉復職之詮も無之候何れよも武田大場之説不被行候而ハ不相成儀御同意ニ御座候猶又精々盡力可致候得ハ必御案思被下間敷候尤小子儀も近々發足致候得ハ其後之處ハ春嶽ニ得と申置候得ハ左様御承知可被下候何れ此後之模様追而可申上候
再拜

十二月五日　　　一橋中納言

松平相摸守様
貴酬

○文久二壬戌年

乍恐奉申上候礫川之儀ニ付御配慮被爲在候復職表發仕大場一眞齋儀ハ罷登參上拜謁も被　仰付候由四日ニハ　御發駕被遊候其日武田耕雲齋罷登り同五日ニハ岡田新太郎も罷登候と承及直ニ拜謁も被　仰付候事と安心仕居候處去ル六日夜中土肥謙藏私宅ニ罷出候而嘶ニハ一眞齋儀參上御承知被遊候處將耕雲齋拜謁も御沙汰計ニ而とふ〳〵不被　仰付新太郎ハ拜

謁も不　被仰付候ニ付探索仕候由之處戸澤誠之允板橋源助新家忠右衛門
等ニ而今井金右衛門を解ゝ付候而譏を行ひ候ニ付拜謁も不被　仰付候金右
衛門儀ハ尾崎飯田等を信居候よし依而原市之進等三人去ル六日朝三條公
御旅舘傳　奏屋敷ニ罷出拜謁を奉願候處御取込ニ付拜謁之儀ハ御斷ニ相
成候處御供之内某々を以爲御聞ニ相成候處前文之次第ニ而如何にも苦心
仕候間御聲掛りニ而拜謁ニ相成候樣奉至願候ニ付右意味を三條公ゟ御家
士某を以書取之儀謙藏ニ申來候ニ付甚心配仕候處御發駕後ニ而扱よも困
候由之處兼而礫川之儀御任も被遊候事ニ御座候而九分ハ成候而一分之拜
謁之事ニ而相破を候而ハ　天朝之御申譯も相立不申恐入候事と決心仕候
而御家老荒尾駿河ニ罷越候而及相談候而緩々解ゝ付候而兼而礫川之儀一橋
樣ニ御相談被爲在候而御發駕後之儀も御打合被遊候御事故ニ右駿河儀書
取持參ニ而一橋樣ニ去ル七日夕罷出候而拜謁ニ而申上書付を差上候由尤
ニ被遊候而七日夕礫川へ一橋樣御出ニ而御相談被遊候處一眞齋儀ハ拜謁

之儀中納言様御承引不被遊併耕雲齋を召候處折から同人辞表を被指出置候ニ付罷出兼次男武田魁助を以御礼申上候所御揃ひ處ハ魁助を召候而一橋様ゟ同人近く召候而御小音ニ奸物者相分り候と御意を蒙候而相引候よし甚以苦心千万此事ニ奉存候被仰置之無之儀を扱候處謙藏至極ニ心配仕候處同人殘居候而必至周旋仕候ニ付一盡力仕候事ニ御座候私ゟ申上候事ニ御座候爰迄ニ相成候而破レニ相成候而者兎角之御配慮も相立不申様ニ而殘念之至詰り水府御家之御安危ニ而も相掛り且者三條公ハ奉對候而も御申上様ニ而も御差支可被遊と申合候而心配なく扱候様ニ相談仕候事ニ御座候謙藏心付ニ而松姫様ゟ御直書を一橋様ハ御差出ニ而右両人之拜謁被仰付候様仕度旨申上候處兼而御承知御意味合ニ而御差出被遊兼候御儀故ニ同人ハ其趣申聞候御書替りニ私ニ而も罷出可申と心付候處御家中近付も無之候間と風罷出候而礫川へ響合候而者返而事之破レニ而も相成可申と相扣居候謙藏之扱を以一橋様ハ申上其力ニ而耕雲齋新太郎儀者八日ニ拜謁

被仰付候只今以而一眞齋儀ヘ拜謁も無之處　公儀ゟ御達ニ而拜謁被仰付候樣相成可申との事今十一日謙藏ゟ弟へ申聞候間無相違拜謁被　仰付候事と奉存候謙藏之周旋故ニ爰迄ニヘ相成候天定而人ニ勝正道必貫可申候と奉存候右件々謹而奉申上候以上

十二月十一日

三木陸右衛門

○文久二壬戌年

栗冽之候候得共益御多祥可被成御起居欣然之至ニ奉存候然ヘ水府之儀御出立後別段相替候事も無之候得共何分ニも大場ニ御逢無之種々申上候處貞芳院樣御留メ被遊候ニ付御逢不被成せの事故不審ニ存し御書面拜見致し候處何樣御留メニ相違無之故致し方無之空しく日を送り其内内々右之事情御國許ニ申上貞芳院樣ゟ御逢之儀被仰進候樣ニせ申上十二日ニ御國許ゟ御書到來ニ付同日夜礫邸ニ參り段々力を盡し申上候處至極御聞受被成直ニ大場ニ御逢武田と同席ニ而種々御心得ニ相成候事共申上候右之都

合故先安心仕候乍然姦人要路ニ居候而ハ遂ニ如何様可成行も難計且ハ上坂後之處深く心配致し候ニ付今井を始五六輩不宜者早々御取除ニ相成候様得と申上候處最初ハ少々六ヶ敷候處段々御分り被成至極可然との事ニ而直ニ武田大場ニ御掛ケニ相成明日御知らせ可被成趣ニ御座候扨又御上洛御供之儀武大共一同ニ申上候處至極可然欤乍併先頃御留守被仰出候處と風相願候も如何敷候故一應閣老共御相談可被成との事故両三日之内ニハ御願書も被差出候事と奉存候此段不取敢奉申上候頓首

十二月十二日　　一橋中納言

松平相摸守様 玉机下

別紙先年之　勅諚も御請ニ相成候様ニ相成候得ハ是又御含ニ申上置候右之儀も　勅使ゟ先日咄も有之候事故何を小子出立前ニ御請ニ可相成儀と奉存候内密申上候以上

○文久二壬戌年

朶雲拜誦如諭嚴寒候得共益御多祥奉欣喜候然者去ル五日　御勅答無御滯御請相成今十三日一同ハ御達ニ相成候事ニ御座候大場之儀者過日書中ニも申上猶駿河も面語之通り大ニ都合宜敷其後も武田大場両人ハ度々御逢有之由両人ゟ追々言上之儀も有之候處先ツ御聞込も宜敷安心仕居候乍併小子出立後之儀甚掛念仕今井を始五六輩御轉ニ相成候樣申上候處是又両人ハ御相談故姦人必退轉可仕儀ニ御座候扨又追々御内話御座候御上洛御供之儀至極御聞込之樣ニ而一度者安心致し候處今十三日宿次到來御上洛之御供之儀申參於小子も難有奉存早速表向御達之ハ無之候ニ礫邸ハ申遣し近日表向御達も可有之其節者必御請ニ相成候樣就而者最早間近候間内々御含迄ニ申上候處殊之外御立腹ニ而最早登城も不致愼居候若表向被仰出候ハ者不快々申上候より外無之との御文意如何之譯ニ候哉申者如何ニ候得共誠ニ愚之至ニ候右ニ付明朝十四日也武田大場を呼寄嚴敷申談し小子出立十五日也致候とも是非共此儀者御請ニ相成候樣可計旨申聞候積御座候右樣ニ

迄京師ゟ厚き御沙汰を彼是違背致候而取も不直達　勅ニ御座候其邊も申上候得共御聞入も無之候乍然別之子細も無之是則姦人殘居候故と存候得而明日中右之姦人取除候積然ル上而御上洛御供も随而相變可申候依而宿次之寫并礫邸ゟ之返書共相廻し備御内覽候陳又岡田事而出府不致武田大場ニ而度々面會致し候儀ニ御座候原ニ而於礫邸一度面會先年之　勅書爲讀拜聽實ニ落涙　天意之忝サ身ニ餘り恐入候事御座候實ニ原而誠忠と存申候猶此後之模樣相分次第可申上候右貴酬迄如斯候頓首々々

十三日夜認　　一橋中納言

松平相摸守樣　貴酬

再白小子出立而弥十五日ニ御座候乱筆失敬御免可被下候以上

別紙本紙申上候通之次第實ニ盡力周旋罷在候得共何分もか取不申候御書面之趣貴兄ニ而何と御覽被成候哉於小子而甚見切候事ニ御座候猶出立後而春嶽へ得と申置候事ニ御座候是又御含迄ニ申上候不具

別紙

宿次之寫

水戸中納言父卿遺志繼述可有之先達被　仰出候通之儀ニ付來春　大樹
上洛之節隨從上京可有之候樣且同家之臣武田修理始正議之輩之儀も戊
午以來忠誠兼而達　叡聞候間中納言上京之節右正議之輩各召具有之猶
又遺志之趣意輔翼可有之極內々御沙汰之事

十二月

野宮宰相中將

坊城大納言

德川刑部卿殿

松平春嶽殿

松平豐前守殿

水野和泉守殿

板倉周防守殿

井上河內守殿

水府公御返書寫

只今ゟ御手紙被遣忝拜見仕候然ゟ御上洛御供仕候樣今朝京都ゟ被　仰遣候由ニ而御寫被遣委細拜見仕候乍去何樣表向被　仰出候共御供仕候心得ゟ無御座候萬一表向被　仰出候ハゝ無餘儀不快等申立候より外ニ無御座候間ゑもらく表向被　仰出無御座候樣仕度奉存候右ニ付最早登城も不仕愼おり候事ニ御座候何を此段御報迄早々申上候頓首

十二月十三日　　中納言

一橋　公
御返事

○文久二壬戌年

尊書被成下難有奉拜見候先以嚴寒之砌御座候處弥御機嫌能被遊御旅行恐悦至極之御儀奉存候然ゟ私進退之儀ニ付御發駕前種々御配慮被成下難有仕合奉存候御下知被爲在候通早速一橋樣ゐ參上仕候處其節模樣委細ゟ貞彥ゟ申上候儀と奉存候　一橋樣ニゟ早速小石川ゐ可被爲　入被　思召候

處折節蒸氣船御乘試之儀ニ付御混雜ニ被爲入其儀無程御見合ニ而去ル七日此御屋形ヘ被爲　入厚く御配慮も被成下候處貞芳院樣ゟ被　仰進候御意味も御座候哉ニ而少々御不都合ニ被爲入候得共打續厚く御周旋被下置去ル十一日始而拜謁被　仰付其日夕刻ゟ　一橋樣よも被爲入御揃之上ニ而彼ノ御一品もさし上總而無御滯御頂戴被爲濟誠以難有仕合奉存候其後も拜謁仕中納言樣よも至極御快然之御容子ニ被爲入候間此段ハ御安心被遊候樣仕度奉存候品々申上候儀も得と御呑込被遊何一ッ御不都合ハ無之樣拜見仕候得共兎角心得違之者不少夫ニハ誠ニ差支罷在候然ル處今夕從京都　公邊迄中納言樣來春御上洛之儀被　仰進候旨　一橋樣より御內々被　仰越御座候重大之御事柄ニ御座候間此儀何分微力相盡候樣可仕決心ニ御座候將又耕雲齋之儀御尋御座候處四日夕上著五日ニ拜謁相濟其後ハ御逢も無御座候處此度　一橋樣御上坂ニ付同人儀も罷登り候樣從　公邊厚く御沙汰被爲在本意至極之儀奉存候右ニ付度々御老中方ヘも罷出此程

ゟ中納言様御信用被爲在候事ニ御座候新太郎儀も六日夕上著翌日拜謁相濟其後無事罷在候同人御使之儀も右耕雲齋登り之儀ニ付小石川如何ニも御手薄ニ罷成候間　一橋様御心付ニ而鈴木縫殿ニ被　仰付支度取掛り申候尤前文御上京之儀被　仰出耕雲齋始正議之徒御召連ニ相成候様御沙汰も御座候間同人發足ゟ相延候哉も難計奉存候委細之儀ゟ御家臣謙藏發足罷登候間是ゟ申上候ニ而可有之同人周旋も一方ならぬ畢竟兼々御配慮被成下候故萬端都合も宜敷相成難有仕合奉存候何卒右邊之事情不惡御酌取被下候様仕度大畧以急便申上候老筆廻り兼前後仕候段御推覽之程奉願候以上

十二月十三日夜八時認　大場一眞齋

尙々別紙貳通奉入御覽候以上

京都ゟ宿次寫壹通

右前同斷ニ付略之

別紙壹通

武田耕雲齋

京都御警衛之儀ニ付此度大坂表海岸爲見置一橋中納言殿被相越候段被仰出候右ニ付源烈殿よも積年御憂慮被有之候事故其方幷有志之者之内五六人可被召連候間爲國家諸事格別骨折可被相勤候

右於芙蓉之間老中列座周防守申渡之

○文久二壬戌年

以内書致啓達候然ハ別儀ニも無之御發駕前定而御承知之水府様御一條之儀ニ付御發駕後御同家様御家來有志之者共謙藏手前ニ罷越し段々是迄中將様御周旋被遊候上大場一眞齋等再勤ヽ相成候得共兎角中納言様御目通無之ニ付何卒早々御目通り君側之小人御退ケ正邪御黜陟ニ相成候様ニヽ達而申聞候趣然ル處御發駕後ヽ相成今更謙藏外ニ考方も無之趣ニ付下拙何卒一橋様ニ罷出御目通り之上速ニ一眞齋儀中納言様ニ御目通りニ相成

候様格別周旋之處相成度段申聞候然ル處下拙儀も下地ゟ御様子ハ相心得不申殊ニ兼而被　仰付置も無之儀ニ付下拙一橋様江罷出御目通り申上候上相願候も甚恐入其邊之儀色々御側御用人共謙藏談し合候得共兼々中將様も御配慮被爲在候儀故速ニ何も御片付ニ相成候得ハ御安心も可被遊且又貴様江も既ニ御出立一日御延し一橋様江之御使も御勤之儀餘之儀ニも無之全右大場初再勤之仁御逢有之様何角御賴被進候事と奉恐察候兎角大場始江も御目通無之ニ付折角是迄中將様御配意被遊御人撰之甲斐も無之自然御手戻りニ相成候而ハ不相成ニ付是非共下拙一橋様江罷出御目通之上申上呉候様謙藏申聞候ニ付下地ゟ之御沙汰も蒙り不申ニ付下拙罷出候も甚恐入候得共右様無餘義次第ニ付去ル六日御退出後一橋様江罷出御目通相願候處早々御目通被仰付段々御懇を蒙り難有右大場初今以中納言様御目通も無御座既ニ此度水府様御容子合御發駕後相伺候而壹人罷歸候者も御座候ニ付同人江相含罷歸らせ候得ハ中將様江も御安心可被遊趣を以

御容子合相成候處成程先達而貴様御出被仰上候儀得と御承知ニ相成御沙汰も相伺然ル處早速明七日小石川御屋形ニ被爲入と得被　仰進候ニ付猶又明八日迄右出立之者相待せ候様左候得ハ小石川御屋形之御兼（様カ）子申聞せ婦らせ候得ハ都合宜と御沙汰ニ相成右ニ付謙藏出立も相延サセ同九日御沙汰御座候ニ付則罷出候處早々御目通被仰付段々中納言様ニも被仰進御承知ニ相成大場武田ニも早々御目通りニ相成候趣尤武田へハ其内御目通り一両度被仰付候處兎角大場之方御目通り無之と申ハ何欤御様子被爲在候儀被伺此譯迚も難盡筆紙謙藏京著之上御聞取可被下候尤其内ニハ何レ大場ニも御目通何角程能可參と此旨中將様ニも宜申上候様ニと御沙汰御座候ニ付此由謙藏ニ申聞候得共今少し大場之處御目通ニ相成候而何角御治定相付候上出立致サセ候得ハ中將様ニも申上譯も有之御安心も可被遊ニ付今両三日出立相見合セ度申出候ニ付尤之事と相考見合サセ居申内一橋様も此度御登坂ニ相成候御様子來ル十五日御發駕殊ニ寄り京地ニ御上

京と相成候御様子ニ而旁御發駕迄ニ者水府様御一條も御片付ニ相成不申
而者不相成候處武田儀者一橋様御供ニ而出立岡田者御使者ニ而上京と相
成候様子昨十一日迄も大場御目通無之御様子猶又有志之者共謙藏手前江
罷越し猶又下拙今一應罷出右等之儀如何之譯哉申上見呉候様申聞候得共
前文申越候通り下地ゟ之手續キ一向不奉畏候儀猶又罷出候儀相斷候得共
達而之儀ニ付無餘儀其後御容子相伺旁此度右謙藏出立も爲致度ニ付御容
子相伺度趣ヲ以昨夜罷出候處折悪敷俄ニ小石川御屋形江被爲入候ニ付明
十二日早朝罷出候様御用人ゟ紙面申越候ニ付則今朝出仕候處早々御目通
先日以來之大場一眞齋武田等も夜前中納言様江御目通ニ相成兩人ゟも段
々申上候儀も有之一橋様ゟも段々被仰進候儀も被爲在候處至極御程合宜
御承知ニ相成是ゟ者大場武田江御任セ今井金右衛門初御免ニ相成候様何
事も御都合宜濟寄候間一橋様ゟも御安心右之様子中將様江も宜申上候様
而也御沙汰蒙り罷歸申候間右等之儀宜御含被仰上可被下候委細之儀者昨

十二日土肥謙藏ゟ申聞置候間御聞取可被下候何分ニも下拙中途ゟ罷出色々之周旋仕餘り出過キ之樣ニ被思召候哉も難計其段ハ恐入候得共無據次第ニ成行不外御家樣之御儀ニ付一橋樣ニも罷出候次第委細之儀ハ謙藏京著之上御聞取可被下候何分ょも御都合宜處ニ相成候間御安心可被成呉々も餘り下拙取計過も有之哉奉存候得共何分無餘儀次第ニ而右等之處取計候間左樣御承知可然樣被仰上可被下候先ハ右之段得御意候以上

十二月十二日認置　　駿河

貞彥樣

猶以呉々も段々意味御座候得共難盡筆紙却而入組御不分り之儀も可有之ニ付餘ハ謙藏ゟ御聞取可被下候文略仕候何分ょも眼目大場初ゟ御目通ニ相成程能御容子相成候處故中將樣ニも御安心筋ニ可被爲成御儀と奉存候此段御含被仰上可被下候以上

○文久二壬戌年

一翰呈上仕候甚寒之節御座候處先以　大樹公益御機嫌能被爲入御同意奉恐悦候御次ニ　貴家御揃愈御安健ニ被成御起居欣喜不盡奉存候扨來春御上洛ニ付而ハ御參　內御供奉御願之通被爲蒙　仰目出度奉存候小子儀も御同樣供奉をも被　仰付難有仕合ニ奉存候就而ハ萬緒無御伏藏御談合被下度偏ニ奉希候猶京師拜謁之上可奉願候得共先寒中御見舞旁呈愚筆候書餘萬々猶期重鴻之時候恐惶謹言

十二月十二日　　松平越前守

松平相摸守樣
玉机下

二白寒威折角御自愛專要之御儀ト奉祈念候呉々も京地參着拜顏之上ハ不相變御懇情御介抱之程屈指待居申候小子儀も無異儀在國仕候間乍憚御省念可被下候以上

○文久二壬戌年

嚴寒候得共益御多祥奉欣喜候然ハ姦人共夫々所置之儀骨折候得共何分中

納言殿ニも御承知無之空敷時日を送候内最早出立ニ相成跡之處甚心配故
内々相願今日　公邊ゟ左之者共御所置有之樣被　仰出候

勅諚返上主張之者

當時隱居愼　太田誠左衛門

久木直次郎

死　横山甚左衛門

同　桑原治兵衛

笠井源六

右巨魁

御手限ニ而御所置被成候樣今日被　仰出其餘小吏之向も被　仰付候樣御
達ニ相成隨而正議之者共早々御用ニ相成候樣被　仰出候ニ付不取敢此段
奉申上候出立前急キ認別紙乱闇之段宜敷御仁恕奉願候再拜

十二月十五日　一橋中納言

松平相摸守様
玉机下

再白本文病死之者倅共ニ相應之御處置有之積ニ候以上

○文久二壬戌年

寒氣之砌弥御萬福抃喜之至ニ存候然ハ來二月御上洛之節御留守方心得候様先達而被　仰出候所京都ゟ被　仰進候趣も有之候ニ付來春御先ニ相越候様此度蒙　台命難有仕合ニ奉存候右御吹聴得御意度呈寸楮候不宣

十二月十九日　水戸

相摸守殿 参

二啓時候折角御厭被成候様存候拙者儀無事ニ罷在候間御休意可給候

○文久二壬戌年

乍恐書付奉言上候餘寒甚敷御座候處先以愈御機嫌克可被遊御旅行恐悦至極之御儀奉存候然ハ中納言様御事昨十八日御登　城御對顔之上京都ヨリ被　仰進候趣も御座候ニ付　御上・（洛脱カ）之節御先ニ御登り被遊候様被　仰出速

ニ御請被　仰上候御日合も不被爲在御事ニ御座候間早々御支度向取調御不都合無之様可仕旨品々御下知被爲在誠以難有御儀奉存候兼々御配慮も被爲在候事故此段不取敢以急飛奉申上候以上

十二月十九日　　大場一眞齋

上

尚々去ル十五日御家老御呼出之上先年之　勅諚井伊掃部頭不都合之取計致置候ニ付此度改而御承奉被成候様被　仰出猶又　公邊方諸向にも一般ニ御開達ニ相成候國家之御爲恐悦至極難有御事奉存候此段も御内含迄ニ奉申上候以上

○文久二壬戌年

嚴寒之候先以愈御安康被爲渡不淺奉賀候其後ハ御無音而已打過不本意之至御海恕所希御座候抑當春御一別以來世態日々夜々相變乍恐種々被惱宸襟候御家御同然實以奉恐入候次第ニ御座候依之貴君夏秋以來御上京既

ニ御參　內も無御滯被爲濟其後御用向ニ而御東行之處猶又此頃關東御發途則一昨十九日爰許御到著之段奉傳承彼是御勤　王御周旋之御事於小子も雀躍不過之候將又先刻ゟ以御使節廿四日廿五日之內御招被下候段被仰下則廿五日可罷出公意（マヽ）ニ御座候何も時候御尋問旁匆々奉申上候頓首

十二月廿一日　　淡路守

相摸守殿　玉机下

猶々例文略之

○文久二壬戌年

短翰拜呈仕候春寒踏（峭カ）料之候愈御清稷（穆カ）奉賀候陳又先般ゟ　公武之御爲至忠至誠御粉骨之段奉感徹候加之依　勅命御東上御座候處無御滯御乾施（斡旋カ）御焦慮之條於　幕府　叡旨御遵奉御座候儀と奉存候御模樣概略相伺度候且捕風之說ニゟ可有之哉近日承候處ゟ來春之　御上洛未確乎不拔とも無之由左候而ゟ不相濟事痛心億倍仕居候條事實御察示可被下候其趣ニより愚意

も御座候先者要事申述度恐惶敬白

臘月念二　　　　伊達伊與守

松平相摸守様

機密

二伸時下御自玉奉惠念候將又先頃豚兒寄京仕候處其末豈料凡庸微軀

御内勅奉蒙恐悚之至奉存候乍然誠以難有事どもも乍不及進退於　勅命死

去（生カ）忠義覺悟ニ御座候猶否期拜芝心緒吐露与奉存候不備

○文久二壬戌年

嚴寒候得共益御多祥奉賀候然者兼々御配慮有之候礫君御上洛御供之儀十

八日於　御前被　仰渡御請も無御滯相濟早々御支度之由ニ而武大両人共

安心之様子申越候且先年之　勅諚十五日弥御開達ニ相成候由故是又爲御

安心申上候此一封貴君ニ差上度由ニ而同人方小子方迄差越候ニ付則御廻

し申候且又小子儀も追々旅行無滯今日金谷止宿候得者乍憚御安意奉願候

何レ拜顔可致与存候得者萬縷申上殘し（候カ）再拜

十二月廿三日金谷宿ゟ　　一橋中納言

松平相摸守様

用事

猶々例文略之

○文久二壬戌年

華狀雪手捧誦剰寒難去候處愈御清安奉壽候陳者御在府中之御挨拶痛却之仕合是ゟ祉以書中御懇篤之御礼可申述筈ニ御座候處公務多事ニ而無其儀多罪御海涵可被下候扨又両　勅使無滯發途相成申候且又陽明公御辭職之儀ニ付委縷之楮上謹承靑門之御書も拝見相分り申候早々辭職御差留ニ可取計尚今日登城之上一同申談今明日之内ニ御差留之書狀以繼飛脚所司代ニ相達候様可仕候右貴報如斯書外期登京拝晤候頓首

十二月廿四日　　春嶽

省山明公

座下

猶ゝ例文闕白殿下之御書老中手許ニ有之候間今日登城之上申聞差上候

様可仕候以上

○文久二壬戌年

今朝者鹵卒之貴報恐々縮々之至御座候陳者關白殿下御辞職之儀者已従京師毎々以所司代御催促申來候得共貴約も有之候故今日迄差扣置キ申候然ル處貴書幷青親王尊書も有之今日登城老中江も申談候何分御差留と申事者六ケ敷先達而貴兄台被　仰上候通り今後京師搢紳家御轉職之儀者前以關東江御掛合之旧套者被廢止候而於京師御轉職以後關東江者被仰遣候規則ニ今般改革有之候故（其段者已ニ先般京師江も申上候）立派ニ御差留と申事者被對　天朝恐入被　思召候譯也乍去方今不容易御時節只今　殿下御辞職と申様ニ而者衆望ニ背ケ乍恐御尤と者不奉存依之一同申談明廿五日以次飛脚所司代迄別紙之通申遣候積相決申候此段者御亮察奉希候　青親王尊書者任仰返上仕候別紙内々入貴覽候間此趣を以　青親王へも被仰上何卒御辞退思召被留候様於足下も御周旋可被成下候先者右申上度如斯御座候書外期追鴻之

時候頓首

盤橋

廿四日

久松盟臺

座下

猶々貴兄へ殿下ゟ之御内書折角探し候得共未た見當り不申御用部屋に
も申置候間出次第早々可入返覧候以上

牧野備前守に可申達趣

近衛關白殿當職辭退鷹司前右大臣殿に關白　宣下可有之被　思召候
御内慮之趣無滯相濟候樣早々可取計旨傳奏衆ゟ書付差越候ニ付御申越
之趣致承知候右之儀ハ來早春松平春嶽上京之上申述候心得ニ有之候間
夫迄之内御辭職無之譯ニハ相成間敷哉尤先達而任職以下傳奏迄　御内
意被　仰進候儀御辭退被遊候旨被　仰出其段申進候處猶又右樣申進候
而ハ御不都合ニも候得共前文之次第ニも候間委細御含傳　奏衆に被及
内談否早々御申越候樣ニと存候以上

盤橋ハ春嶽之事

連名

牧野備前守様

○文久二壬戌年

昨日ゟ得寛顔數々御高論奉伺愚考之始末蒙御教諭不淺忝奉存候且種々御

饗應も被成下彼是忝猶又明日ゟ御約定之通御來駕可被下旨奉待候昨日ゟ

呉々も大醉前後忘却御宥免可被下候頓首

季冬念六　　淡路守

相摸守様

猶〻例文

○文久三癸亥年

以再酬奉申上候爾後益御機嫌克被爲入珍重之御儀奉存候然ハ　公武間柄之儀御扱振等兎角互ニ齟齬之事而已多々有之御不睦被爲在殊ニ近來　公儀御威光益御抗張之折柄故有志之者ハ左も有御座間敷候得共兎角末々小民等ニ至り候而ハ　幕府御盛ニ被爲在候處より一國ニ二王有之候樣心得人心一致難致乍恐　公邊よりも　天朝を御怪〔輕カ〕蔑と申譯ニハ無之候得共何とかく旧有司抔專御格式を第一と心得候旧弊より今日ニ至り候而ハ御同輩之如き御扱振も御座候より自然　御逆鱗之御次第ニも至り御同情恐入候御事と奉存候乍去當今之處ハ皆悉く　天朝之御政道御遵奉ニ相成殊ニ勅使御請御取扱振等も是迄之旧弊御一洗被遊君臣之御名儀御示被遊　公武御合躰之趣御同意恐悦之御儀難有御事ニ奉存候扨ハ先達而中以　御內勅御上京被遊候ニ付定而　叡慮之基本洛中之御模樣委細ニ御承知之御事と奉存候間心得ニも相成候儀ニ付不得已事不容易九重之政議をも竊ニ伺

置度と過言之儀をも不憚奉窺候處御密話被遊兼候御儀ニ而無之候得共隔地ニ而者此節柄之儀御不安心ニ被思召候間野生方より家來差出候得者其者ハ御秘書等者御渡被下候趣被仰下難有奉存候且此程中大坂近海ハ蠻船相見へ候ニ付御持場之儀御心配之段御尤之御儀奉存候右ニ付御警衛之儀追々御評議御座候趣御承知被成候ニ付野生方ニ而も家來之者より傳　奏衆迄内々京師御手薄ニ付警衛御用被仰付候樣仕度位ニ咄サセ置候方可然旨縷々御懇志之趣被仰下難有拜承仕候右ニ付文書往返而已ニ而者日數を費候計ニ而埒明兼候間何レ之道任仰尾關長門上京爲仕候積申付置候間近日御旅館ハ罷出候事と奉存候間京地ハ著之上者同人ハ何卒御目見をも被仰付委曲御噺被下候樣仕度奉存候尤愚存ニ而　公邊ハ先達而御上洛被仰出之砌供奉相願候處不及其儀旨被　仰出候處遠邑之儀ニも有之　公邊之御模樣も委曲達し兼及延引猶又相願候儀甚以自由ヶ間敷恐入候得共拙者家筋程之者ニ而も多分被　仰付候趣追々傳聞仕候間供奉不被　仰付候

而者不本意至極奉存候間何卒被仰付候樣仕度尤御差圖を見合居候而者日合も相立可申　御上洛御程近ニ付而者甚以奉恐入候儀ニ者御座候得共御差圖を不待在處發足仕候間其段も兼而御聞置被下候樣仕度旨之振合ニ相願候得者さして　公邊江も當候儀も有之間敷と奉存候間先　公邊之處右樣ニ仕置其上上京之節京師傳　奏衆江者猶又相願候積ニ罷在候餘者長門罷出候砌申上候間不申上候吳々も同人罷出候砌御十分ニ無御遠慮御嘶被下候樣奉存候何も樞要迄如此御座候早々頓首百拜

正月二日　松平右近將監

松　相摸守樣

猶々例文

○文久三癸亥年

朶雲拜誦如諭嚴寒候得共益御多祥奉欣喜候然者上京之上　天機相伺其上ニ而下坂之方可然縷々被仰下誠ニ御尤至極御同意ニ御座候一躰上坂之上

模様ニ寄上京之積被　仰渡候處如仰何分ニも上京之上　天機相伺度旨出立前相願候處其通ニ而可然旨被　仰出上京と治定致候事ニ御座候其上先般之　勅使之御礼被仰上候ニ付是非共先上京其後海岸見分之心得御座候然し段々被仰下候趣深く忝奉厚謝候御承知之通當御地之儀萬端不案内ニ候得共（ハカ）御心付之節々無御伏藏被仰下候様奉願候先ハ御報迄如斯御座候再拜

正月二日水口ゟ　　一橋中納言

松平相摸守様　貴酬

○文久三癸亥年

春寒之砌弥無御障令珍賀候抑過日ハ來臨緩々得拜眉忝存候乍併何之風情も無之氣毒致し候猶又何寄之品被下深忝申謝候將又其砌申入置候寮御馬之事頃日参　朝之節於省中正親町三條大納言江面會相尋候處被答候ニハ寮御馬關東江被　仰出候事ハ無之今般大樹公上洛ニ付鞍置馬進献被致度

旨申參候ニ付献上有之候樣御答ニ相成進献之事ニ候且又從松平淡路守献馬之儀ハ先般參　内も被　仰付候ニ就而ハ何そ國産之品献上致し度旨申出是ハ續合之由ニ而三條中納言を以相伺候處三條ニハ則　勅使東行ニ相成其後之處正親町三條奉御馬献上致度旨ニ付殿下ニハ相窺　叡慮被伺候處献上致度志ニ候得ハ献上之樣御治定御沙汰ニ相成來八日傳奏取扱ニ而馬寮受取於小御所前庭　叡覽其上ハ即今之處御繋御場處飼口等御不都合ニ被爲在候事故先暫之所淡路守ニハ其儘御預ニ相成候旨被申答候實ハ下官以心得而從因州も自然献上之儀申出候節ニハ献上之樣御沙汰ニ相成候哉內々承繕候處夫ハ献上之志有之候得ハ於　禁中不被請ても申儀ハ無之とも被申候右樣之次第故猶篤と勘考之上可被任所意自然献上と申候樣之事ならハ猶又委敷被申越候樣ニ致度候併献上ニ而も阿州之準據ニ候得ハ矢張御預ニ相成候半と存候先ハ右申入度荒々如此候也敬白

正月七日　熾仁

因幡中將殿 貴下

二啓春寒難去隨分保護專要ニ存候扨亦此麁品甚以荒々敷候得共若哉と令進入度用ふも相成候ハヽ忝存候大乱毫赤面推覽賴入候也

○文久三癸亥年

御親書被下置深畏入奉存候如 台命春寒之砌御座候得共 玉躰愈御安泰被爲 渉恐悅至極奉存候抑過日ハ參殿仕 両宮ニ 御目見仕種々蒙御懇命品々拜領物被 仰付難有仕合奉存候去ル三日參 內奉拜 龍顏 天盃頂戴其上重キ以 勅命 御衣拜領被 仰付殊ニ浪華警衛向之儀被 仰出且國元海岸も御座候儀取調之爲一端御暇被 仰出去ル五日下坂仕候段々蒙 朝恩下官過當之至重々畏入奉存候過日御咄御座候寮御馬之儀頃日御參 朝之節於省中正親町三條大納言卿ニ御尋ニ相成候處關東ニ被仰出候事ハ無之今般大樹上洛ニ付鞍置馬進獻之儀相願候ニ付獻上之樣 御答ニ相成進献之趣且又從松平淡路守献馬之儀ハ先般參 內も被 仰付候ニ就

而ハ何そ國產之品献上仕度旨申出是ハ續合之邊を以三條公ゟ被相窺右卿
則　勅使東行ニ付其後之處正親町三條公奉弥〔御カ〕馬献上致度旨ニ而　殿下江
窺之上　叡慮御伺之処献上致度志ニ候得ハ献上之様御沙汰ニ相成來八日
傳　奏衆御取扱馬寮請候而於　小御所前庭　叡覽其上ハ卽今之處御繫場
飼口等御不都合ニ付先暫之處淡路守江其儘御預ニ相成候旨正親町三條公
御返答ニ相成候ニ付全御心付を以下官自然献上之儀相願候節ハ献上之樣
御沙汰ニ相成候哉と御內々御咄ニ相成候處献上之志有之候得ハ於　禁中
ハ不被爲請と申儀ハ無之との御事右之御次第故猶篤と勘考之上可任所意
之旨　御親書之趣奉拜見候自然献上と申樣之事ニ候得ハ委敷及言上候樣
ニとの御旨是又奉畏候併献上ニ而も阿州之準據ニ御座候得ハ矢張御預相
成候半と被思食候旨委曲奉伺候尙委細追々言上可仕候得共大樹ゟも献上
阿州ゟも献上御座候事故可相成儀ニ御座候ハヽ下官馬寮御造營相勤度令
願ニ御座候得共如何相心得可然儀ニ御座候哉御手數ニハ可被爲在儀ニ候

得共殿下ゟ窺之儀等萬端蒙御差圖度伏而奉願候右御請旁及言上度執奏希存候誠惶頓首々々謹言

正月十二日　慶徳

有栖川帥宮御方

大夫中

○文久三癸亥年

朶雲拜誦先以新年之慶賀愛度申納候　公方様益御勇猛被遊御超歳奉恐悦候隨而貴君倍御安泰被成御起居奉壽候然ハ昨三日於　小御所被奉拜　龍顔　天盃御頂戴被成重キ以　褒勅著御之御衣御拜領被成猶依　勅命坂海守衛急務之儀ニ付一先御暇被成下　御上洛前且非常之節ハ速ニ御登京被成候樣被　仰出候由於小子も無此上忝奉存候乍去拜顔不致儀甚殘念候得共猶御登京之節ハ必拜顔可致樂居申候且小子儀も無恙上著候得ハ乍憚御安心可被成候右貴酬迄如斯候恐々謹言

一橋中納言

正月七日

松平相摸守様 貴報

再白御別紙之儀とも委細拜誦仕候一躰右樣可致之處其日ハ廻勤不致候而可然申來候尤前日ニハ傳奏衆ゟ廻勤致候樣申參り著之日旅中迄右ニハ不及旨申越候ニ付其日ハ先廻勤不仕事ニ御座候此段も御報旁申上候

不具

○文久三癸亥年

以飛檄得貴意候不均之候愈御淸勝御在坂近日御一々御實見御所置可被成奉遙賀候扨四日御到來春嶽兄ゟ關白殿御退職之儀返翰淸一郎を以被遣披見先々御同情聊降心仕候扨八日夜一橋公ニも初而參館兼々掛念之尊攘一條御論談可申心得之處確乎不拔之御心底御吐露有之眞ニ　公武御爲感泣奉安賀候何分方今　朝野注目之御方故御案思申上候處大安心仕候其他御心得ニも可相成事情ハ申上置候今日御參　内之由定而萬事無御滯可被爲

濟賀上候武田耕雲齋も丁度八日參殿之時到著ニ而一寸面會申候何者閣過日其地より一旦御帰國之御含御事情御密話おゐて心得居候處弥　大樹公よも蒸氣軍艦ニ而其地江御航海夫ゟ御上京之由左もれハ最前考より者御著も早く可被爲成と奉存候處一旦御帰國御上洛前又御參京ニ而ハ驛路を半し被成候計ニ而御國内御所置御下手と者相至兼可申候故愚考ニ者其地御守衛之策充分被相付其末直ニ御上京相成　大樹公御帰路ニ被爲至候時分尙御考量之末　天朝江被相伺直ニ御下國之方可然欤と奉存候夫故昨夕清一郎江も若し御發坂よも候ハヽ者御見合之儀申含置譯御座候御發京後相替事無之近情者清一郎ゟ可申上候恐々謹言頓首

正月十日　　伊豫守

相摸守様　侍史

二伸時下御自玉奉専念候別紙今朝門之板ニ書付有之候御披見後御投火所希候且又公儀蒸氣船之儀ニ付清一郎相頼候儀も御座候處右者不申述

以前と心得呉候樣麟太郎ゟ爲御通被下度希上候以上

別紙

宇和島老賊儀戊午以來幽閉之處格別之蒙　朝恩再出よも屹と國家之御爲御報恩も可仕筈と有志之者共孰も目を注相待候處上京後以之外因循偸安之說を唱へ第一　朝命ニ違背し付而ハ有志列國を離間致し天下大乱之基を引起候段言語ニ絕し不屆之至早々改心罪を謝し不申候ハヽ旅館ゟ討入攘夷之血祭ニ可致者也

亥正月

○文久三癸亥年

華墨拜誦益御裕和奉賀候然ハ一橋殿御儀ニ付諄々被仰下難有奉存候炮臺及陣屋之儀も改而御願書御差出慥ニ接手仕候兎角もら〳〵𪜈も參り兼候得𪜈何と欲道付可申工夫仕居申候御歸國之一條御紙上案外之事甚以困却仕候船中ニ而固ゝ御約束仕候儀今更御違約ニ而ハ實以當惑至極最早無

程上途仕候間御往復之間合も無之扨ゝ困り入候小生儀も不遠再度當地江可罷出候間夫迄者是非共御滯留被下候樣千ゝ萬ゝ奉祈候時刻ニ差掛り大乱毫御判讀可被下候失敬之段祈厚貸候頓首

正月十三日曉　　小笠原圖書頭

松平相摸守様

猶ゝ例文略之

○文久三癸亥年

一翰啓呈仕候春寒之砌御座候得共倍御機嫌克御滯京被遊珍重之御儀奉存候然者先日者縷々以御紙面思召之趣段々御念頭（頃カ）ニ被仰下難有奉存候已ニ過日者尊兄思召之通上京仕警衛御用之儀も相勤度段傳奏衆迄相願候方奉對　天朝忠誠之筋江も相當り候事と存し候間右之趣得と家來之者迄江も相談仕候處一同尊兄之御思召之通上京之方可然儀と申出候ニ付貴酬之砌も同樣之振合ニ御請申上置候處此度從　公邊被　仰出相成候　勅書類等

當月六日従江戸相達則拜見仕候處右被　仰出御振合ニ而も海岸最寄之國々者自國專ニ可仕御趣意之趣ふも相見且者交替場之儀此節隱岐守在京中よも御座候得者旁以弊邑を難離意味合も有之且者兼而従　公邊厚く御沙汰も有之是迄も得と相心得專一ニ世話致候得共何分存意之樣よも參兼心痛仕候處尚又今般　勅諚等之儀被　仰出候上者猶此上一ト際嚴重手宛向家來共ハ任置上京仕候而者自然時日も空く相過候樣可相成仍之自身萬事指揮仕度其上尊兄御家柄抔とも相替り小家之儀よも御座候得者只今見込も無之上京等仕莫大之國用をも無益ニ費候儀も不本意ニ奉存殊ニ自分ニ者いか程　天朝之御爲筋とて上京仕候迚も從只今國力疲弊仕候樣相成候而者萬一非常ニ及ひ眞之警衛も難勤左候而者愚忠も却て不忠ニ落入候樣可相成欤右樣ニ而者殘念之事ニ御座候間尚又推而愚存之趣申上候儀奉恐入候得共不得止事奉申上候事ニ御座候必々不惡思召被下候樣奉願候右者愚存申上度如斯御座候早々頓首九拜

正月九日同月十四日達　　松平右近將監

松　相摸守様

二伸先達而ハ本文之通上京之積ニ御座候間家老をも差出候心得ニ御座候得共只今之姿ニ而ハ差出候儀ニハ不及事と奉存候間是又不悪思召被下候様奉存候且又於其御地私上京之儀萬一堂上方江御面謁等之節薄々御噂ニ而も被為在候御儀ニも相成居候ハハ何卒本文無餘儀譯合ニ而乍不本意此節上京仕兼候筋合厚御含御取扱被下候様奉願候以上

○文久三癸亥年

舊臘呈書仕候處態々御返書被成下重疊難有奉拜誦候先以益御勇健被遊御座恐賀之至奉存候扨ハ段々御懇情之御直書被成下重疊難有仕合奉存候花輪圖書儀も御旅館江昇殿仕御目通も被　仰付候趣誠以難有仕合奉存候段々厚以御配慮舊臘廿三日二條右大臣殿御亭江右圖書被召呼野宮宰相殿より被相廻候　勅書無滯頂戴相濟候段委細被仰下置誠ニ以重疊難有仕合ニ

奉存候實ニ格別御心配被成下候ニ而爰ニ至候儀と本家詰合之家頼共一同
難有仕合ニ奉存居候美濃守江も右之段承知仕候ハ者嘸難有可奉存儀と奉
存候右御礼一先私ゟ申上候然ル上者私早々出京と　思召候趣如　尊命早
速上京仕候心得ニ御座候所何角　公邊向手續も御座候ニ付多分來ル廿日
前後ニ發足ニ相成可申哉と奉存候當春之處者右　勅書之御旨も御座候得
者旁以本家江も　御上洛御供願不申候而者相成間敷旨圖書にも被　仰示
被下候間可申達旨御示書之趣奉拜誦候然處供奉之儀此度者不相願不苦段
舊臘別紙伺濟ニ御座候得共何樣御良考之御深意等も可有御座依而圖書に
御教示之趣も相尋候上之儀と相談仕候圖書儀者未下著不仕候尤盛岡へ者
幸急便も御座候故御直書之趣即可申遣候段々厚御心添被成下候段實ニ重
々難有仕合ニ奉存候先者段々之御請申上候夜中取急キ認候間乱毫書損等
仕至極奉恐縮候何卒御海恕被成下置候樣奉頼上候草々頓首

正月四日夜同月十五日達　　南部美作守

相模守様

玉机下御請旁

猶以時下御保護被遊候様奉祈上候且本家江之　勅書之儀ハ舊臘晦日ニ
相達拜見仕候圖書儀ハ少ゝ要用有之趣ニ而未下著不仕候御含迄此段も
申上置候以上

別紙拜呈

以副書申上候然ハ供奉不願候趣之届書ハ私儀實ハ心得不申届候後ニ承如
何可有御座哉と心配仕居候此段申上置候不依何儀無御伏藏御心添被成下
候様奉希上候頓首

屆書之寫

來二月　御上洛可被遊旨被　仰出候ニ付美濃守儀先例之通供奉可奉願
之處此度ハ御先例ニ不被爲拘御手輕ニ御上洛被遊候段御沙汰之趣も有
之且蝦夷地御警衛御用別而大切之折柄と奉存候間此度之儀ハ供奉不奉
願候心得ニ御座候右様相心得不苦候哉此段各様迄御内慮相伺候様美濃

守中付越候以上
南部美濃守内
加島加錄
（原朱）文久二年壬戌十一月十二日
（原朱）同　十二月七日御書取
書面之通相心得不苦候事

○文久三癸亥年
貴翰昨八時頃清一郎（安達）持參照手奉拜讀候愈御清穆奉恐賀候御備場向御手配等被　仰付之由神速之御儀奉感羨候此上者　官命次第尤當座御備者被相付候由何卒御見込之通整候樣と奉存候其他清一郎御傳言逐一敬承仕候大樹公ニも來月中旬後之　御發輿と御傳聞ニ付一旦者可被成御歸國哉ニ被仰下尚又一橋公ニは伺候所如御紙面被仰下候此上者御決著次第と奉存候四十日位之御在國と可相成候尤追々　御上洛前登り候者も著可致候間來月中迄ニ者御出者出來不申爲（本ノマヽ）之尚宜敷候且亦一橋公之　朝廷御模樣者縷々御別紙ニ而御詳悉と奉存候右之御主意之通ニ御座候と存上候御同慶御

事ニ候御拜閲之末御返壁奉希候恐惶頓首拜

正月十四日七時　　伊豫守

相摸守樣
再貴答旁

猶以御自玉奉惠（事カ）念候僕も今日迄ハ無事御放念可被下候清一郎も殊外盡
力致し呉大慶仕候以上

別紙

正月十二日殿下ゟ御差出之御書拔

一是迄　皇胤之御方〻夫〻御法躰被爲成來候御事何共恐入候事ニ付以
後之所ハ御法躰無之　親王ニ被爲　在候樣有之度事

一近年格別被惱　宸襟候御事共ニ而何共申上樣も無之恐縮之至奉存候
此上ハ　叡徹仕候樣ニ　大樹公始一同粉骨仕候ハ勿論ニ御座候間被
安　宸襟候樣奉願度就而ハ是迄　行幸等ハ御廢絕ニ被爲在候處以後
春秋ふも　行幸被爲遊候樣仕度事ニ御座候事

一青蓮院宮御儀方今　皇國之御爲厚御憂慮被爲在候趣殊ニ乍憚御英敏之御事共兼々承り候事ニ御座候間何卒御還俗有之萬機御相談をも被希至極之御事ニ而於關東も怡悦可被致候此度攘夷御請申上候ニ付而ハ猶更右様被　仰出候儀ハ是非共相願度大樹公初一同慶喜輩懇情奉仰望候事ニ御座候間此儀ハ格別ニ御取持も被下度事

同十三日議傳両奏衆ニも同斷御差出之事

一橋公ゟ之返翰

朶雲致拜讀候春暖之候候得共先以御清安被成御起居欣喜之至御座候然ハ過日ハ參內奉拜　龍顏　天盃頂戴被　仰付難有奉存候如仰此節朝廷注目之折柄一言一行をも謹愼可加旨段々御敎諭之段不淺大慶存候

一今夕御來臨之儀乙老（本ノマヽ、公辺カ）意味合有之其故猶可伺武田を以て可申入様致承知候

一朝廷或ハ堂上方ニ而失敬致し候とも堪忍致し候樣誠ニ尤至極其心得
ニハ候得共猶又心付可申候
一大樹公御上洛何分ニも早キ方可然旨御尤ニ候因州ニも右御模樣次第
ニ而浪華進退可致との趣右ハ未幾（ママ）候と治定ハ不承候推考ニハ多分十
五日後と存候得共猶又早ゝ御上洛有之樣可申上候
一學習院ニ於て兩役ハ面會御用談有之右御用之趣ハ別紙覺書之通ニ候
間爲御心得相廻し申候尤御返却ニハ不及其節攘夷之儀　皇國之人種
盡果候共乍恐御動キ無之樣御決心之程奉祈候此節諸藩之樣子を考候
ニ右樣迄決心之ものハ無之位ニ被存候旨申置候
一春嶽容堂幾日頃出帆候哉道路之風説のみニ而未屹と致し候儀ハ不承
候得共最早上著之頃と朝暮相待候
右御報旁申上候以後御書面被遣候ハヽ武田迄御廻し之方可然小子ゟ
も同人を以密々申進候樣可致候何も貴酬迄如斯御座候再拜

即　　一橋迂人

伊達明公

貴酬

再白打折之顯可笑之至候也

○文久三癸亥年

春寒甚敷候得共先以御清靜被成御起居欣然之至ニ奉存候然ハ　御上洛之儀御延引よも相成候樣御聞込被成候ニ付直ニ御歸國も可被成欲ニ極内致承知驚入候次第右ハ如何樣之譯柄ニ候哉烏渡被仰下候樣仕度其外品ゝ御相談申上度儀も有之候得ハ烏渡御上京被成候儀ハ相成間敷哉實ハ難書取意味合も有之深く當惑之事も御座候ニ付此段烏渡申上候宜御汲取可被下候再拜

正月十四日　　一橋中納言

松平相摸守樣

玉机下

○文久三癸亥年

尺素致拜啓候昨今別而春溫相增候愈御淸穆可被成御震即慰不可言候然者
今度御歸國之儀御咄之序中納言殿ニ申上候處兎ニ角御差止被成度且種々
御面談被成度御儀も有之候間一先被成御上京候樣被　仰遣候欤ニ御噂御
座候定而御直書參候半と奉存候小生も昨朝日出上途哺後無滯上著仕候當
地之模樣承合候處其表とは事替候說も有之右等ニ付得と御面談申度廉も
有之候間是非々々一寸なりとも御上京御座候樣伏而奉希候今朝者當表迄
態々御家臣被遣御至念之段奉推謝候御違約と申上候者決して御もとり込申
候儀ニ者無之認方過激ニ渡り何共畏々縮々不惡御諒察可被下候書不能盡
意萬期面罄候頓首々々

正月旬四燈下書　　　　　　　　圖書頭

相摸守樣

○文久三癸亥年

今朝者委縷之御書面具ニ拜誦仕候先以御安靜被成御起居欣然之至奉存候

然ハ貴君御上京之儀内々關白殿江も伺候處是又御上京之方可然旨被　仰候ニ付則表向御達申候猶萬縷之儀ハ御逢申上候上と百事文略致し申候再拜

正月十六日夜認　　一橋中納言

松平相摸守樣 貴酬

○文久三癸亥年

御奉書寫

一筆令啓候近々　御上洛被遊候ニ付而ハ其方ニも致上京　御上洛被爲濟候迄之間京地ニ罷在候樣被　仰出候條可被存其趣候恐々謹言

正月十六日　　小笠原圖書頭 花押

松平相摸守殿

○文久三癸亥年

姫路驛ゟ三條家江御差出御書扣

謹而捧一書候下官先般滯在中再三　殿下諸卿御内沙汰も被爲在候得共浪花御守衞筋ニ付而も一端歸國不仕候而ハ實備ニ至兼甚心配仕り種々相願候上下向仕候處一橋中納言ゟ　殿下ニも内々相窺候處上京可然との御趣ニ候間近々大樹家上洛之儀上京右相濟候迄滯在之樣小笠原圖書頭以奉書申越候得共此度歸國之儀ハ一分之下向ニハ無御座全御守衞筋之御用も有之且參　内之砌以兩卿　勅命被　仰出候御趣意も有之先般追々申上候通御座候得ハ右　殿下御沙汰之筋御模樣柄如何樣之御旨ニ御座候哉ハ不奉存候得共何分右之次第ニ御座候ニ付不惡御汲取宜敷御取成奉願候恐惶頓首

正月十八日　慶徳

三條黄門公

猶以本文之趣大原三位殿へも可然奉賴上候右ニ付而ハ姫路驛ゟ引返し上京仕候就而ハ自然浪華御警衞筋不行屆勝ニ可有御座と心痛仕候委細ハ一橋ニも申入置候得共御含置奉願候以上

○文久三癸亥年

過日者御返翰奉拜誦候春暖之時御座候處益御安泰奉恭悅候然者昨日以御奉書上京表向御達有之候上者上下之儀違背可仕樣者無之殊ニ御用之程も難計候間早々出京仕候得共先達而　天朝ゟ浪花御警衛之儀四藩之者ハ於學習處被仰出候通當節攘夷御一決ニ付而者攝海之儀深被惱　宸衷候趣も度々相伺居候ニ付而者浪花へも下向仕夫ゟ國許へ相越し諸事取調人數精撰も仕御上洛迄ニ者上京之心得ニ而其段者兼日も申上置候處强而歸京之儀御沙汰ニ而迚も差ゐより浪花御守衛筋者十分ニ者行屆不申是迄之御警衛者伺事願事一事も達し兼悉皆皆(ママ)有名無實ニ御座候得者從是者眞无(ママ)(先カ)と存候所右之次第且乍御內々領分土民(士カ)迄もま(もカ)小子歸國之上所置相待居候歟ニ御座候處右云々之御模樣ニ而者御上洛濟と申而も中々以中夏過ニ者可至外夷入津者今日も難計候得者急務之儀御不安心之御警衛者難畏候間上京仕候間右浪花之御警衛者御免相願度尤　洛中御守衛者相勤候間浪花之儀

ハ御免を蒙り度人數も夫々引拂ハせ可申候間上京迄ニ代り之儀何へなりと被　仰付私儀ハ　京都御守衞被　仰出候樣御取計可被下餘り差越候儀ニハ候得共大坂人數ハ早々上京迄ニ不殘其地ニ引上ケ陣屋等取片付之儀も申遣置候間此段申上置候頓首拜

月　日　　慶　德

一橋中納言樣

○文久三癸亥年

正月廿日加古川驛ゟ一橋樣ニ被進御書扣

先達而　天朝ゟ浪花御警衞之儀四藩ニ於學習所被　仰出候通當節攘夷御一決ニ付而ハ深被爲惱　宸襟候趣伺居候ニ付浪華へ下向仕攝海警衞小生持場巡見之上砲臺幷陣屋場處等之儀ニ付幕府ニ建言致し夫より歸國諸事取調人數操出し仕　大樹公御上洛迄ニハ上京之心得ニ御座候間先達も達而再三　殿下諸卿より滯京之儀御沙汰御座候得共達而　天朝ニ御暇相願

候儀ニ御座候右故一旦帰國不仕候而者諸事不行屆ニ者候得共上京之命違背難仕即上京仕候因而者御不安心無之樣迄も屆兼候ニ付此段早々　殿下井両役衆ニも夫々御執成可然被仰入置被下候樣奉願上候尤其段三條殿ニも申入置候書餘上京御面談委曲可申上候

正月廿日（加古川驛ゟ）　慶徳

一橋中納言樣

尚以呉々も大坂著有名無實之段心中不安奉存候得共御承知之上强而被召候儀故不得止事苦心千萬迄も帰國不仕而者實備御安心之程者難仕恐入候事ニ御座候臨時不都合國辱と相成候段終身之遺憾ニ候得共是等者兼而御引受御含奉願候以上

○文久三癸亥年

朶雲拜誦如諭春暖之候候得共益御多祥奉賀候然者近々御上京ニ相成候由先以安心仕候依而段々御配慮之趣御尤至極御座候種々申上度儀御座候得

共拜顔之上ゟ萬縷申殘候恐々謹言

正月廿一日　　　　一橋中納言

松平相摸守様

貴酬

○文久三癸亥年

愚翰拜啓仕候春暖之時御座候處先以益御機嫌克御滯京恐悅奉存候然ハ先日奉書到來依之姬路驛ゟ立戻今日郡山驛止宿仕候右ハ先般京地御暇之節大樹公御上洛前京地上途之樣蒙　勅命居候處近々御上洛之趣ニ付不取敢罷出候得共於江戸表御上洛御發船二月廿六日ゟ被仰出候趣左候得ハ未程合も有之候儀此節ゟ上京罷在候而ハ先達而　天朝江達而御暇相願候趣意ニも相背且急務之御警衛等閑ニ相成候而ハ重々奉恐入候間弊國ゟハ五六日程之儀御上洛前ニハ是非　勅命通り罷出候ニ付而ハ此度ハ御聽有之候儀故當所ゟ歸國仕候心得ニ御座候不惡御汲取奉希候恐惶謹言

正月廿二日　　　　慶德

中納言樣
机下

尚以本文之趣ハ圖書頭へも表向以使者申屆置候呉々も國許之儀ハ邊土と申旁筆談ニ至兼當惑仕候以上

○文久三癸亥年

如諭春暖候得共益御安靜奉賀候然ハ　御上洛も御日合被爲在候ニ付先御歸國被成候由縷々被　仰下成程御尤之儀具ニ承知仕候乍併表向奉書も出居候事故無餘儀御譯柄御認ニ而圖書方迄烏度御願書樣之もの出候而ハ如何可有之哉實ハ此後之響ふも可相成哉と無伏藏右之段申上候不惡御汲取可被下候早々再拜

正月廿三日　一橋中納言

松平相摸守樣
貴答

○文久三癸亥年

御書拜披候追而春暖愈御平康珍重存候陳ハ一旦御歸國之處御內意之趣ニ

而途中ゟ御引返しニ相成候由昨日者京御著之旨扨々御繁勞御察し申候御風氣之由憮々御困御察申候隨分〳〵御保養專要ニ候事情之相違も承り申候於小子も御咄申度事も多々有之何卒御面會仕度事ニ候御快氣次第御待申候從今朝御上着御歡可申入覺悟之處何欤と取紛不其儀無申分事ニ候萬々御理申入候猶萬々拜上可申述候也

即刻（原朱）○正月廿四日　　重德

捧　酬

二白俊實重朝ニも御傳聞痛却候宜可申入申居候未男迄いさみ入候御國產之魚幷御菓子共辱存候猶萬々面上御禮可申述候得共不取敢御答迄如之候大乱書失禮可被免候以上

○文久三癸亥年

舊冬廿四日之　御親書難有拜見仕候先以春來弥御機嫌能被遊御座乍憚恐悅之御儀奉存候然者中納言様御上京之儀打續御支度御取急キ來月十日前

爰許御發駕之御治定ニ被爲在日々右之御世話ニのみ御掛り被遊萬端御都合御宜しく私ども存分建白仕候儀も御承知被遊候御事ニ御座候間此儀ハ御安心被成下候樣仕度畢竟追々厚御配慮被爲在候故かく御模樣も相直り候儀ども深く感銘仕候事ニ御座候此上ハ只〳〵京都御都合殊之外御宜しく候間一日も早く御登り被遊候樣ニとの御意味を以何と欤御響キ合御座候樣仕度夫のみ志願ニ御座候右之儀ニ付而ハ此程少しく御配慮被遊候御模樣も被爲在候ニ付尤　上樣御官位御一等御辭退之儀從京都御沙汰之品も被爲在候哉ニ而愈來月廿六日　御發船被　仰出　公邊ニ於而も御安心之御場合相分當節　中納言樣ニも御安堵被遊候御事ニ御座候得共猶可然御運ひ合被成下候樣仕度委細之內情ハ御家臣大西清太ゟ御聞取可被下候此段奉申上度書取を以如斯御座候以上

正月十八日　　大場一眞齋

上

○文久三癸亥年

春暖候得共先以御清榮欣然之至奉存候然ハ昨夕ハ御著之由窺誠以奉大悦候早速可呈愚書之所實ニ繁雜ニ付武田を以今朝委細申上候所段々御答之趣拜承仕候御廻勤も相濟候ハヽ早々御枉駕奉祈候併し昨今御風邪之由何分ニも御用心専一奉存候何も用事而已早々奉申上候再拜

正月廿四日　一橋中納言

松平相摸守様

猶々例文略之

○文久三癸亥年

昨日ハ貴酬書被成下於陽明殿拜讀仕候先々昨夕ハ倍御勝常御廻京被爲在恭賀之至奉得大依賴候尤少々御滯坂中より御所勞ニ付當座御光臨難被下旨何分爲　朝野御療養奉専一候御用候ハヽ何時参館可申上候扨又於伊丹御調之美酒一瓶御惠投被成下千萬御厚情恭奉感荷候早消太白連日之苦悶

一掃可仕奉樂候一昨夕ゟ殿下ゟ以御示翰過日以來惡評抔決而不及掛念尙
又周旋盡力仕候樣御敎示被下誠以恭奉畏安心仕候此段乍序御吹聽申上度
清一郎ニも爲降心御密示奉希候今日ゟ容堂兄も著のよし大ニ得力仕候先
ゟ再拜復御礼申上度國產之一種進献申上度頓首

正月念五　伊豫守

宇宙大依賴相州賢公閣下

二伸御端書ニ付候得共尙御自玉奉專一候此間之一橋公御書付御返却被
下落手仕候以上

○文久三癸亥年

剩寒微々寢餗淸穆忻抃易極于玆過日ゟ御下坂次而御歸國可有之處御用召
ニ付再度御上京御苦勞無申條候其上少々御不例之趣嘸々御困苦之儀と令
恐察候萬々御自愛之程願上候猶又御快復後ゟ光車內ニ可得拜高誠ニ相樂
居候將過日ゟ爲御土產芳魚並甘菓惠投拜謝無他候且此麁菓誠如何敷候得

共蓬莱島と申菓子ニ有之長日御慰ニも哉と存候間令呈上候於御笑味ハ不淺〻〻畏存候不時候千萬御保護之様と存候前條之趣從實父可被申上之處何分繁多ニ被打過候上只今御用召參　朝被致候次第乍失敬以小子申入候御海恕願上候早々不典

孟陽念七　　看山

稻園羽林源兄

梧右

看山ハ綾小路俊實

追而申過日以龍造被申上候浪華海御警衛之儀ニ付關武江御建白之御寫両通共早々拜見被相願度被存候尤子細ハ過日龍造より申上候事と存不再贅候也追日不容易形勢何卒今一ト際御奮力之程所願候也

○文久三癸亥年

短楮謹捧仕候先以　閣下益御勝當奉恭賀候昨朝ハ早速拜徳音難有乍恒失敬之冗言申上恐入候陳靑門公御都合如何と奉存上候昨夕ハ容堂旅宿へ罷越五年振緩々密話仕消太白甚愉快御座候キ何角速御旅館江拜趨も可仕且

呈書も可申上筈ニ御座候處豚兒出立又家來內取締之所置迅速下手不仕候而ハ不相濟右ニ而不得分隙御無禮申上候條自僕宜く申上呉候樣相賴候間不惡御聞啓可被成下土藩之一處置ハ惣体ニ關係不容易儀ニ御座候將又一昨夜ハ關白殿靑門公御始に張札仕候旨弥以乍憚　朝威　幕權ともふ不振切齒憤歎之極ニ奉存候恐々頓首謹言

正月念六　　伊達伊豫守

呈　朝野大依賴一橋明公閣下
座下

○文久三癸亥年

今日ハ久々振御參會御同慶之程奉恐察候何分前日之儀ハ御互樣ニ更ニ御念頭ニ不被掛秦楚合体之時之至候得ハ實ニ大小事件御密談御戮力至誠友睦御同胞御合体被爲在皆以　天朝公邊御爲緊要之儀と昨夕切ニ申合候條忠告仕候恐々謹言

正月廿六日　　伊豫守

容　堂

大徳望一橋鳥取両明公閣下

御會披奉希候

二伸呉々本文之儀無御遺失御一和被爲在左無之時ハ萬事解躰ニ至候尤徹底御論談ハ不及申上猶萬々拜眉可申上候不備

○文久三癸亥年

拜呈仕候一昨日蒙　御内命候儀ニ付則陽明公ニ參殿仕　殿下御成ニ而委細相伺夫ゟ早々一橋中納言ニ相越候處所勞餘程難儀之樣子ニ而密談も相成兼候程之樣体ニ付一通り申聞猶武田耕雲齋ニ申置同人儀昨夕下官方ニ參り昨朝ハ中納言大ニ宜敷御座候旨ニ而右之儀申聞候處奉畏且當分他出之處先見合肥後守も同樣之樣御沙汰之趣ハ中納言ゟ申通し候積小笠原・牧野ニハ外堂上方ニ追々相越候方と思召之旨も申聞中納言ゟ響合候筈ニ御座候此間両日まても參　殿之儀御斷申上所勞不得止事儀ニハ御座候得共

此節大切之機會甚恐入且又殘念之樣子ニ而一昨日も御斷申上甚恐入候旨申居尙昨日學習所御斷申上も如何と深恐惶之趣も承候得共御沙汰之趣爲伺安堵仕候樣子ニ御座候段々御懇之御意御請申上度申出尙耕雲齋之儀も御咄被爲在同人ゟ申聞候處　御趣旨至極御至當御妙計と奉感服候趣ニ御座候將又右御礼旁御伺申上尙一橋中納言ゟ御意之御請も申上度乍恐下官ニ於ても參殿相願度奉存候得共未タ御尋も無之御樣子故中納言肥後守も當分先堂上方ゟ參會見合せ居候事故耕雲齋參殿之儀も如何可仕哉奉伺度段々過日之御密話中納言ゟも厚畏入奉存候右之段奉言上度執事宜御執成奉希候恐惶頓首々々謹而言上

正月廿九日　小臣慶　德

青蓮院宮

太夫衆中

封之儘御披露

尙以諸藩ゟ御尋之儀ハ如何御決ニ相成候哉両卿ハ辞職被聞食候欤ニ傳説仕候得共如何御座候哉乍恐奉伺候以上

○文久三癸亥年

密翰拜誦別紙一封之趣承知仕候甚心配御座候何卒都合能相成候様仕度御座候偏御鼎力所希御座候不備

即　　　　一橋中納言

松平相摸守様

○文久三癸亥年

拜誦然ハ主殿頭面會之儀ニ付被　仰越趣承知仕候武田ゟも則相達申候事御座候此段御報迄早々如斯御座候再拜

即　　　　中納言

相摸守様
貴答

○文久三癸亥年

華墨拜讀仕候弥御安榮奉賀候其內兎角御冐寒之御氣味ニ而御平臥被成候由　皇國之御爲何分御加療奉專念候近日ハ一般流行ニ成候將又此間御連名之呈翰御披閱被下忠告仕候儀ハ御聞啓御座候故安心可致旨無此上奉感悅候且又今日ハ島原兄參殿之由久々振御集會御互樣ニ御嬉悅と奉恐察候貴命之通僕方も不他儀故何レ近日中幸之儀候得ハ往來可仕と相樂居候宿寺も不相分こまり申候此間より御光臨參殿とも御斷ニ付縷々被仰下候御紙表痛却赧面之至奉存候先々燃眉之要事ハ無御座候僕も昨今不可風と申鹽梅旁今日ハ參殿不仕候近日を期し恐惶頓首

即時（原本）〇正月二十九日　宗城

因州明公　貴答

二伸安達江用事申含度事御座候間御用隙ニ明日參候樣御沙汰被下度尤今日家來金子孝太郞と申者安達方江遣候故面晤仕候ハヽ明日ニも不及參候樣奉希置候以上

○文久三癸亥年

以書付申上候御風氣如何被遊候哉今程御機嫌克被爲入候御儀ゝ奉存候昨日ゟ御旅館ニ罷上り毎度蒙　御懇命其〔且カ〕頂戴物仕冥加至極難有仕合奉存候尚先刻ゟ御家臣佐治所助方御書持參被致候處此御旅館ニ罷出居梶清左衛門御請取申持參仕候間直樣一橋樣ニ差上則御返翰被進候間梅澤孫太郎ニ申付御届申上候

一昨夜被　仰付候右近將監樣御儀申上候處矢張昨日申上候通何共善悪不被仰誠ニ差支申候宜敷御賢慮奉願候御差圖被遊候儀御遠慮之御謙退も可有御座候哉

一九郎樣御儀ニ付　御両家樣御願之儀ゟ矢張江戸表ニ御願被遊候樣被遊度尤一橋樣方ゟ御内輪方江戸表被仰進候儀ニ御座候是亦昨日申上候通ニ不相成候段扱々不働之姿恐入奉存候

一島原樣之御儀ゟ今日申上候ニ間ニ合不申明日なり可申上候

右之處甚恐入候得共以書取大凡申上候何分乍恐御推覽被下置候樣奉願
候以上
正月廿九日　武田耕雲齋
上

○文久三癸亥年

貴翰難有奉拜讀仕昨日ゟ寛々得拜顏種々御馳走被成下奉拜謝候然處一橋
樣窺之儀御尋被下難有承知仕候則昨日退殿掛直ニ罷出候處今朝御返答被
成下候由ニ而板倉八右衛門差出候所貴兄樣御存念と矢張御同腹ニ而被爲
入二條殿ゟ罷出委細之儀申上候方可然段被仰聞候且二條家參殿之儀來ル
二日御差支無御座趣被仰聞奉畏候然處大紋之處ゟ用意仕候得共烏帽子末
廣此二品ゟ所持無御座候ニ付拜戴被仰付早速爲御持被成下痛入難有奉存
候何レ拜顏御礼可申上候得共右ゟ貴報旁申上度如此御座候早々不備
二月朔日　松平主殿頭

相摸守殿

猶以今日傳　奏衆両家廻勤且途中ニ而堂上方出會之儀委細ニ被　仰下奉畏候且又二條家ゟ献上物等是又承知仕候段々預御厚情難有仕合奉存候偖此品甚以麁末之至御座候得共呈上仕候御笑納被成下候ハヽ大慶至極奉存候以上

三演申上候然ハ御風氣如何被爲入候哉不順之氣折角御保護被成御座候樣奉祈上候此段御窺申上候早々頓首

朔日　　忠和

○文久三癸亥年

拜誦水ゟ申遣候大意正誠之者幷此度登用之者共ハ不殘御供被仰聞候樣後日御國許ゟ彼是申參候ハヽ小子之差圖之由御申切ニ而御上京之樣ニと申振ニ御座候今井鴨志田等速ニ御轉之儀是又申遣候事ニ御座候御報早々不具

一橋

即

因州様

貴答

○文久三癸亥年

御親書謹而拝見仕候愈御機嫌能被爲渡恐悦至極奉存候昨夜ゟ孫太郎ニ申付差上候一橋様御書翰御手元ニ指上り候由猶愚臣上書甚取急失敬之儀奉言上候所厚蒙　御懇筆冥加至極難有且恐入奉存候孫太郎ニ相達候處難有仕合奉存候其參ゝ御親書之趣一々御請不申上文略奉申上候主殿頭様御儀御尤至極之御手順何卒御都合宜奉祈上候當今之處萬端御世話被遊候御儀一橋様ニも御頼被遊度由御噂被爲在候尙委細ゟ其内罷出可申上候右近將監様御儀今日も申上候處何分御差圖ゟ御迷惑被遊候得共御事情ゟ御尤ニ被思召候御様子御座候間乍恐御決斷ニ而被仰進候方奉恐察候此段前條之御請旁以乱書言上仕候以上

二月朔日

武田耕雲齋

上

別紙

以別紙相伺候只今　黄門様ゟ被　仰付候處　青蓮院様ニ御到來之御菓子被進度思召候處此節此　御方様ゟ被進候も如何と思召はある様ニ御頼被進候而も如何被爲在候哉私共ゟ御内々御程相伺候様被仰付候右様ニも御都合被遊候様相成候ハヽ御品ハ明朝御廻被遊度との御事ニ被爲在候得共先　御内慮相伺候事ニ御座候乍恐宜敷御沙汰被下置候様奉願上候以上

二月朔日　武田耕雲齋

○文久三癸亥年

以書付言上仕候益御機嫌能被遊御座奉恐悦候昨夜深更ニ參殿仕候處早速御目通被仰付殊ニ拜領物仕候段難有仕合奉存候昨夜蒙仰候御儀　黄門様ニ申上候事ニ御座候定而其内被仰進候御儀も可被爲在奉存候將又今晝頃御使ニ而御封書御下ニ相成拜見仕候處九郎麿様御儀誠恐入候事御座候實

ニ奉恐察候何分御世話被遊候ゟ外無御座様奉存候　黄門様ニも申上候處
御願之儀ハ疾關東ニ御申越被遊候との御事被爲在候鴫之儀ハ此程御風氣
ニ而御延引と被仰候得共十一日云々御承知被遊候上ハ早速御運可被遊御
含ニ被爲在候御儀ニ御座候依御別紙ハ寫返上仕候　九郎麿様ゟ之御書翰
も相納申上候右近將監様へ私ゟ上書仕候儀甚以不行屆ニ御座候得共御内
沙汰も被爲在候御儀故不顧恐呈書仕候何卒乍恐宜敷御家臣ニ被仰付候様
奉願上候内密故上書中ニ相添奉願上候以上

武田耕雲齋

上

○文久三癸亥年

今朝一橋様御旅館ニ出仕之上承知仕候處昨夜深更ニ御旅館御門前ニ生首
一加之別紙寫之書付封置候由誠ニ困り入候事御座候外ゟ御承知も被遊候
而ハ御配慮も可被爲在との黄門様思召ニ而私ゟ入御内覧候様被仰付候間

則指上申候猶宜敷御勘考も被爲在候ハヽ御下知奉祈上候今朝ゟ如何にも
公私取込罷在乍存御請延引仕恐入候事ニ御座候依而眞之乱書ニ而申上候
段何分御高免被下置候樣奉願上候以上

二月二日　　　　武田耕雲齋

上

別紙昨朔日夜表御門前ニ捨訴之寫

今般攘夷御遵奉ニ相成候上ハ一日も早く御拒絶ニ不相成候而ハ不叶儀ニ候處兎角姑息偷安之御廟議ニ被爲涉必竟御遵奉ハ名而已ニして御内情ハ是非開國通商ニ御說得之御手段ニ相違有之間敷天下擧而御疑惑申上居候事ニ御座候弥左樣候而ハ　朝命御輕蔑之處何と御申開可被成哉天下有志之者屹度御ゆるし申間敷候願ハ眞實之御遵奉ニ相成破攘之期限早々御定被成是迄天下擧而御疑惑申上居候事氷解ニ至候御處置今日之御急務と奉存候此首甚麁末ながら攘夷血祭御悦之驗迄ニ奉進覽之候

各方ゟ早々一橋殿ゟ御披露可被下候

亥二月

小笠原圖書頭殿

岡部駿河守殿

澤　勘七郎殿

○文久三癸亥年

前略春温御清穆被成御起居奉抃賀候旧冬ゟ於貴地毎度面晤御高論拜聽大慶奉存候其後上京當地之容子見聞いたし候處　公武之御間柄十分御合体と申場合ニ至り兼竊ニ痛心仕候夫と申も　大樹公御上洛日限追々御延引ニ相成候故廿六日も何レ又御延引ニ相違有間敷と申或ゟ御上洛ゟ迚も有之間敷と申者も有之紛紜之議論洛中ニ充満いたし候右故　幕府之遵奉ゟ頼ニならぬ様思ひ候者も有之實ニ苦心仕候何卒御上洛御日限三日ニ而も五日ニ而も御早く相成候御工夫ゟ有之間敷哉萬一右御日限又御延引ニも

相成候樣ニ而ハ雲上之疑心ハ勿論諸藩も解躰可仕德川氏三百年之御高恩を蒙り候弊藩如きも進退維谷と申場合ニ至ル間敷とも難申日夜長大息仕候尤　公武御一和を竊ニ破り我家之利を謀り候者も天下ニ可有之此等ハ御上洛ハ御延引ニ相成候而も不苦抔可申候得共決而信用難成候此外申上度事海岳有之候得とも拜顔ならてハ申上兼候何卒御上洛御早く相成尊兄も御供被成候得ハ於當地寬々可申上候書不盡言萬在面晤怱々頓首

松平相摸守

板倉周防守樣

○文久三癸亥年

昨日ハ御光臨被下千萬忝奉多謝候乍然萬般不行屆大失敬恐悚仕候爾後愈御清勝奉抃賀候御歸路嘸々御見留も可有御座想像申上候扨昨夜轉法輪家之御應對委曲御密示奉希候何等ニ御歸館候哉是亦窺度恐々頓首

如月初六　伊豫守

相摸守樣
内用

尙以付札濟書面爲御見之樣子も伺度依旧事ヾハ不快と存居候儀と相察候
何卒近日參館可希心得候以上
亦云裏辻へハ何日御出候や

○文久三癸亥年

爾來御不音奉申上候近日春暖弥增候所益御安泰被爲成恐悅無量奉存候扨ハ一昨日轉法輪殿昨日裏辻家に相越候ニ付近日之模樣承候處何分ふも拒絕之期限殿下に被仰上之儀御急務らしく奉存候就而ハ過日耕雲齋に鷹司殿に御來駕之儀申上猶青門王御沙汰ふも相成居候ニ付申上へき欲をもや御出ニ相成候哉且如何之御模樣ニ被爲在候哉奉伺度御風氣ハ最早もきせ御快然と奉存候得共尙伺度右迄奉申上候早々頓首拜

如月初七　慶德

一橋公

○文久三癸亥年

如諭春暖候得共益御多祥賀奉候然ハ一昨轉法輪殿裏辻家ニ御出被成種々議論モ御聞被成候處何分ニも拒限殿下ニ申上候儀急務之様思召候旨御尤至極ニ御座候一昨日鷹司殿へ參殿申上候ハ兼而攘夷之儀申上候處其儘ニ打過居因循之様可被思召と苦心仕候斯御請申上候上ハ一日も早く攘夷仕度御座候處御承知も被爲在候通夫々策略等被相尋候處未聚議相集不申候故只今即時ニ攘夷仕候而ハ折角相尋候詮も無之又此儘ニ而相過候も甚以恐入候ニ付早速關東ニ申遣し聚議相集候ハハ早々達　叡覽　天意之程も奉窺　大樹上洛前粗治定仕置上洛之上ハ早々決定相成候様仕度旨申上候處夫ハ至極之事と被仰候ニ付猶前殿下ニも伺候所御同意ニ付早々江戸表ニ申遣候事ニ御座候右書面參候上早々取計候心組ニ有之候此段極秘及拜陳候小子不快最早快候得ハ乍憚御安意可被下奉願候御報まて如是御座候再拜

即時(扉朱)〇二月七日　一橋中納言

松平相摸守様

貴酬

〇文久三癸亥年

春雨迚和暖候愈御清康珍重存候倍意外之御無音無申條候今日御光臨可給
種々御噺しも有之相樂居候處國事御用ニ付參　朝之事只今被觸候右ニ付
御用濟之程難相分自然入夜迄ニも相掛候而者迚も接眉も不及折角光臨も
無益ニ候間只今ニ相成光車之御積も可有之候得共無據御理申入候何卒明
日光車御待申候刻限御勝手も可有之候得共可相成者申刻後相願候仍右申
入度如之候不乙

二月九日　重徳

相摸守殿

二白御用濟之程者難計候得共是迄多者入夜ニ相成候間今日も定し御同
様と推量候故右申入候明日ハ手明ケ可置候必光臨待入候也

○文久三癸亥年

彌勇猛御滯在珍重ニ存候抑昨烏御來駕緩々御咄共申入喜悅候其砌堂上列參ニ而被出候書取御持歸右ハ自然前關白ヨリ一橋邊へ移シ候樣ニ堂上邊ニテ疑惑ヲ起シ候テハ如何樣之儀可申出モ難計ト前關白大ニ掛念之事ニ候何卒右書取ハ一橋へ被爲見候テモ不苦候得共何卒其餘ゟハ不洩樣仕度右之儀甚前關白掛念ニ候間爲念申入置候也

忠房ハ近衛

二月九日　　　　　　　忠房

因幡中將殿　内々啓

尙々乱毫御推覽希存候也

○文久三癸亥年

昨烏御投書之所參　朝中不克卽答失禮恐懼候愈御平康珍重存候扨今日巳頃ゟ御出之事御念示承候差支無之御待申候早々御答如此候乙典

二月十一日　　　　　　　重德

因　中將殿　御報

麁答要用御免

○文久二壬戌年

一翰拜呈仕候餘寒難退砌弥御安康當節御在京ょも可有之哉先以欣然之至
奉存候次野生無異在國罷在候乍憚御安慮可被下候陳ハ此節不容易時勢ニ
至乍恐於　天朝も被惱　叡慮候程之御場合ニ付御列席之衆中各赤心をも
言上仕相當之御用儀相蒙候向有之由之處　公武御間柄之事共異鄕區々之
風評同樣ニ而取束候儀も承り不申且何と欤　公邊之御差圖も可有之と而
已固執いたし居候處難差延時宜遲々罷在候而ハ不爲之儀御賢察被下赤心
言上之趣意等萬端御添慮を以一先安心之場ニ至候儀偏ニ拙國之幸甚不過
之大慶罷在候依之御懇篤を奉謝度京都表迄家來之者爲差登御礼申上候此
上厚御含被下置何分　天朝向御執成共所希候別而御周旋御繁多之折柄種
々奉勞恐縮罷在候寸翰御披見被下候頃ハ春陽之御嘉儀も無御滯相濟候半

之目出度御事奉敬賀候何分國元之儀ハ遠隔邊鄙之地故諸事兎角遅延相成困り申候御汲察可被下候外積事難盡筆紙時候御厭御家壯ニ而御勵務之程野生ニ於而も奉祈候大乱筆御用捨相願候頓首

十二月廿二日　盛岡

(原朱)南部様

鳥取賢君

御直披

猶ニ例文略之

○文久三癸亥年

快霽之砌春寒兎角難退候得共愈無御障令珍賀候抑過日ハ繁用中態々來賀緩々拝談申承忝存候併乍毎何之風情も無之ニ御留メ申何共氣毒存候其砌段々申入置候儀ニ付明日香井卿招置候處漸過刻來臨御厩其外御請之儀申入候得ハ承知ニ而是より參　朝致候事故委細言上仕候得ハ嘸々御滿足之儀と恐察之旨被申候尚又御馬見所之儀及示談候處行幸抔被爲在候儀ハ決而無之旨被申答候併萬々一平穩之御時節ニも相成被爲成候迚も女房向內

々見物と申候樣之姿ニ無之而者表向御覽と申儀者難被爲出來只今之御模樣ニ而者御覽之儀抔之事者無之故馬見所ニ而普通之次第ニ被心得候樣ニと存候則此圖面御廻し申候付札之通造立出來ニ相成候得者宜敷且又所ニ寄餘り麁抹ニも被存候得者勘考之上被任所意候樣ニと存候先御厩ニ取掛り御座候樣其外之處者追々ニ而宜敷出來日限も餘急速故三月中頃迄ニ御厩丈成就ニ相成候得者宜上洛ニ付進献之馬者先暫之處二條表ハ御預ケニ而御子細無之旨故出來次第御馬舍ハ御取繋之事と存候過日申入置候ニ者火急之儀故ニ十疋繋之處先拾疋繋ニ相成候樣ニ申置候得共明日香井卿口振ニ而者矢張一棟ニ相成候方造立之上見込も宜敷樣ニ被存候得共其邊之所急速之事故何レニ而も可然樣ニと被申候將亦此儀ニ付野宮家ハも委細ニ申入置候間此段申入置候事ニ候尚又分兼之儀も在之候得者無遠慮被申越候樣ニ致し度候何も荒々右申入度如此候也恐々百拜

二月十二日　　熾仁

因幡中將殿
貴下

二白不順之時下御用心專祈存候扨亦此一箱麁徼荒々敷候得共令進入候
如例大乱毫推覽可給候也

○文久三癸亥年

御親書被爲投深畏奉拜見候先以春寒之砌御座候得共　若宮御平安被爲成
恐悦奉存候抑過日ハ參殿仕種々蒙御懇情品々御料理拜領仕乍例長座其上
不遜失敬之儀共重々恐入奉存候其砌段々拜承仕候儀ニ付飛鳥井卿御招之
處昨日參殿被致御厩其外御請奉申上候儀被仰出候處從夫參　朝之事故委
細被及　奏聞候ハヽ御滿足之儀と被申上候旨猶又御馬見所之儀も行幸等
之事ハ決而無之萬一平穩之時ゟも相成候迚も女房向內々御見物と申候樣
之御姿ニ無之而ハ表向　叡覽と申儀ハ難被爲出來元ゟ當時ハ右之儀も不
被爲在就而ハ普通之次第ニ相心得御下ニ相成候御圖式之通取調造立之樣
畏奉存候尤所ニより麁末ニ相考候得ハ所意ニ任せ候樣ニとの御旨奉伺候

先ッ御厩ニ取掛其餘之處ハ追々ニ而宜御座候旨出來日限も餘急速故三月中頃ニ而御宜しく御模様且大樹進献之馬ハ先暫二條江御預ニ相成出來次第御馬舎江御取繋之旨且又二十疋立之處急速故先十疋立ニ而も宜　御沙汰被爲在候得共飛鳥井卿之口振ニ而ハ一棟ニ相成候方御見込も宜様ニ申上候得共其邊之儀ハ急速之事故何レニ而も可然御事之由此儀ニ付野宮卿江も被　仰入置候旨御細書賜り厚畏段々御心配被爲在候段重々冥加之至奉存候猶以家來表向御請奉申上候得共此旨及言上度宜敷御披露奉希候誠恐誠惶謹言

二月十三日　慶徳

有栖川帥宮御方

大夫衆中

○文久三癸亥年

華翰奉拝誦候烟雨和暖之候愈御清迪奉抃賀候然ハ今夕罷出候様被仰越候

得共今夕ゟ用事指支ニ付乍慮外明夕罷出度御急報迄如此御座候早々頓首

仲春十四日　　　　長岡良之助

松平相摸守様

玉机下

尚々御自玉専一奉祈候明夕ゟ馬上ゟ罷出候間何も御構被下間敷奉願候

早々不備

○文久三癸亥年

愈御安健奉賀候然ゟ昨日ゟ御良策一條兼而相達候通　陽明公より急使之仕合遅刻相成今朝一橋被罷出候右ゟ　陽明公よりの機密期限之事ニ而此頃都合ニ而ゟ些六ヶ敷御歸城後廿日之事議論有之哉ニ而其段申合候處是ゟとももや　叡聞ふも達相濟候由一橋被申月ゝ之期限立候様との事ニ付幸御良考之次第議論致し猶春嶽ニも相談之筈ニ相成候間多分熟談之儀と奉存候先々此段爲御知申上候偖又昨日ゟ美事なる美菓御恵投被下萬謝ゝゝ付而ゟ不餞之至ニ御座候得共領國之蒼生とも此頃中百人程も度々栄物銘々

心次第ニ荷來さし出候間少々御配分致し申候元より遠來之驗ニハ無之一時人氣之帰候事御笑察可被成下候早々不一

二月十三日　慶勝

相摸守殿

二白時氣不同御加養專一奉存候以上

○文久三癸亥年

尊翰難有拜見仕候追々春暖相催候得共益御機嫌克御滯京被遊珍重之御儀奉存候然ハ先達而寸書差出候ニ付尊慮之段追々御念頭ニ被仰下難有拜承仕候乍去過日も申上置候通小國之儀御座候得ハ上京仕候而ハ極而國力衰弱仕可申憚多キ儀御座候得ハ深ハ申上兼候得共龜井抔も此節之處ニ而ハ追々衰弱之樣子ニ而聚斂等之筋も有之領民不服之趣實ニ小家ニ而ハ勢不得止事次第ト痛間敷奉存候右ニ而ハ所謂民之父母とも難計則後車之戒ニ有之野生方ニ而ハ其上御上洛之節奉供相願候砌も御聞濟無之此上再願書

差出候而者追々時日遅引仕間ニ合兼候次第ニ有之且者野生献（建カ）白之筋ニも相戻旁不都合之儀も有之候乍去急速ニも出陳（マヽ）蠻夷退治と申命令ニ而も御座候ハ者喜勇て京地江出馬も可仕候得共只今之模様ニ而者直様戰鬪無之者顯然之事ニ而申迄も無之候得共只世上俗論ニ雷同仕　御内勅も無之ニ事を好み無詮羈中霖雨ニ逢ふて河水氾濫ニ支られ候姿ニ而無用無益空敷時日を費し王（マヽ）下を動搖爲致候者爭ら忠誠と可申哉此先戰爭之砌一眞ニ忠勤を施可き場合ニ至り國力及惣体疲弊仕人心不服不和を生し家中扶助を始め領民撫育等ニも差支自然公用も勤兼可申左候而者忠節之大道も斷絶仕候間尊慮之通仕若萬一龜井之如き衰弱ニ陷り候節者伏乃忠孝悌之三道を壽さんと覺悟仕候より外有之間敷と深存込事品ニ寄候ハ者身命をも可擲ちて此議論申上候儀ニ御座候間能々御勘考之上至當之公論被仰下候樣奉至願候尚强而不忠ニ相成候而も宜敷と之御事ニ御座候得者本より一家之事ニ而爲指儀ニも無御座候間敢存亡ニ者更ニ不厭候此後尊答思召次第

如何ニも可仕候間左樣御承知可被下候右ハ一應愚存之趣申上置度差出候儀御座候追々失敬之文体ニ及候段ハ恐入候得共是も親睦之弊と御見逃し只管奉願候何も御請迄如斯御座候早々頓首百拜

二月十日　　松平右近將監

松　相摸守樣

極々密事

二伸時下折角御厭專一之御儀奉存候猶建白之儀ハ下草稿之儘御廻し申上候間失敬之段ハ御仁免可被下候御覽後御返却奉願候以上

○文久三癸亥年

昨ハ不計拜顏大慶仕候乍去失敬而已仕奉恐入候爾後益御勇健奉賀候然ハ明十七日午後參殿可仕筈御約申上候處明後十八日巳ノ刻頃參　內被　仰付候哉ニ今朝薄々傳承只今傳　奏衆ゟ家來呼出し相成定而右之御沙汰かと奉存候左候得ハ明日晝後之所遠方旁五時過頃ゟ出宅參殿仕度晝後ハ十八日之支度等彼是俗用御座候間近頃自由之儀申上奉恐入候得共前條申上

候通五時過出宅參上仕度此段一應御伺申上候御承知被下候ハ者貴答御斷
申上候以上

二月十六日　　中川修理太夫

松　相摸守樣

御直披用事

○文久三癸亥年

一翰呈上仕候春暖之砌御座候處先以益御勇榮被成御起居奉欣幸候陳者當今不容易御時態御同事寒心之至ニ御座候就而者昨年以來彼是御周旋内外之事件ニ付御盡力海山御痛心之程實ニ不外恐察仕候扨春嶽ニも毎々御對晤萬々御添慮ニも可相成奉厚謝候過分主任之仕合於小生も當惑罷在候何分ニも厚く御心添被成下候樣爲天下御賴申上候小生儀も山川無故障一昨十六日當御地著仕其後も無事ニ罷居候間乍憚御放念可被成下候此上者不相變御懇情御介抱被成下候樣偏ニ奉願上候何レ其内得拜顔萬々相願候得共先者不取敢著御吹聽夫是御賴旁奉申上候草々頓首拜

二月十八日　　　　　松　越前守

松　相摸守様

玉机下

猶例文略之

○文久三癸亥年

一橋様ゟ御返却之内近衛忠房卿御直書

一明後日於學習院一橋春嶽等ゟ両役面會當春被申上候條々御返答之事

内春嶽　行幸之儀ハ追而　御沙汰之事

一攘夷期限決定　御尋之事

〆

○文久三癸亥年

御投書辱拜讀仕候彌御清勝欣然奉怡悦候然ハ京著ニ付爲御歡美事之鮮魚二御恩贈被下辱早々拜賞奉厚謝候例も委縷御楮表辱小子こそ誠ニ不案内宜御示教希入候事ニ御座候自是御安否可伺之處御答と相成汗顔之至ニ御

座候先〻貴答拜謝萬々其內期拜顏可申上候頓首

即　　　　　　　　　　　　　　　　　　　　　　阿　淡拜

因伯明公

貴答

猶々例文略之

○文久三癸亥年

去月廿五日御發之御親書當月朔大西清太持參難有拜見仕候先以時分柄春寒去兼候所彌御機嫌克被遊御滯京候御儀恐悅至極奉存候然〻先書奉言上候件々逐一御聞取被成下早速以御書其表御都合も御よろしき御模樣ニ付少しも御早く御上京之儀被仰進　中納言樣ニも殊之外御滿悅被　思召御支度向頻ㇾ御急キ被遊候御都合ニ而誠ニ以難有御儀奉存候昨日御登城御暇も被仰出御馬御拜領被遊閣老方かも格別御取持御宜御座候哉ニ而至極御盛んニ被爲入恐悅奉存候私儀御先ニ罷登り其表御都合周旋仕置候樣被仰付候ニ付來ル七日發足罷登り候間近々拜謁之上　御直ニ可奉申上候前

文御請迄ニ草略申上候以上

二月五日　　大場一眞齋

上

尚々御國許御模様追々御内情御座候得共何レ罷登り候上御直ニ可奉申上と奉存候以上

○文久三癸亥年

久々御無音打過背本意多罪恐惶之至奉存候先以御安康珍重奉存候然ハ近況如何御消光被成候哉相伺度奉存候此品輕篚不珍候得共時下御見舞申上候證迄ニ奉呈厨下候御笑収被下候ハヽ幸々甚々奉存候悴も過日上京御旅館江早々拜芝可仕之處折悪敷風邪ニ而引籠居申候故御無音申上候是又多罪御海容被下度候何分不案内之事ニ候得ハ別而萬事御心添被成下度奉希候右御頼申上度如此御座候恐惶頓首

念一日　　慶永

相州公
侍史

尚〻例文以上

○文久三癸亥年

拝呈仕候不順之時季愈御清穆被爲渉奉欣賀候陳一昨日ゟ御同然ニ誠以冥加至極難有仕合ニ奉存候其節ゟ段々御懇情色々御添心被成下御蔭ヲ以無滞相勤千萬奉謝候扨又昨夕ゟ態々幣陣屋御立寄之處折悪敷留守中不得拝鳳殘念至極其上家來共行届不申甚以失敬のみ申上候段汗顔恐縮之至ニ奉存候作日ゟ嵐山之花より御一竿之御樂等も被爲在候事哉と愚考仕候宇和島も出掛候模樣小子も其内とゝ心掛罷在候昨日ゟ三條ゟ逢ニ罷越夫ゟ廻勤源家祖故六孫王ゟ社參存外遠方夜ニ入帰宅大閉口御笑可被下候扨廿五日ゟ必參上萬々御厚礼可申上とゝ大樂雀躍罷在候先ゟ昨日之御詫御礼申上度草々如斯御座候恐々頓首

二月廿日　　　　佐　右京太夫

松　相摸守様

玉机下

尙々例文略之

○文久三癸亥年

內密申入候愈御清安令珍重候然ハ先達而其御元御家來ニ而出奔致し勤王之志有之當時上京致し居申浪人竹田仙石両士何卒帰參御申付被成候樣致し度尤さきニ脫走致候儀ハ實以法憲を犯候次第ニハ御座候得共此節柄何卒三藩士氣振ひ候樣ニ也存し候儀故いさゐハ大隅ゟ可申入候得共何卒両人之儀ハ帰參御申付被成竹田儀ハ弟嫡子ニ立候よし仙石ハ右跡ニ養子出來候趣左もれハ其家ニ帰候譯ニも相成間敷候間帰參之上當分御手宛也して扶持方御宛行被成追々年數立候而別段被召仕候而も可然歟ニ存候帰參致候得ハ當分小子方探索方ニ借用申度急報可被下待入申候頓首

二月　中將

伊勢守様

密事

伊勢守様ハ鳥取支藩松平仲健御返書巻末ニアリ

○文久三癸亥年

以寸楮啓上仕候追日春暖相成申候處益御機嫌能被成御座奉恐悦候然ハ此間中ハ厚蒙御懇命以御蔭參　內無滯仕難有仕合奉存候且又別紙寫之通御趣意書松平阿波守ヲ以御下ニ相成奉拜見候處　皇國之御大事ニ而容易ニ難奉言上候得共先別紙之振合ニ御請仕置候而ハ如何哉と奉存候御用繁之御中奉恐入候得共可然御添削御差圖被成下度猶御不審之儀も御座候ハハ八右衛門差出候間御尋御座候樣奉願候右時候御伺旁草略如斯御座候恐惶謹言

二月廿一日　　松平主殿頭

松　相摸守樣

拜上

○文久三癸亥年

以寸楮別啓申上候倍御機嫌能被遊御座奉大賀候且昨十一日初而登城仕家督之御禮首尾能申上候處小生共四五輩居殘被　仰付猶又無程拜顏被　仰

付殊ニ御上洛中火災入念諸事別而心付候樣還御之後ハ緩々接話可申と
御懇篤之上意被　仰付難有仕合奉存候其外種々申上度儀御座候得共先ハ
右御吹聽奉申上度呈愚札候餘ハ奉期後喜(嘉カ)節候恐惶謹言

二月十二日　　松平出雲御花押

進上　中將樣

參人々御中

○文久三癸亥年

昨ハ御暇乞鳥渡參殿仕候處速ニ得拜顏難有御菓子御酒等も頂戴重々御懇
情御禮筆紙ニ盡兼候以後倍御安泰被爲渡奉南壽候然ハ過日於　御所御暇
頂戴之御書付寫奉差上候御入手可被下候任所人數手當書も一同指上候是
又御留置相成支不申候此度ハ吳々も出格蒙御懇難有仕合奉存候尊公樣ニ
ハ今暫く御滯京御苦勞之御儀ニ奉存上候此節分て之儀一入御配意奉察候
在著之上呈書御伺可申上候先ハ昨之御禮用事旁如斯御座候頓首百拜

二月廿三日　　中川修理太夫

松　相摸守様

尙〻例文略之

御別紙別記有之

○文久三癸亥年

御親書謹而拜見仕候如尊慮暖氣相成候處愈御剛健被爲渡奉恐悅候其後伺

ふも不罷出甚不本意恐入奉存候當今之儀實ニ難盡筆端次第何レ其內參殿

可申上と奉存候所御書中奉畏候明日抔繰合出來仕候ハヽ罷上り委細可申

上候將又右近將監樣より之御書貳通拜見被仰付尙可申上旨前條共明日參

殿仕御請可申上候右近將監樣御書兩通ヽ返納仕候只今一橋樣御帰館ニ而

取込以乱書御請申上候以上

二月廿四日　　武田耕雲齋

上

○文久三癸亥年

芳墨忝拜承仕候爾後益御清榮奉恐壽候於　宮中御面晤以來絕而御無音奉恐縮候如命長岡も今日出立ニ而大ニ落力仕候小子無異乍憚御安慮可被下候今日ゟ可罷出處用向差湊御斷申上不本意之至ニ候明日御差支も無之候得ゟ罷出御卓論奉伺度否可被仰下候只今取紛此段迄早々頓首

二月廿五日　　淡路守

相摸守樣

貴報內呈

二逓時下御自玉專一ニ奉存候明日ゟ晝頃ゟ可罷出候不乙

○文久三癸亥年

一筆呈上仕候春暖之節御座候處愈御安泰奉大賀候然ゟ拙者儀去ル七日養家ニ引移無滯相濟申候同八日同姓內藏頭相願候通私養子ニ被　仰付家督無相違被下置候而內藏頭時之通大坂御警衛被　仰付難有奉存候同十一日家督之御礼無滯申上候同十二日相願候通上京供奉勝手次第と被　仰出難

有奉存候右ニ付江戸表來ル廿五日出立之都合ニ御座候京地之儀ハ萬端不
案内之儀可然御傳達奉希候右等之御吹聽乍大略一紙ニ而申上候餘ハ近々
得拜眉萬縷可申上候早々敬白

二月十九日　　　　松平九郎麿御花押

松　相摸守樣　机下

猶以大樹公ニも去ル十三日無御滯御出立相濟申候且去ル十六日水
府公ニも無滯出立相濟申候其節餘四麿殿ニも同道之よしニ御座候陸奥
守殿ニも去ル十八日中山道出立之趣ニ御座候松平播磨同大炊同主税去
ル十八日東海道出立ニ御座候趣ニ候先ハ右申上度如斯御座候頓首
又申上候貴君每度御厚情故家督迄萬端無滯相濟此(上カ)度之大慶無御座候追
而御禮可申上候得共不取敢申上度如斯御座候以上

○文久三癸亥年

一昨日ハ態々芳墨給令薫誦候如來諭春暖之處愈以御多幸令萬壽候抑松平

主殿頭之儀ニ付段々御懇篤之御細示御入念之事と存候先々無滯參　內始御暇等相濟御同慶之事ニ候併存外延日相成甚氣之毒ニ存候呉々不存寄御叮嚀御書中痛入候且此品乍赤面任到來若哉長日之御笑種ニもやと令進入候餘情不日御面會之砌と申殘候也恐々謹言

二月廿七日　齊敬

因幡中將殿

御答

尙々時令厚御用心々々と存候也

○文久三癸亥年

愈御清適奉賀候然ハ今般之御達ニ付貴君何日御發途ニ候哉両　關白殿ハ勿論其外傳議之衆へ御暇御廻勤被成候哉又ハ此度英船渡來指掛り候事故両關白殿位ニ而其餘ハ御廻勤不被成御發途ニ候哉其邊御繁多之御中なから何卒御示被下度奉希候右相伺度早々如此御座候頓首

如月廿九日　阿波守

相摸守様
内用

尙〻時下御自愛專一奉祈候前文之儀吳々も早々御申越之様吳々奉希候
不乙

○文久三癸亥年

花墨被成下忝拜誦奉敬承候先以愈御淸迪被成御起居奉抃賀候然ハ其後御不快ハ如何被成御出候哉御様子も不奉伺候段偏ニ御海容可被下候過日ハ罷出久々ニ而奉得拜顏殊ニ御丁寧之御儀ニ而難有奉存候御不快中をも不憚段々長座ニ相成失敬之儀心外奉恐入候小子儀參 内日限之儀申上候様被 仰下奉承知候たしか成儀ニハ無御座候得共先ハ晦日頃ゟも可有之と申事ニ御座候參 内日限之儀聢と相分り候得ハ又々可申上候先ハ右御請のみ奉申上候草々頓首

二月廿八日　越前守

相摸守様
貴酬

尙〻御端文之趣難有奉拜誦候時候折角御厭被成候樣奉專祈候尙參　內

日合之儀分り次第申上候以上

○文久三癸亥年

愈御淸安奉賀候然者今朝學習院江家來呼出し國事掛り之堂上ゟ達之趣諸

大名江出候由傳聞致し左すれハ貴家江も御達御座候半御達方文儀等同樣

与被存候如何樣之御振合御文面ニ候哉委く伺度急キ此段申上候頓首

如月廿八日　　　　清　海

省山英公
　用事

尙〻例文略之

○文久三癸亥年

春暖候得共先以御清夾（爽カ）（ママ）奉賀候然者今日留守中江御出之由不得拜眉候段誠

以殘念至極ニ御座候武田事今日御逢被下候由同人江承候處ニ而者弥明日

御發途与申樣承知仕候弥左樣候哉且又御歸國被成候由是又無相違候哉實

ハ拜顔も致度待居候所最早不及其儀扨々殘念至極ニ御座候此段鳥渡申上

度早々如此御座候不備

二月廿九日　　　　　　　　　　　　　一橋中納言

松平相摸守様

玉案下

猶々例文略之

○文久三癸亥年

御親書奉拜誦候今朝ハ御留守中參殿不得拜謁何共遺憾之至今日武田面談

之處同人ゟ明日發途之旨御聞及ニ相成候旨如仰明日發足浪花迄相下候心

得ニ御座候實以拜顔不儀（仕カ）儀ハ何共殘念之次第乍去近時之御模様ニ而ハ迚

も私輩之盡力ニ及へき御時勢ニ無之浪花之儀ハ兼而蒙　台命候儀殊ニ此

度横濱一條も御座候得ハ旁以急務之儀ニ付一刻も早〻下坂之心得ニ御座

候乍不及何卒此上ニも御尊奉之筋相立　公武御一和而已奉祈候事ニ御座

候實以此後ハ何時拜謁ニ相成候哉御暇乞も不申上殘念至極奉存候乍憚御

身躰御大切ニ被成御忠勤を乍陰奉祈候右御請迄申上候恐惶謹言

二月廿九日　松平相摸守

一橋中納言様

尚〻時下御自重爲天下御保護奉專祈候以上

○文久三癸亥年

謹而奉言上候春暖之砌御座候處先以　宮樣益御機嫌能被爲成恐悦奉存候抑過日及言上候尾州卿之儀右翌日同卿ニ面會委細愚存之趣申入候所迚も京坂都督之　命を蒙候而も當節之模樣ニ而ハ畏候儀も難仕且御請御座候得ハ是非奉　勅意奉安　叡慮不申而ハ背本意候次第然ル所過日來一橋卿越前々中將等國事御用談判一向ニ落合（兼脫カ）候次第等も委細被申聞右之趣故迚も一橋卿越前朝臣滯在ニ而ハ尾張卿御請御座候而も事實不被行儀ハ指見へ之儀同卿家來共も一統見込之趣も承候事ニ而是非此度之處ハ諸外臣御暇被仰出候ハヽ列藩同時ニ御暇被　仰出　神宮御守衛相心得候樣蒙　命

候ハヽ深恐入候旨尤非常臨期之節ハ御沙汰無之とも早々出京　禁闕御守衛ハ勿論御用も可承存意之旨ニ而　大樹上洛濟一橋卿越前朝臣東行之上自然　御膝元御無人ニ相成候ハヽ其節ハ蒙　命候ハヽ深畏入候旨ニ御座候右ニ付而ハ一端歸國蒙　仰候得ハ攘夷も御一決ニ相成候儀　神宮御守衛始自國之警衛向ニ至ル迄眞ニ被安　叡慮候樣心配仕度趣從下官及言上其邊之御運ひニ相成樣達而尾州卿ゟ相願候樣被申聞委細ハ愚僕參殿仕候ニ付御聞取奉伏願候此旨宜奏上之樣御賴申入候誠恐誠惶謹言謹而呈執事

二月晦日　　慶德

中川宮御方

太夫衆中

尙以本文之趣秘密ニ奉賴候此旨も宜言上希候以上

○文久三癸亥年

過日尾張亞相卿之儀ニ付愚存之趣申上則其旨同卿ゟ申聞候所種々色々と

同卿ゟ承候得共心中不得止様ニも相考候得共天下之御爲是非承伏有之様ニとゝ及説得候得共强而被申候品有之無餘儀一封差出候間御指上可被下右封中及言上候次第故此上ハ同卿其御殿江被召可相成ハ御直ニ御説得被爲在且成瀨隼人正儀も一同ニ被召御膝元御人少之邊を以今一應御諭御引立之上ニ而ハ被　仰出畏候儀とも奉存候間宜被　仰上强而御賴申入候也恐々謹言

二月晦日　　　　　　　　　松平相摸守

伊丹藏人殿

亀魚一籠差出候不苦候ハヽ御披露御賴申入候以上

○文久三癸亥年

貴翰奉拜見候春暖之節御座候處弥御安泰奉大賀候然ハ過日ハ願之通養子隱居家督とも萬端無滯相濟(濟カ)難有殊ニ右御礼も無滯申上且又相願候通上京之儀も御聞添萬々難有奉存候扨養子ニ付而も段々御配慮も被成下候得共

首尾能相濟難有御礼之儀ハ拜顔之節可申上候得共先御禮申上候將上京之儀も家臣土倉彈正ニ段々御沙汰被成下候而一條左大臣殿ニ御申入既ニ御書被下候樣之都合ニ至り萬端至極之事ニ而難有偏ニ厚キ御周旋故之儀とも奉存候將又立烏帽子裏付狩衣之儀も段々厚御配慮被成下候趣難有奉存候扨又元服叙爵之儀も被仰下候而難有奉存候何分　大樹公御立前日間無之家督之御礼申上候のを漸々之事ニ而相濟候仕合故中〳〵元服之事ハ間合無之候事ニ候間於二條御城元服之心得ニ御座候仰之通參　內之處無官ニ而ハ不都合之事とも被存候彈正名前ニ而家老共ゟ春嶽殿迄御內慮伺御差出サセ被成下候趣萬々難有奉存候右ニ付段々之御細書痛入候信濃彈正も罷出候段委細承知仕候扨色々申上候而恐入候得共先祖輝政公御上洛之節之振合別紙之通りニ御座候間貴君御周旋ニ而相叶候儀ニ候ハゝ此度も幸伊木長門供ニ而上京仕且又彈正も出居候事故兩人諸太夫被　仰付拙者之所ハ何共恐入候得共宰相任官被　仰付候樣御周旋偏ニ奉願上候實ニ先例も

有之候事是非〱志願相叶候樣奉希候明日出立故取込居大乱筆御受申上度迄如此御座候御覽後御火中可被下候早々頓首

二月廿五日早朝差出ス　　備　前拝

因　州　樣

内密用書

猶以一條殿御書昨日相達候間直樣返翰相認今便差登セ申候御書寫幷返翰寫共入貴覽候何分家督之御礼もよう〱之仕合故　大樹公御上洛前上京行屆兼候間殿下江者御序ニ宜敷被　仰上置可被下奉願上候委細者上京之上殿下江御斷申上候得共上京延引相成候段何分宜敷被仰上候樣奉願上候早々頓首

別紙

一條樣御書之寫

未得貴意候得共呈一書候日々春色相催候弥其御地御安靜ニ御入令欣悦候去日ハ家督御相續御願も無滯相濟珍重存候抑此度大樹公上洛ニ付其

御方ニも乍御苦勞其以前早々御上京可有之方可然候間申入度如斯候也

二月十七日　忠香

松平九郎麿殿

同返翰寫

御書被成下奉拜誦候如仰未奉得(拜カ)尊顔候得共益御安泰被成御座奉恐賀候抑過日ハ家督相續願も相濟難有仕合奉存候且此度大樹公御上洛ニ付私儀其以前早々上京可仕方可然とと爲仰尊諭之趣奉畏候先一應之御請奉申上候委曲御請ハ上京仕候上言上可仕候恐惶謹言

二月　松平九郎麿

一條左大臣殿
台下

別紙先蹤書

慶長八年癸卯

賜備前　任少將

與國公監備前

正月六日忠繼殿伏見ニ而始て　神君に謁給へハ備前國を賜ひ殊ニ吉光の名・（刀脱カ）を添給ふ是　神君御外孫にして特愛公子に准し給ふ故也同十二日神君右大臣に僊り征夷大將軍に補し給ふ　勅使伏見に來りて　宣旨を傳ふ此日國清公少將に任し給ふ同廿二日　神君京都に上り給ひ同廿五日入　朝拜賀なり此時國清公も（此時國清公宰相御任官）越前宰相秀康卿豐前宰相細川忠興若狹宰相京極高次安藝少將福島正則と同しく　神君の輿に扈從し參　內し給ふ（此時竹村半兵衛伊豆守になり八田太郎兵衛丹後守ニ成後豐後守と改伊豆守ハ末孫半兵衛ハ家に今も其時の口宣を所藏せ慶長八年）二月廿五日トなり同三月御礼として江戸に下向し　台德廟ニ謁し備前を藤松殿（忠繼殿御事）に賜ひし事をも謝し給ふ　台德廟茶の御會なり歸朝ニ至り名刀并虛堂墨跡鳳皇栗毛麒麟青といふ貳疋の良馬を賜ひ殊ニ大久保加賀守忠隣安藤對馬守重信をして護送せしめ箱根に至らしむ同き四日國清公伏見ニ歸　神君に謁し給ひ忠繼殿年纔か五歲なれハ成長の程ハ國清公

備前の國政ゟ莅れん事を願ひ給ふゟ　神君もるし給ふ相玄さかつて備前ゟ來る人頻ふハしけれハをらしぬ中ゟを日置豐前ハ金川の城を守ると云

○文久三癸亥年

攘夷爲御祈願來十一日下上加茂ㇸ　行幸被　仰出候ニ付以殊　命供奉被仰出冥加至極深畏奉存候則不取敢早々上京仕候先御請奉申上度宜執　奏奉希候恐惶謹言

三月五日　　因幡中將

坊城大納言殿

野宮宰相中將殿

○文久三癸亥年

一筆啓上仕候其後ハ御無音申上候ゟ恐縮仕候春暖之節御座候處先以倍御機嫌能被遊御座奉恐悦候拙者儀も去ル廿五日無滯出立今二日濱松驛ニ止

宿仕候去ル廿八日別紙之通申越候右ニ付而ハ　大樹公御歸府も御早ク相成候御模樣右ニ付而ハ自然拙者も早く上京相成候方可然御模樣ニ候哉何分隔地ニ而相分兼候而心配仕候間貴公能々御勘考被成候而早キ方可然模樣ニも有之候ハヽ旅宿江御申越可被下候實ハ別紙之通之事柄ニも有之候而御上京中之事御申越無之候儀如何と存候弥　大樹公御早き御模樣ニ候哉又堀宮内早被　仰付候而江戸へ罷下り候趣ニ而金谷ニ而逢申候右之事柄御聞込も候ハヽ心得ニも相成候間御申越可被下候扨又水府公宮驛ゟ江戸江引歸し被申候趣承候處又上京被致候趣ニ濱松ニ而承知仕候何分如何之次第ニ而右彼是与相成候儀哉不相分候若し御聞込も有之候ハヽ心得ニも相成候間御申越可被下候實ニ上京之所早キ方可然と被思召候ハヽ直樣御申越可被下候先十日方京著之心得ニ罷在候間此段申上候何分前文之儀ハ御聞込次第御申越可被下候用事而已早々頓首

三月二日　　　　備前拜

因幡様　御直披

伺々例文略之

別紙

勅命之御書取寫

攘夷拒絶期限被　聞食度　御沙汰ニ付別紙之通書付差出候間内々爲心得被爲見候事

近來醜夷逞猖獗數覬覦皇國實不容易形勢ニ付萬一於有汚國體缺神器之事ハ被爲對　列祖之神靈是全　當今寡德之故與深被痛　宸衷候ニ付蠻夷拒絶之　叡思ヲ奉シ固有之忠勇ヲ奮起シ速建掃攘功上安　宸襟下救萬民令黠虜永絶覬覦之念不汚　神州不損國体様與之　叡慮ニ被爲在候事

攘夷拒絶之期限於一定ハ闔國之人民勠力可勵忠誠ハ勿論之儀ニ候先年來有志之輩以誠忠報國之純忠致周旋候儀　叡感不斜候依之猶又被洞開

言路雖草莽微賤之言達　叡聞忠告至當之論不論沒壅塞樣與之深重之思食ニ候間各不韜忠言學習院に參上御用掛之人々に可揚言被　仰出候間乱雜之儀無之樣相心得可申出候事

連日從巳刻限申刻於九之日廿六日ゟ自午刻限申刻

一神宮御警衛兼而藤堂にも被　仰渡有之候得共宗廟之事故攘夷御治定ニおゐてハ一際御手當之謀略被　聞食度事

一隱岐對馬の如き　皇國地勢を離れ候箇處ミミ隣國ゟ勿論互ニ合力防禦之手當被　聞食度事

大樹公上洛滯在日數十ヶ日と御治定相成候間二月廿一日出帆より海上往反風波障等無御座候得ゟ四月中旬之內攘夷期限相成申候尤歸著日ゟ廿日御猶豫被下度儀ゟ先夜も奉申上候通之儀ニ而右之日積ニ相成候事

二月十四日

松平容堂

松平肥後守

松平春嶽
一橋中納言

○文久三癸亥年

御密書被爲成下難有奉拜見候先以倍御機嫌能被遊御滯京恐悅奉存候然ハ旧年中出奔仕候家來之者両人之儀委細尊書之趣逸々奉拜承候如御沙汰法憲を犯し候者ニハ有之候得共其節別段惡事等ニ而出奔致候譯ニも無之併両人共未熟之者兼而差定候行も無之樣奉存候得共此度歸參申付手宛等遣し置候得ハ其表ニ而探索方等ニも被召使被爲下候旨於私難有奉存候只々御役ニ相立候程も無覺束と心痛不少其上一旦脫走ニ候得ハ是ゟ歸參申付其參ニ至り慢心等之所行ニ及候も難見定事ニ付如何ニも相考候得共當節柄之事追々心底も取直し候樣御聞達し御役ニ相立可申と被思召候ハヽ此方ニ而ハ如何樣共取計申付候樣仕度奉存候委細之儀ハ大隅平太夫ニ平太郎ゟ及談事候儀も御座候間達　御聽候上尚御賢考被爲下候樣奉希候以上

三月五日　伊勢守

御請

猶以不順之氣候折角御保護專一被遊候樣奉祈念候今日御觸之趣實ニ不容易御大事と甚心配仕候

（原朱）因州家書類

文久癸亥 尺牘草案

三

○文久三癸亥年

両度之貴書一々拜見仕候先以愈御清光珍重奉存候矢野能登守委細御傳言之趣難有奉畏仕候又々御上京ニ相成候樣相伺萬端都合宜儀と奉存候扨宇右衛門ニは猶又委細被仰下候旨難有奉存候草津宿ニは能登よりも御傳言相伺候間さし急候而罷越候得とも五ツ時頃よも早や相成候頃合故一同供方食事も有之候間何分今晩中之上京千萬如何と奉存候乍去おそくも明朝より京著之心得ニ罷在候何を供方も混雜仕候間一度宿方ニは著仕候而其上貴君方ニは伺公萬端相伺候而一條殿下を初夫々廻勤之心得ニ御座候間一寸申上候若し右ニ而ハ不都合と被思召候ハヽ何分可然御さし圖被下候樣奉願上候何分恐入候得共明日之處より一條殿下を初として如何之振合ニてよろしく哉分兼候間可相成ハ御同伴も被下候ハヽ難有奉存候若關東役方廻勤ハ何分獨りニても相勤り可申哉ふも相考候間公家方之處ハ可然以御英談(断カ)御同伴奉願上候先より早々御受旁如此御座候旅中大乱筆御免可被下餘より明日拜

顔万端御打合可申上と申殘候以上

三月八日夕草津ゟ　備　前ゟ

因　幡　様

尚以時下折角御厭専一奉存候何も萬端之様子ハ宇・衛門（右脱カ）ゟ御承知可被下候以上

○文久三癸亥年

一筆啓呈仕候今日二條於御城先例之通り元服御一字拜領仕候間依之乍畧儀御吹聴申上度如此御座候恐惶謹言

三月廿日

尚々時下御厭専一奉存候

（臺本附箋）因幡宛備前カ

○文久三癸亥年

別紙申上候段々御念書之趣も有之且昨年より信濃守ニも上京被致候而後養母も國元ニ引取と申様之事ニ而定而對面もなみ〳〵無之候事と被考候

間精々心配致し何分ニも引取りニ相成候樣と梶浦勘助等被及相談候處分家之事ニ而も有之候得共萬端本家ゟ賄遣し候事ニも有之且小子家督後直樣引取ニ相成候ハヽ少將之名代之事故相濟可申之處只今と相成候てハ傳奏衆ゟ本末之內壹人大坂京之內ニ出候樣と申模樣ニ候得共只今ニても信濃守大坂ニ居候儀共小子名代之形故暫く滯坂小子下坂後引取候方よろしくと申分家之爲ニ本家居殘り候も不都合故旁滯坂申遣候樣申決〔談カ〕何分勘助・〔不脫カ〕承知ニ有之小子も未家督後何之間合も無之候事故無理ニもと存候得とも信濃守存念之樣ニも成兼實ハ何とも申兼氣之毒ニ存候間貴君よりも此處も薄々御咄し置可被下候實ハ小子內存ハ仰之通小子京著間合も無之候事故暫滯京致し信濃守國元江相歸し滯京致し候而勤王仕度存念ニ有之處右勘助等一日も早く歸國致候樣　中川宮を始夫々江手を入可申趣ニ而明日ゟせり掛候樣子ニ御座候間萬々一勤王之處失候樣ニ相當申間敷哉如何せ心配仕候間實ハ旁信濃守ニも坊城大納言殿緣家之樣ニ而も承候間貴君御心附

ニ而同人ゟ左之通文通致し候而ハ如何哉得と御勘考之上御申聞可被下尤
小子ゟ申上候樣ニてハ家來之處心配ニ御座候間御他言御無用奉願上候
私儀昨年以來本家松平内藏頭爲名代上京仕候處其内年も明候而後二月
中攝海邊江攘夷と御決定之上ハ夷船渡來之程も難計候間下坂仕候樣蒙
御沙汰候而下坂仕候内本家内藏頭も隱居仕候旨於當時ハ備前守家督仕
候而當時上京中之事ニも候得ハ場所近之儀ニも御座候間夷船攝海江渡
來之節ハ同人江下坂被仰付候得ハ攝海之御警衛も出來致候儀殊ニハ本
家持場之事故猥ニさし圖も出來兼候樣之場所も有之候得ハ旁滯京罷在
候而も何分其功も少く御座候間本家滯京内私歸邑之御暇早々被下置候
樣奉歎願候以上

月　日　　池田信濃守

前文之樣位ニ當人より相願候而ハ如何又願候とも小子家來方江申遣候而
ハ何分出來之處不安心ニ御座候間貴君厚御勘辨被下候而信濃守歸邑致候

樣御沙汰御座候樣奉願上候夫ニ小子も今暫く滯京仕度內存ニ御座候間可
然御書取被成下候而小子少〻之內滯京信濃守御暇一刻も早や〳〵出候樣
以書中拙者儀ハ勤王之主意故滯京仕度樣貴君迄極內々申上候都合ニ中
川宮樣ニ被仰上候樣奉願上候尤家臣へハ極內々之趣ニ被仰上候樣何分以
叡慮御沙汰御座候まて滯京致候樣御沙汰之處奉願上候信濃守ニハ早々御
暇被仰出候而歸邑相成候樣御周旋奉願上候實ニ信濃守無理とハ小子ハ存
不申候間同人ニも可然御申聞奉願上候早々頓首

三月廿日　　備前茂政

因幡慶德公

猶又
中川宮計ニハ無御座候間夫々御手つるの處ニハ勤王之存意相立候樣奉
願上候以上
又申上候實ハ左之通被仰出候と誠以難有奉存候間小子家來ニハ御內々

ニ而御周旋奉願上候

此度歸國之儀相願候趣一通尤ニ相聞ヘ候得共方今諸大名も歸國當地出府之向も人少ニ付且攝海ヘ程近之儀ニも有之候間外夷渡來も候ハヽ御暇被下候へとも其方儀ハ先祖より　勤王之家筋ニも有之且其方實父贈亞相ニも舊來勤王之儀不少　叡感被　思召事ニ候間其趣意を相繼當時　皇居御手薄之折柄ニも有之候間暫滯京有之候而　皇居御守衞申上候樣尙又精々勤王可有之候樣御依賴被遊旨　叡慮ニ候

前文之樣之御沙汰ニ而も出候得ハ家督後未間も無之候事故行々　烈公樣之御名も相あらはれ一段とり〆りも宜相考候間偏ニ暫く滯京之御沙汰奉希候以上

吳々も小子家來ヘハ不相知候樣御周旋之程奉願候何分家來ヘ被　仰聞とも小子ゟ申上候樣ニ無之候樣奉賴上候以上

○文久三癸亥年

貴翰難有奉拜見候弥御清安追々御旅行珍重奉存候京地御詰中ハ色々御世話被下候而難有奉存候右故段々無滯相濟大慶不過之奉存候然信濃守一條段々委細被仰下拜承仕候貴書之趣を以家臣とも相談仕候處先頃信濃守下坂後歸邑之儀段々東兵衞とも咄し有之候ニ付直樣傳奏衆ヘも段々爲承候處去十四日家來呼出し有之候ニ付大西定次郎と申當地留守居之者罷出候處當節異人も切迫之折柄本末之内壹人大坂并京地之内ニ罷出居候樣達し有之候間外ニハ本末とも歸國ニ相成候向も有之候と申候得ハ其節ハ時節も違ひ候間當時之處ニ而ハ必本末之内壹人両地之内ヘ罷出居候樣申聞有之候右之趣ハ信濃守ニも承知と存候何分信濃守ニハ昨年より罷出居候而何分氣之毒之事ニハ候得共小子歸坂も近々相願候樣可仕心得ニ御座候間左候得ハ程なく歸坂ニも可相成候間少之内滯坂ニ相成候樣何とも乍氣之毒滯坂致候樣御申聞可被下委細之儀ハ大小姓頭方田口愛藏ヘ申遣候間右ニ而承知仕候樣御申聞可被下以御厚情被仰下候儀出來不仕候段々何とも

甚乍御氣ノ毒宜御申聞可被下早々貴答旁申上殘候以上

三月廿日　備前侍従茂政

因幡中將慶德公

○文久三癸亥年

愚翰奉呈上候御所〻〻愈御安泰　皇都御靜謐恐悅奉存候隨而微臣慶德過日領海爲守衛取調行屆候迄之間暫賜歸國之御暇尙非常之節ハ　御沙汰次第上京之樣　叡慮之趣畏入奉存候右御請且今日著城仕候ニ付　天氣相伺度滯在中蒙　朝恩候御禮宜執　奏奉希候恐惶謹言

三月廿三日　臣慶德

坊城大納言殿

野宮宰相中將殿

○文久三癸亥年

御書被成下奉拜見候先以益御機嫌克被遊御旅行御滯も不被爲在御歸城被

遊候段恐悦至極奉存候然ル私義登坂之義ニ付大藏谷ニ而色々御面倒奉願
候處早速京都表に御飛脚御さし立被成下段々御配意被遊誠以難有仕合御
礼筆紙ニ盡し難く奉存候右ニ付本家ゟ御請申上候由ニて段々御細文且本
家之書面も御廻し被成下委細奉承知候左様迄本家ニも心配致呉候義とハ
少しも承知不仕此上ハ本家下坂之上ハ私不行届之段万々斷申述候心得ニ
御座候乍然勘助へ(ゟカ)も是迄之本家之様子少しハ申越候而も宜敷義と奉存候
誠ニ私ハ夢ニも只今ニ勘助ゟハ只登坂と計ニて委細之義不申越同人も甚
不行届と奉存候呉々も尊公様ニハ色々ニ御實意之御世話深く被成下誠ニ
私初家來末々迄も難有奉存候此上迄も若滯坂も永く相成候様ニ御座候ハ
ヽ甚恐入候得共尊公様に又々御面倒ながら奉頼候義も可有御座只今ゟ奉
願置候早速ニ此度之御礼ニ使者ニて申上候筈之處御承知被遊候通小家人
少ニて只甚さし支何レ御礼可申上候得共先ハ御礼奉申上候呉々も段々御
配意被成下候上又々態々之御細書被成下誠ニ以恐入深難有奉存候兵太夫

殿ニも色々御配意相掛何卒よろしく乍恐被仰聞被下度奉頼上候何も御請
迄早々如斯御座候恐惶謹言

三月廿四日　池田信濃守　御判

中将様　御請

尚以御端書難有仕合奉存候公も時下御厭被遊候様奉祈上候呉々も段々
御丁寧之御書被成下恐入此上若本家引取私儀獨滯坂仕候而先之當も無
御座候ハヽ何卒恐入候得とも尊公様に偏ニ奉頼上候間京都ニも御憐愍
を以御暇被下置候様何卒恐入候得とも御周旋奉頼上候實以段々御懇命
蒙り候處ゟハ自由之義申上恐入偏ニ御免可被下奉願上候百拜
尚本家ゟ之御請申上候書面則返上仕候以上

○文久三癸亥年

先達被　仰出候　御親兵之義大樹御請ニ相成候就而者申渡之義も可有之
候得共撰士名前取調出來候ハヽ可及言上旨畏奉存候則右名前書面者其御

地詰家來之者ゟ貴卿方ニ御屆申上候樣申付候右御請奉申上度如是御座候
恐惶頓首

因幡中將

坊城大納言殿

野宮宰相中將殿

○文久三癸亥年

謹奉言上候漸薄暑相催候得共先以　宮御方愈御安泰被爲成恐悦奉存候然
ハ昨冬來度々上京仕其節ゝ參　殿拜謁被仰付蒙御懇命深恐入奉存候今般
ハ段々之御周旋御取扱共被爲有歸國之御暇蒙　勅意厚難有重々畏奉存候
道中無恙去ル廿三日國許到著仕候依之滯京中之御禮奉言上候ニ付庵刀一
本獻上仕度不苦義候ハヽ以御序宜執奏希入存候右之段申上度誠恐誠惶頓首
ヽヽ謹而呈執事

三月廿九日　慶徳

中川宮御方

諸大夫中

○文久三癸亥年

奉捧愚翰候薄暑相催候得共　臺下益御安泰被為成恐悦至極奉存候抑舊年冬中依　御沙汰上京奉　勅命關東下向再度上京度々參　內誠　著御之御衣拜領尙更以別段之　叡慮供奉被　仰出万々首尾相濟深恐入奉存候其節々參殿仕且其外參殿每々蒙　御懇篤殊ニ御袍御冠並御召之狩衣御立烏帽子尙以　思食御狩衣且滯留中ハ御鉢物御杉折等御暇乞參殿之節共御反物御肴御品々從　若君樣も御流義御末廣御卷物等其上從　御所樣ハ愚息にも以　思食御水干且從　若君樣も御菓子幷先般ハ以　思食御人形賜滯在中ハ不一ト通厚以御周旋万々殘所無之何と御礼申上可然哉迚モ萬々難盡筆紙重々恐入奉存候且御筆物御平緒共拜受仕重疊難有仕合猶水戸中納言備前侍從松平主殿頭等之義ニ付ても種々奉惱　尊慮候段謝辭無御坐次第右

數々之御禮奉言上度慶徳長途無恙去廿三日弊城到著仕候間不取敢右迄奉
申上候依而麁品入電覽度執事宜御披露希入奉存候恐惶頓首〻〻謹而言上

下官　慶　徳

右府公臺下

執事中

尚以　玉躰折角被爲厭候樣奉専祈候今般一ト先歸國之御暇被　仰出吳々も　臺下厚御配慮被爲下候義と重々畏入奉存候右御礼奉申上候就北小路治部朝臣ニも不一ト方心配ニ預抑舊年上京・（以脫カ）來參　內等其廉々度々上下之節ニ別而彼是引廻被申懇篤之次第水戸備前島原等之義ニ付而も色々之配意何共苦惱千萬之至ニ而每時其義も申居候樣之次第重々奉恐入候得共　上意相願度芳浦方初御女中向ニも度々參殿每々御世話痛却至極ニ御座候乍此內先時奉言上候水戸餘四磨之義御心配之程重々奉希候發足之砌　上意之趣且從　西御所樣拜領之御品夫々申聞愚息に頂戴

為仕候處重々以冥賀（加カ）至極深畏御禮之義下官迄申出候事共下官ニ於而も
難有仕合御礼奉申上度此度も宜奏上希入奉存候頓首言上

○文久三癸亥年

御返書被為成下難有奉拝見候暖和之砌御座候得とも先以益御機嫌能被遊
御座恐悦奉存候陳者昨年中出奔之両人之義仰戴御請申上候處御細書之趣
被為入御念難有奉存候仙石者會津手ニ而不慮之義出來防戰仕自殺ニ及候
由驚入候事御座候石川義ハ幸免候得とも當時　御沙汰ニ相成候而者當人
迷惑と被思召御見合相成居候由委細奉謹承候然者去十五日從　天幕御用
濟ニ付御歸國之御暇被　仰出右ニ付十六日御發駕翌十七日浪花驛江御止
宿被遊廿三日御歸城之御都合之趣恐悦至極奉存候　寶隆院様江も益御機
嫌能御旅行被遊恐悦至極奉存候當地戰爭之旨御尋仰戴難有奉存候當時之
模様ニ而者先々治居候事御座候間乍恐御案事不被下様奉申上候先者右御
請宜奉申上度如斯御座候恐惶謹言

三月廿八日　　　　　　　　　　　　　　松平伊勢守
御判

中將様
人々御中

○文久三癸亥年

先達而以別段之　叡慮匹夫野人ニ至迄國家之御爲存意有之面々ハ不憚忌諱赤心報國之志學習所ヘ罷出及　言上候様ト　御沙汰之趣藩士共ヘ申渡置候處愚僕年平別冊差出し候間借越不遜之罪重々恐入奉存候得共毎々御趣意も相窺居申ニ付不顧恐惶差出候間不苦義ニ候ハヽ可然御取計奉希候誠恐誠惶謹言

四月　　　　　　　　　　　　因幡中將

坊城大納言殿

野宮宰相中將殿

○文久三癸亥年

拙者分家松平伊勢守儀　御上洛御留守中江戸御警衛被　仰付奉畏候處拙

者大坂御警衛蒙　仰奉畏居候折柄此度攘夷御一決ニ付而ハ　勅命之趣も有之大坂持場ハ勿論領内海岸向之手配及京都表　御親兵之義も被　仰出一々奉畏候右樣手當向所々ニ相成候而ハ兼而限有人數之儀萬一之節手配等行屆兼有名無實虛飾ニ相渡候而ハ重々恐入甚心配仕候付　御上洛中之儀ニハ候得共伊勢守儀ハ當春詰滿ニも相成候得ハ江戸表御警衛御免御暇被下置候得ハ持場防禦之一助ニも仕度此段奉願度奉伺御內慮候間宜御差圖可被下候以上

四月六日　　松平相摸守

○文久三癸亥年

小翰奉呈上候薄暑之節御座候得共先以益御機嫌克被遊御座恐悅奉存候陳ハ過ル五日惣出仕被　仰出則登城仕候處於　御白書院御老中列座一同ニ御達有之右ハ此度　公方樣御滯京之儀ニ付還御之有無善惡何レも申上候樣被仰渡尙委細之儀ハ竹本甲斐土屋民部両人ニ承候樣ニと之儀ニ付退於

柳之間一同承候處中々一時ニ御請申上候譯ニも參り兼翌六日上席松浦肥前守宅ニ一同打寄御用談仕翌七日一同登城御白書院ニて御請申上候右ニ付公武御合躰之上還　御之方可然と奉存候旨申上候事ニ御座候此度之儀ハ一同之儀ニて本家御座候者も一同申上候事ニ而甚跡々不都合とも存候得共私丈ケ之御爲筋と存候儀申上候事ニ御座候此段奉申上度如斯御座候恐惶謹言

四月十日　　　　　　　　　　　松平伊勢守

中將様
呈上

尚々御礼奉頼候　御前様ゟ毎々てるニ御懇命御品々等頂戴被　仰付難有仕合奉存候右御礼奉申上度申越候此外段々御礼も御座候得共色々取交前後御礼落も御座候半一重御免奉頼候以上

○文久三癸亥年

芳墨致薫誦候時下輕暑之候相成候處先以倍御勇壯被成御出抃賀此事ニ御

座候拙生義も縷々御懇尋被下忝存候然處追々加療當節ニ而ハ最早過半快
復致不遠出勤も可致構意ニ而猶手當中ニ御座候乍慮外御省懷可被下候陳
ハ先般ハ両加茂　行幸も無御滯被爲濟久々之御慶典被以(爲カ)行殊ニ君臣之御
名分判然天下之大幸不過之奉存候其節ハ御供奉も御勤御怡悅之程深御察
申候拙生義ハ不快中且差合ニ而不能其儀何とも不本意之至ニ存候猶又明
十一日ハ石清水　行幸も有之　幕ハ御風邪ニ而御斷殘念之事存候扨東武
ハ夷情切迫之段追々御進(達カ)(注進カ)有之麾下之衆士ハ別而心痛帰心騒然之樣子ニ候
得共一旦以　叡慮　大樹公御さし止ニ相成候儀ニ候得共(ハカ)公武御一和相懇(熟カ)
候上而らてハ速ニ御下向ニも相成・(兼脫カ)御配慮之儀と奉存候然ハ二條邊之人も
甚不都合之所爲有之御咎被仰出尤之儀存候乍併犯狀ニて輕典之樣ニも被
存候委曲定而御決(聞カ)及候儀と畧筆候只々此上尊攘之明白相立候樣致・(度脫カ)苦心無
量乍不及周旋盡力致候得とも何分微力不行届次第御座候且又御旅中ゟ被
隨御念頭美菓御惠贈被下每度御厚情之段不淺辱存候謝辞難盡筆端御座候

掛而此麁品甚菲薄之至候得共御礼答之印迄致進呈候猶后鴻可申入候頓首

尾張前大納言

慶勝

四月十日

松平相摸守殿

二白

○文久三癸亥年

本月二日御差出之貴書相達難有拝見仕候弥御清光奉欣然候如仰八幡江去十一日　行幸ニ相成私義も供奉被仰付候而難有奉存候　行幸以前色々之風聞も御座候得とも無御滯被爲濟奉恐悦候如仰水黄門兄も無滯歸府ニ相成且又餘四麿殿之處も内願之通滯在被仰出候而難有同人も實ニ大慶仕居候樣子ニ御座候右ニ付　中川宮　右府公ニも實ニ御配意被爲在候御事故小子餘四麿殿同伴御礼として參上仕候樣奉畏候扨主税頭之事も段々心配故申上候得（マヽ）きかさし當り同人歸府去れて不申候間其内見計可然取計候樣

可仕候　行幸前立等義も申上候様奉承候何も格別之變も無之候得共御先
に御列外ニ而片倉小十郎相立チ其跡加茂之通ニ而先陣左之通松平紀伊守
備前守對馬侍從長門少將米澤少將一橋中納言此跡例之通　鳳輦之跡に松
平讃岐守列外ニ而松平餘四麿山內兵之助ニ御座候餘ハ相替候義も無御座
委細之義ハ取調候上可申上候　大樹公ニハ不快ニ而不參ニ御座候甚御所
向不宜當惑仕候私義も於學習院ニ而去十五日攘夷之折柄存定〔寄カ〕之儀ハ十分
申上候様傳奏參政申渡ニ付翌十六日申上候處何分周旋致　公武御一和相
成候様　御沙汰ニ付深畏入候諸大名京地詰割も相立安心仕候右ニ付御暇
可被成下候處御用も有之候ニ付暫く滯京周旋有之候様被　仰出候而難有
奉存候段々十六日ニ申立候趣御採用と申形ニ而　大樹公近々爲巡見大坂
に御暇出私義も警衛之儀共ニ相越防禦之處十八日申談候上歸京致し及奏
聞候様可相成と三條殿ゟ內々御沙汰有之候而難有奉存候不遠內下坂と奉
存候可相成ハ實ニ攝海防禦被遊候思召候ハヽ誠機會と奉存候大坂迄御出

も相願御同家之事ニも候間篤と御相談申上候而只今迄之様ニ無之實備之
處於攝城　大樹公始其他老中始ゟ及示談小笠原等ゟ申立置候儀此度速ニ
取行ニ相成候様致候而ハ如何哉　大樹家も一日も早く帰府之處を申居候
間少々之義まけても致し歸府と申候様子ニ御座候間其處を以て嚴敷申立
候ハヽ出來可申奉存候一橋ニハ今日關東ゟ御暇之様子ニ而歸府ニ相成速
ニ攘夷取行被申候趣ニ御座候

一前文之通之次第ニ御座候間是迄御申立ニ相成候事共ニ而定取行不相成候
義も多く有之候と存候間機會故御同家ニも候得ハ思召相繼き周旋仕度存
意ニ御座候間早々一ツ書ニ成り被成下候而御廻し奉願候成不成ハ公武之
處ニ有之候間御當ニハ被遊間敷候何分ニも無御遠慮可被仰下候早々頓首

四月十八日　　　　備前侍従

因幡中將様

尚以委細之儀ハ清一郎ゟ今朝申聞置候間定而同人ゟ可申上と奉存候後

便追々可申上候頓首

○文久三癸亥年

本月十一日石清水八幡之社江　行幸無御滯被爲濟翌十二日　還幸之段恐悅至極奉存候其節加員隨身之家僕被召具且參　殿拜謁被仰付著用之品賜之重疊畏入奉存候右御禮宜預洩達度執事迄如是御座候誠恐誠惶謹言

四月廿四日　慶德

德大寺內大臣殿

諸大夫中

○文久三癸亥年

本月十一日石清水八幡之社江　行幸無御滯被爲濟翌十二日　還幸之段相窺恐悅至極奉存候其節德大寺內大臣右大將殿爲加員隨身下官家僕共被召具且著用等賜之候段重疊畏入奉存候右御禮貴卿方迄奉呈愚札候宜執奏希入奉存候誠恐誠惶謹言

四月二十四日　　慶徳

坊城大納言殿

野宮宰相中將殿

○文久三癸亥年

初度十日之御親書謹而奉拜誦候如尊命時下向書（暑カ）之候御座候處先以玉躰愈御安泰被爲在追々御快然不日御出勤之趣奉拜窺恐賀之至奉存候先般両加茂　行幸被爲行候段如尊諭君臣之御名分判然天下之大幸不過之其節ハ御不快被爲入御供奉不被遊段御不本意思召候旨御殘念之御義と奉恐察候將又石清水　行幸も被　仰出候而既ニ無御滞被爲濟恐悦之至奉存候其節大樹公御風邪ニ而供奉御斷被仰上候旨如尊命實以殘念且ハ　御一和邊ニもさし響き候哉と甚苦慮仕候諸（巷カ）説傳聞之趣ニ而ハ尊公様ニも御配意も被爲在候得とも一橋黄門ニおゐて御さし留申上候旨　大樹公ニも不御心御斷ニ相成候哉とも承り如何之儀哉黄門之不見識ニも實以乍恐御同情不堪苦

痛次第ニ御座候扨東武之夷情切迫之段追々注進有之衆士別而心痛騒然之趣定而左様ニも可有御座候得共以　叡慮　大樹公御さし留ニ相成候御事ニ御座候得ハ何卒　公武御情實相通眞之御合躰御貫徹ニ相成　還御相成候ても行々迄御疎障(隔カ)無之御場合ニ至　還御之様ニと乍恐昧奉專祈候將又二條邊之人之義縷々奉伺候如何ニも尊慮之通ニ御座候猶此上とも尊攘之儀御周旋御盡力被爲在旨奉伺天下之大幸と奉存候此上ニも万々御盡力奉專願候且先頃旅中ゟ呈書仕候處蒙御懇篤之御沙汰品々拜領被仰付重疊奉恐入候右御礼御請奉申上度奉呈愚札候恐惶謹言

四月廿四日　　小臣慶德

尾張
大納言前公　尊答

再白時下不順之候乍恐御用心被爲在候様奉祈候備前守書狀ニ而承候得ハ　大樹公ニも浪華湊海濱御巡覽御下坂ニ相成候趣ニ承候實事ニも御座候哉何様達而御歸府之義被仰立候哉ニも奉伺候得とも是又如何様之

御模樣ニ御座候哉一橋も攘夷爲應接御先に歸府之趣當節如何成行候事哉春及容其他異論人就國仕候間御評議ニ而一決仕尊公樣思召も相立候義とニ而奉存候得とも如何之御事哉實天下御依賴申上居候事故御憤發之程奉祈候追々心付候儀ニ而可申上旨奉拜承候乍不及愚存ハ追々可達尊聽と奉存候不取敢右御請迄早々閣筆仕候甚乱毫恐入奉存候恐々謹言百拜

○文久三癸亥年

厥後ニ而御無音仕候雖薄暑之時候先以愈御平安奉欣喜候然ニ而先般ハ參殿度々拜謁御懇情之段不淺畏入奉存候其砌預御恩借御草稿一葉返上仕候宜敷御賴申入候恐惶謹言

四月廿六日　慶德

大原備後權介殿

尙以入道君へも彼是嫌疑をさけ意外之御無音仕候可然希入存候以上

○文久三癸亥年

貴翰拜誦如諭薄暑候得共先以　公方樣益御機嫌克被爲渡恐悅至極奉存候隨而貴君弥御平安奉壽候然ハ春嶽事辭職之上歸國ニ相成大ニ當惑御座候容堂伊豫も一同帰國追々人少ニ相成別而心配ニ御座候澤勘七郎事も歸府相成是又大ニ不都合御座候去十一日行幸被爲在小子も供奉相勤難有奉存候炎暑と乍申度程ニ而困入候然し無御滯被爲濟候段奉恐悅候折惡敷　上ニ而ハ御風邪被爲在御斷ニ相成候其以前ゟ種々之風說有之候ニ付御供奉御斷ニ相成候而ハ御臆シ被遊候樣相成不宜と申上候向も有之一向御斷相成候方可然と申向も有之両方共相伺候處是非とも被爲入候との御沙汰ニ候處前日晝迄ハ左程ニも不被爲在候得共夕刻ゟ御熱氣強く押而も被爲入兼〔無脫カ〕・餘儀御斷ニ相成候處如案浮說生シ大ニ致心配候乍然申譯致候得ハ却而一層之疑念を相增候故捨置候事ニ御座候御親兵之義も被仰出追々片付候樣ニハ候得共公私多端ニ而寸暇無之當惑御座候江戶表外夷應接之義生麥之一件ハ先平穩之樣子江戶ゟも別段不申越候拒絕之義ハ御承知之通四月廿

二日期限之處無餘義都合ニ而両三日相延候樣可被成奉存候何を布告ニ相成候得ハ不遠御承知と奉存候勢州之義早速閣老江申聞置候尚又厚く含居可申候南公ニも程能御暇重疊御座候餘四麿事も御列外供奉迄相勤候義無此上事ニ御座候　上ニも度々御參　內厚御取扱於小子も深く難有奉存候還御之御模樣未少しも分不申候相分候ハヽ早々可申上候小子義も度々參內蒙　御恩命無此上難有仕合奉存候其段ハ貴君ニも御安心之樣奉願候御報迄早々如斯候不備

四月十八日　一橋中納言

松平相摸守樣

御報

○文久三癸亥年

別啓仕候然ハ昨十五日朝御用番ゟ留守居呼出ニ付差出候處浪士之者両人御預之旨被仰出依之受取守衛人數申付置候處七ツ時過猶又町奉行淺野備前守ゟ留守居呼出ニ付さし出候處只今御預被仰付候ニ付評定所江受取人

數差出候樣さし圖有之候ニ付早々人數さし出受取申候則仮牢申付入置申
候右両人義未何之譯柄何レ之浪士とも申事相分不申候當節兎角市中物騒ケ
敷風聞ニ而甚心配仕候先ハ右之段申上度奉捧愚札候恐惶謹言

四月十六日　　　　　　　　　松平出雲
　　　　　　　　　　　　　　　　德風判

中將様
參人々御中

二白同席ニ而小出六郷大關土方堀長門其外にも段々壹両人ツヽ御預御
座候餘ハ追而奉申上候以上

○文久三癸亥年

昨廿七日仍御達登　城致候處於御白書院御下段松平豊前守殿井上河内守
殿列座豊前守殿より別紙之趣京都より以飛脚申來候ニ付御達し申譯ニハ無之
候得共御心得迄ニ申達候ニ付御同席中江早々御廻達可有之候尤隠密之儀
ニ付重役切不洩様可致旨申聞有之候ニ付家老使者ヲ以及御廻達候右之御
運ひニ而早々御順達有之御承知之上ハ豊前守殿江御答御使者被差出候様

存候且又右之趣御嫡子方ニも御通達有之候様存候以上

四月廿八日　川越侍従

加賀中納言殿
阿波中將殿
美作中將殿
因幡中將殿
越前少將殿
伊賀中將殿
米澤少將殿
肥後少將殿
安藝少將殿
柳川侍從殿
矢田侍從殿

久保田侍從殿
津輕侍從殿
土佐侍從殿
對馬侍從殿
備前侍從殿
大聖寺四位殿

別紙

魯佛英和米葡孛之國々先年ヨリ和親交易願出條約も取結候得共右ハ其節之役人共　朝廷伺濟を不相待取計候儀を其儘仕來候所昨年從　朝廷外國和親交易拒絕之　詔有之是迄取計方不宜役人共夫々嚴罰相加候間其方共も長崎箱館横濱三港商館凡三十日迄ニ引拂一人も不殘様歸國可致候若於違背ハ可及一戰候條得其意可申事

右之通ニハ候得共第一　御留守中と申殊ニ和蘭も同樣之御所置ニ相成

候儀ハ御主意柄難相分候ニ付右之御主意此度尾張大納言殿急々上京御伺相成候間夫迄之所ハ是迄之通穏便ニ相心得可申事

○文久三癸亥年

華翰令披誦候抑先月十一日　石清水八幡宮　行幸無異議被為済翌十二日還幸之段恐悦至極被存候旨御同慶候其節加員随身之輩召具候ニ付令面謁且著用之品賜之重疊被畏存候由因茲〻被示聞之趣鄭重之至存候謹言

五月二日　（原本朱書）徳大寺内大臣 為

因幡中將殿

○文久三癸亥年

一筆啓上仕候薄暑御座候得共先以倍御機嫌能被遊御座恐悦至極奉存候随而小子義去月廿三日長崎表ヘ出立仕所々見分相勤同月廿九日歸邑仕候間乍恐御吹聽申上度如斯御座候恐惶謹言

四月廿日　松平主殿頭 忠和

松　相摸守様
拝上

尙以不順之時候折角御保護被遊御座候樣奉祈上候隨而私義無異相暮罷在申候間乍恐尊意易思召可被成下候不備

○文久三癸亥年

一筆啓上仕候春暖相成候處益御機嫌克被遊御在京奉恐悦候然者私義滯京仕居候節者段々預御厚情以御影相勤御礼難盡筆紙難有奉存候隨而道中無滯去ル十五日歸邑仕候右者御禮御吹聽旁如此御座候恐惶謹言

三月廿日　　松平主殿頭
忠和

松　相摸守様
拝上

尙以不順之節折角御保護至極御座候樣奉遠祈候隨而私義無異消光仕候間乍恐御安意可被成候早々頓首

○文久三癸亥年

一翰奉呈上候先以益御機嫌能被遊御座恐悦奉存候陳ハ先便一寸奉申上置

候過る五日御達之趣ニ付同七日登　城御請申上置候昨曉井上河内守殿ゟ
家來御呼出ニ而御達先頃申上候存意之趣書面ニ致し今日登　城前迄ニ御
進達被成候樣との事ニ而早々留守居罷歸り右之段申聞候ニ付相考見候處
ヤても今日登　城前迄ニ進達致し候譯ニ者參り兼候ニ付其段申遣し直樣
津輕式部少輔方〻參り伊東播磨守事も罷越三人申談書面ニ仕連名ニテ八
時頃伊東播磨守持參登　城仕無滯河内守殿落手ニ相成候間此段奉申上候
誠ニ無據次第ニ而實心痛仕候右書面寫し別紙ニ奉入御覽候先者右之段迄
奉申上度如斯御座候恐惶謹言

四月廿九日　　　　　　　　　　　　　松平伊勢守

中將樣

別紙寫

今曉依御達見込之處左之通奉言上候
公方樣還御段々御長引被爲成右ハ全從

主上御親睦之御儀ニ而御引留被遊候御儀ニ御座候ハヽ難有御義ニ奉存候乍去若諸向御差支等ニ而　還御御長引被爲成候御義ニ而ハ實以恐入奉存候右ニ付去七日言上仕候趣意尚又奉申上候樣御達之趣奉畏候取縮申上候得ハ　公武御合躰被遊候上　還御而已只管願候自然御滯京御長引ニ相成　還御期限不被仰出而ハ遂ニハ人心疑惑可生も難計奉存候ニ付右之段言上仕候不肖之私共重大之御事奉申上候ハ實以奉恐入候得共存込銘々旨趣可奉申上旨御達ニよつて不顧恐心中不包言上仕候義ニ而其餘愚見無御座候此段奉申上候以上

亥四月廿八日

松平伊勢守

伊東播磨守

津輕式部少輔

○文久三癸亥年

御書被爲成下難有奉拜見候如命薄暑之節御座候得共先以御揃被遊倍御機

嫌能被遊御座恐悦奉存候陳ハ先頃中西和平使者申付且當節柄之儀甚心配仕候處を以奉相願候処一ゝ御聞濟被爲成下難有仕合奉存候付而ハ京師之御模樣も御側役ゟ爲窺候由ニ而承候処實以御配慮被遊候御儀ゝ奉恐入候何分小子儀ハ御前御座下ニ居不申候而ハ萬事實以致方無御座心痛不一方恐縮のみニ御座候ニ付右之段相願候処御懇命之段誠ニ以難有仕合奉存候右ニ付御暇之儀京師表ニ而御願書御進達ニ相成候樣御留守居にも被仰付且其上備前守樣御在京中ニ付御周旋之儀御賴被遊戴誠以難有奉恐入候然ル処京師ニ而御進達ニ而ハ御不都合之御模樣ニ付當御地ニ而御內慮伺御差出ニ相成候御都合ニ相成今日御差出ニ相成難有奉存候右御禮厚奉申上候將御願書面寫し御廻し戴是又難有奉拜見候萬一御聞濟無之節ハ御警衞振御助力戴候趣厚思召之段重々餘身難有仕合奉存候何分厚奉願上候先便よも嘉助に御沙汰被遊候段も奉窺重々難有奉存候先ハ右御請奉申上度如斯御座候恐惶謹言

四月廿九日　　松平伊勢守

松平相摸守様

尙以例文略之

○文久三癸亥年

貴翰披閲弥御清壯珍重存候陳中西和平被差越縷々被仰聞之趣ニ付令拜諸就而ハ京洛之次第以側役申聞置候處委曲承知被在之候旨將右ニ付而も其許ニハ拙官一同ニ[不脱カ]被在之候而ハ萬事御當惑之旨も致承知候右願書ハ於京地差出且岡山殿よも在京中ニ付周旋之儀申入候段も御承知被成然ル處京師ニ而ハ不都合之模樣ニ付貴地ニ於而差出候都合ニ相成四月廿九日差出ニ相成候旨令承知嘉助方も申越承候ひき夫ニ就而御入念之御書中辱存候願面寫相廻候得ハ御挨拶痛却之至極委縷之貴翰萬々忝返報如斯候也

五月十二日　　相摸守

伊勢守様

○文久三癸亥年

貴報申入候陳ハ先便被御申越候去月五日御達之趣ニ付同七日御登　城御請被仰上候所同廿八日井上河内守殿より貴臣江先頃被　仰上置候御存意之趣御書面ニ被成同家登　城前迄ニ御進達之様被申候旨ニ而早々貴臣右之段申上候ニ付与得御熟考之上ニ而迚も登　城前御進達ハ御六ヶ敷ニ付其段御申遣置本處江御越伊東氏も參り御三人御談合之上御書面相調伊東氏持參登　城前井上氏江差出落手ニ相成候旨委曲拜承申候右御書面寫ともも被差越拜讀御尤之御論ニ被考候如示日々月々ニ事情切迫之樣悲歎之至存候御同情　神武興張士風振震再頌太平候樣ニと夫而已不堪祈願候也

五月十二日　　左　羽林

金浦賢伯

金浦賢伯ハ松平伊勢守

○文久三癸亥年

四月二十日之御書狀同三十日相達拜閱向暑之候候得共先以愈御安祥奉珍

重候陳ハ貴君去々月廿三日御發足崎陽御巡見同廿九日御歸邑之旨　叡慮
御奉行之御儀ト存候小子も來ル十八日發足領海巡覽之筈ニ候爲御吹聽御
念書辱貴答如斯候頓首

五月十二日　　慶德

島原君 貴答

尙々時氣御自重此上迄も爲天下御盡力之程奉專祈候崎陽廢社再建之儀
ハ　勅命之御趣ニ御奉行哉必奉行共異議も可有之ト存候御取計振相伺
度御序之節御筆勞可被下候將又崎陽之模樣風說とも相伺度侍臣ニ也ト
被仰付巨細之情實相伺度此段相願申候以上

○文久三癸亥年

華翰拜誦仕候如仰輕暑之節ニ御座候處弥御安健被爲渡奉恐壽候先以過日
ハ　中納言樣出格之被爲蒙　仰御歸府其後外夷御處置御委任被　仰出候
段御同意恐悅奉存候　一橋樣ニも去月廿二日御發駕ニ相成候處此程風聞

承候得ハ岡崎邊ニ御滯留と申説有之當月十日之期限も如何と痛心仕候私儀容子御尋被下奉拜謝候　大樹公御下坂ニ付備前樣ニも同處ニ御下り被爲在候間私事も一應下坂仕度旨　關白殿ニ内願申立候處別紙之通傳奏方被仰渡誠以難有仕合奉存候依之廿三日夕發途罷下り當時高松屋敷ニ旅宿罷在候　大樣公紀淡御巡見之節備前樣一同御供被　仰付蒸氣船ニ而紀州大川浦ニ一泊翌日歸坂昨日ハ播州浦迄同斷御供相勤望外之大幸實以壯遊ニ御座候得共主税殿よも此節下坂之内存御座候得共如何可相成歟　大樹公も海岸御巡見一ト通り被爲濟候間最早不日ニ御歸京可有之然ル處關東御模樣何分御不都合ニ相聞へ中納言樣ニハ別而御大任被蒙候御身分此上之御進退ニより而ハ　神州之御安危よも相拘り可申苦心無此上奉存候委細別紙之事情ニ而御承知被下何卒御賢慮御施策之程奉賴候備前樣よも日々御出會其事只々嘆息罷在候御先代之御遺志墜地不申樣何分御工夫御盡力可被下候先ハ御請迄ニ乱筆早々申上候以上

三百十四

端午　　　　　　昭訓

因伯大守様
　侍史

尚〻主税殿江御傳言之趣承知仕候耕雲齋儀ハ私江爲付添滞在之儀從
御所　御沙汰御座候處一橋様ゟ再應之御申立ニ而御聞濟御召連ニ相成
申候備前様ニも一旦御歸國ニ可相成御模様ニ有之主税殿ハ當月中旬迄
ニ歸府之内願ニ有之甚便少ニ罷在候間何卒御繰合六月頃迄ニハ御上都
被爲在候様仕度奉待候以上

別紙

四月廿二日野宮殿ゟ御渡

松平餘四麿

此度大樹攝海邊爲巡見下坂ニ付相共下向同處手薄之儀兼々苦心ニ付此
上實地之形勢巡察存付候廉々建白も有之度旨等神妙之至　思召候間願
之通被　聞食候尤巡檢濟候ハヽ更上京可有之　御沙汰之事

四月

江戸表御模様大意左之通

一四月十一日　中納言様御機嫌能御歸府翌日ゟ日々御登　城同十四日御登　城之節小笠原圖書頭殿ゟ左之通御書付御直ニ差出候

水戸中納言殿

此度御滯京被　仰出候ニ付關東爲御守衞御下向且從　御所被　仰出候儀も有之候事故外夷御處置振之儀者御委任被成候間曲直を明ニし名義を正し　御國威相立候樣御取計可有之旨被　仰出候就而者尾張大納言殿并老中ニも御相談有之候樣被　仰出候

右之趣爲心得万石以上之面々ニ御達ニ相成候由

一同十九日外夷御處置之儀御評決之由大意廿一日ゟ五ヶ國共拒絕之談判ニ取掛り暎夷ニ者生麥一件之償金差出候筈御治定ニ相成候沙汰ニ御座候

一同廿一日五ヶ國官吏呼集方間ニ合兼候趣を以應接延引ニ相成候同日諸向達左之通御調大目付御目付ハ相廻り候處償金之儀表向ニ而ハ不可然旨申立候ニ付御見合ニ相成候よし

生麥一件ニ付横濱港ハ渡來之暎國應接之儀曲直を正し不申而ハ名義難相立ニ付扶助金被遣横濱鎖港之儀談判御取掛りニ付而ハ時宜ニより戰爭ニ可及も難計候間兼々相達候通覺悟用意可被致候

右之通万石以上之面々ハ可被相觸候

一同廿二日昨日之諸向達直り候而觸出候左之通

今度英國軍艦渡來之主意曲直を正し名義を明ニし隨而鎖港之談判ニ可及候間右談判中ハ家來下々ニ至迄無謀過激之所行無之樣能々可申付時宜ニより戰爭ニ相成候節ハ一心同力御國威相立候樣前以銘々覺悟可有之候

右之通万石以上之面々ハ可被達候

一同廿八日ゟ鎖港談判之筈ニ而小笠原圖書頭廿七日夕横濱ヘ罷越候由内實如何之談判ニ可有之哉更ニ相分不申候
一澤勘七郎京地ニ而正議相立御役御免罷下候處於江戸外國奉行被　仰付候得共攘夷御決著ニ無之而ハ出勤相成兼候趣申立引籠居候よし同人進退ニ而攘夷之斷不斷をハトし可申と諸藩一同申居候よし
一太田道醇御老中上座被仰出候何日之事か未相分
一四月十四五日方ゟ浪士追捕之儀起り取〆掛り高橋伊勢守（謙三郎事）山岡鐵太郎等何レも御役　御免五諸侯ヘ被命小具足著込拔身槍等ニ而晝夜見廻り廿日方迄ニ三拾人餘召捕ニ相成申候
一中納言様ニハ日々之様ニ御登　營被遊候得共御家老等ヘハ一圓御洩し無之御建論も更ニ相分り兼候ニ付一眞齋押而相伺候處償金之儀不差出候而ハ拒絶之談判ニ及兼自然　叡慮徹底之御場合ニ至り兼候旨閣老始一同申立尾州殿も右之御論ニ付無據其通爲相任候との御意ニ而驚入種

々御論し申上候得共最早過去候事ニ而駟も舌ニ不及度々相伺候得者御逢無之御都合扨々之至ニ御座候諸藩人之説ニ而者水府公御決斷ニ而償金御差出ニ相成候筈ニ御決著之由頻と御惡評のみ多く夫而已ならは中納言様御口氣も京師者金次第如何様ニも可相成と被　思食候御都合ニ而悉く御手輕ニ御了簡被遊詰り誤國之罪魁ニ御落入被遊候程難奉計痛心至極之事共ニ御座候澤勘七郎出勤之儀も矢張御拒み被遊候御釣合ニ而太田閣老再出も恐らくハ御推氣ニ可有之奉恐察候正議一統束手罷在候得共若又耕雲齋下著ニも相成候ハヽ者御模様も少しハ相替り可申哉其一事のみ外ニ手段無之浩嘆此事ニ御座候

○文久三癸亥年

御前文略當表之形勢可申上様蒙　尊命候得共只今之處ニ而者先者穩ニ御座候已ニ横濱江外國奉行罷出昨今ニ者應接御決可有之申候得共聢と相分り不申候償金も被下候由就而者攘夷之儀ニ付芝邊之海畔且品川驛ゟ藤澤

迄人家取拂被　仰出見分も御座候由申候併急速ニ戦争相見へ候模様ニも無御座因循ニて日月を送候内世体如何成行候事哉と奉存候先ニて右之段御歎旁御請申上候書餘後音萬縷可申上候恐惶謹言

四月廿八日　　松平出雲

松平相摸守様
（参人々御中）

尙々時下折角御保護專要之御儀奉祈上候英佛之一条ニ付武備不整ニ而心配可仕猶又有事日ニ者粉骨碎身精忠相勵候様誠以御教示思食被爲下候段難有奉存候入用之器械拜借被仰付儀も嘉助ニハ嚴命被　仰越候様無此上難有奉存候丹佰（本ノマヽ）後御威力不出陀（本ノマヽ）も仕候儀天下之面目ニ御座候縷々御禮紙筆難申上先ニて略之右之御請申上度早々頓首

○文久三癸亥年

卯月廿四日之貴書浪華表ニハ（さ）本月廿八九日頃相達し拜誦弥御安泰被成御座奉恐悦候貴答相濟候事ニて文略仕候

一行幸之書類ハ歸國之上取ならへ差上候樣可仕候
一過日申上候通　大樹公同伴下坂仕候而接[攝カ]海巡見防御之儀十分申立候樣ニ御沙汰ニ相成猶又從　公邊も達し有之候ニ付廿一日ニ京地出立同廿二日下坂仕候其後　大樹公同伴廿三日攝海巡見仕候廿五日私持場　大樹公巡見ニ付罷出候處中島新田と申小休ニ而御懇之　上意之上御刀拜領家來共十人　御目見被　仰付尚又御懇之　上意も有之候而重疊難有奉存候廿八日廿九日御一泊ニ而泉州紀州海岸御巡見私餘四鷹御供仕候五月四日播州淡州御巡見ニ付私餘四鷹兩人御供仕候乍去御實備相立申候樣ニも不被存候乍去見込候箇ド[廉々カ]〱ハ申立置候得共御採用之程ハ千萬如何と苦心仕候
一攝海防禦之儀段々御懇書難有奉存候實ニ御同樣位之高ニ而ハ四方ニ人數差出候儀ハ甚痛心仕候別紙御ケ條之趣一々御尤千萬ニ奉存候乍去公邊ニ而御取用之處甚如何と奉存候先ハ御請申上度如斯御座候以上

五月八日　　　　　　　　　　　　　　　　　備　前拜

因貴兄君
机下

別紙

御別紙御受申上候　公邊ゟ御居付ニ相成候大砲幾挺御座候哉相伺度候

一土地警衛之者江御渡之儀ハ周防守江も与得過日申談置候間小子方相濟次第可申上候間其上ニ而御願ニ相成候ハヽ御早ク相濟候事と存候當節ハ少々出來致候模様も有之候私領同様今より拜領致候方可然存候如何

一御持場御取縮之儀御願之節ハ可被　仰下候

一過日ゟ申立候ヶ條左之通

一和田岬石砲臺出來之内當年中よも如何と申事左右江土手をつき臺場出來候様

一神戸江海軍艦處幷臺場出來土著之人數出來候様

一西宮土著出來臺場出來候様尤臺場之儀ハ以前手當有之様子

一紀州加田浦淡島ゟ東之方臺場出來候様

一淡州沖ノ島臺場出來候樣
一木津川口加賀屋新田勘助新田臺場出來候樣
一舞子濱臺場築替ニ相成候樣
右件々申立候尤差當り候儀ニ而尚又勘考之上ハ申立候儀も有之候儀と
奉存候
一別紙両通申立候下書入貴覽候御落手可被下候以上
八日

○文久三癸亥年
委細之儀ハ大西清太伊吹市太郎両人ゟ御承知可被下候毎度水黄門公も失
体御同様對　親父而も恐入當惑之次第ニ御座候且又　徳川家も此後如何
相成可申哉苦心此事ニ御座候貴臣安達中野も(脱アルカ)中川宮様ゟ格別之御沙汰下
官餘四麿両人ハ有之候間与得申談四日初りを以一橋黄門公　水戸黄門公
ハ両人書狀差出し申候中野治平等ハ貴兄御上京御周旋相願候含之趣ニ承

候得共當節之處ニ而ハ何分目當も無之候間是非〳〵御上京とも不被申候得共何之御心付も被爲在候ハヽ　皇國之御爲ニ御座候間御上京御周旋之程爲天下相願申候且又尾水両公ゟ　殿下江書狀極内々ニ而三條黄門公ゟ入手候間爲御心得入貴覽候御他見御無用可被下候早々頓首

皐月八日　　備前侍從

左中將樣

別紙

先年江戸芝浦御臺場江御据置相成候大砲六拾挺松平肥後守請場中同人江御預ニ相成居申候分外御場處御据付ニも相成不居申候ハ内三拾挺拜借奉願度私持場　帝都近殊ニ手廣之場處柄其上國許海岸防禦之ヶ處も多御座候得共急ニ大砲鑄立難仕甚以心痛仕候間前文之通拜借相叶候ハ一廉御警衞御一助ニも相成可申候間宜御賢考被下御許容之儀只管奉願候以上

五月　　松平備前守

同

私持場御警衛勤中相詰候兵士為手當現米壹萬石程之村々拜領之儀奉願度將又持場之内両三ヶ處遠見處取建為相圖狼烟為揚申度奉存候右ハ　帝都近キ御要地ニ有之候間宜以御賢斷御許容被成候様只管奉願候以上

五月　　　　　　　　　　松平備前守

○文久三癸亥年

一翰奉呈候向暑之節ニ御座候處益御機嫌能被遊御座奉恐悦候次ニ両人無異滯坂罷在候間乍憚御安意可被成下候然ハ國家之儀ニ付不容易御模様有之一昨夜從　中川宮様因州家來安達清一郎中野治平両人被　召寄私共両人ヘ御傳言被成下候趣ニハ昨夜下坂申聞御座候大意暎夷應接償金被遣候段　尾州様ゟ御両名御書翰一昨日　殿下ヘ相達早速　御奏聞ニ相成候處殊之外被遊　御憤激斯る重大之事柄　朝命ニ違背勝手ニ取計候段甚以不相濟水戸家ヘ御委任之儀是迄幕吏共曖昧之所業攘夷之一事果敢取兼候ニ

付被　仰出候事ニ有之右様之事ニ而ハ折角御委任ニ相成候詮も無之仮令
權宜之處置とハ乍申償金差遣追々及言上候次第國体を辱しめ　朝廷を輕
し候致方何分其儘難見濟次第ニ候得共元來幕吏之奸吏種々之手段を以術
中ニ陷候事ニ可有之候間得と閣老共之底意をも承り屆夫々御沙汰ニ可相
成右樣之事共ニ而ハ此上攘夷之取計も如何と甚御掛念被　思食候由ニ而
不取敢　尾州老公并松平肥後守江も次第柄御尋被爲　在候處未巨細之儀
ハ相分兼候趣申立折節水野泉州致上京候處右之儀ニ付而ハ追々諸藩方建
論も可有之左それハ向後如何樣之事ニ成行可申も難計實ニ　皇國之御大
事且水戸家之安危ニも可相拘間早々申遣右償金相渡し候上ハ取返しも相
成間敷ニ付御申訖旁之意味を以拒絶談判當月十日之期限決而間違無之
叡慮徹底候樣於水戸家一橋家盡力可有之左も無之候而ハ　德川家之存込（以カ）
ニ相拘可申間屹度周旋可有之早々申遣候樣右　宮樣御内意之趣被申聞尚
又傳議両役方も同樣之御内意有之由偖々恐入候次第ニ付急速申遣否挨拶

も承り御請可申上旨返答仕候仍而ハ右御含を以得と御勘考　徳川家御安全之様御周旋可被爲在何分ニも御大事之御場合幾重ニも厚御賢慮被爲在候様仕度奉存候不取敢以急便申上候以上

五月　　昭訓

茂政

水戸黄門様

尚〻本文之儀扱〻痛心之次第ニ付御所向之儀ハ何分取繕早々手筈仕候得共十日拒絶之儀是非御引受御盡力被爲在度右一橋様委細御含御下ニ相成候ニ付御申合厚く御盡力被爲在度奉存候本文之御模様實ニ不容易次第甚痛心仕候幾重ニも　皇國之御爲厚　御賢慮可被下候以上

○文久癸亥三年

奉謹呈候向暑之節ニ御座候得共益御機嫌能奉恐悦候然ハ英艦一條ニ付諸有司共ニも段々申合候處一体生麥之事ハ全別事ニ有之攘夷之應接と相混

候而ハ曲直名義之筋相立不申候ニ付英國ゟハ償金差遣し然ル上鎖港之談判ニ取掛り候筈評決相成申候償金之儀兼而之見込とハ相違仕候得共事情不得止慶篤ニハ兼而被　仰出之御主意も有之大樹ゟも外夷處置振之儀委任被致候事ニ付臨機之取計仕候段宜御推察被成下置候樣奉願上度依之奉捧寸楮候誠恐百拜

四月廿八日認　　水戸中納言

尾張大納言

鷹司關白樣
御左右

○文久三癸亥年

愚僕大西清太伊吹市太郎を以御懇切之御傳言且如諭近時之京況両人ゟ承江戸之次第何とも驚歎之至實以水公毎度之失体御同情痛却至極と申且對贈亞相公候而も地下ニ申譯も無之恐入當惑此事ニ御座候尚何角巨細之情實水藩之見込共安達を以縷々被仰下京攝之模樣も与得相分辱奉存候扱右

之次第ニ而ハ　大樹家此度之處も如何と御同樣酷苦之至御互ニ是迄彼是
周旋仕候儀も水泡と消滅致し如何とも絶言語候扨夫ニ付愚僕両名　中川
宮ゟ格別之　御沙汰之趣貴官餘四麿ニ有之依之与得被　仰談四日切ニ而
水戸中納言殿一橋殿ニ両君ゟ御書通御座候趣則御草按も御廻し被下拜見
致し至極之御事と奉存候將右之一件ニ付小子儀上途周旋之儀中野治平ゟ
申上其含之趣ニも御聞被成候得共當節之處ニ而ハ何分是と申御目當も無
之ニ付貴官御尊考ニ而ハ是非〱上京と申處ゟも御考不被成候得共小子
何そ心付も候ハヽ、神州之御爲ニ候間上京周旋之樣被　仰下拜承仕候尾水
両卿より　殿下ニ之書狀極秘三條家ゟ御入手之旨ニ而御廻し被下をとよ
り他見ハ不爲仕御安慮可被下候扨右水卿之失体貴官ニハ如何思召候哉清
一郎等之咄ニ而　中川宮之御意三條殿之異存等ニハ償金之儀未タ渡し不
申候得共取返をと申儀も有之共既ニ相渡し候上ニ而ハ左樣ニも不相成儀
元〻　叡慮之大抵ハ外夷掃攘之儀御專一之御事故償金相渡候儀尤不容易

事を忽（怱カ）々之取計對　朝廷不屆之至ニ御座候得共爲拒絶談判相渡といへゑ
事柄者甚不屆ニ候得共曲直を正し・（〈脫カ）すといへもいもるゝ譯故今濟ざ事を彼
是と申よりも此度之儀者御沙汰ニ不被爲成却而攘夷之處を押張て御責問
ニ相成拒絶さへ相立候得ハ宜敷候間表向其邊を御沙汰とハ相成兼候故備
前公餘四麿ニも一橋水府両卿ニ急度及内通早々期限之處置有之樣ニとの
御儀相伺誠以御誠實且者水府家被　思召候尊慮之程者御同然感佩仕候得
共此度之償金之罪先日仮條約之罪ニ比候得者右ニ出候共左とハ不被申然
ル上からハ　上ゟ大度之御沙汰御座候共自から罪を負て出候譯ニ無之候
得者君臣之名義よりも相違いたし其上水尾ニ而右之罪を不被任候節者忽ち
大樹公之御不都合とも可相成然者　天幕　公武　御和睦之折柄故大中納言
罪を謝して辞官退隱位者可被願場合とも奉存候ニ付愚存一水両卿ニ申遣候
事ニ御座候間則下案入貴覽候右愚見之儀者從　朝廷御沙汰無之共辞退者
可被願筋とも存候ニ况哉　幕府ニ御沙汰之内ニも顯然両名之名前も有之其

上委任之廉を以水卿ニ者尚更ニ　御沙汰之趣ニ候得者重々以其儘ニ可被差置儀と者小子者不存候ニ付水戸殿ニ者申入候事ニ御座候前件者両卿一己之所置ニ候得とも此度斯成候上者　幕府ニ於而一御英斷無之而者今日則　公武御疎隔御破離之基と相成　神州宇内之錯乱と可相成然者最早期限之儀申迄も無之只一途ニ引拂之儀外夷ニ被命若壹人ニ而も殘候分者無二無三ニ征討致すへく旨を以或者一日或二日乃至不過三日横濱江戸滯留之外人一人も不殘引拂候様被　仰付候様ニ仕度若拒候ハ者掃攘一戰と御覺悟ニ相成候様ニと別紙之通及建白候間其朝臣ニも御同意御考被成候ハ者其趣を以御周旋可被成様奉存候尤恐らくハ小子愚存ニ者江府閣老決談ニ而三十万餘之黄金を　大樹公不入　御聽取計候程之人物共不存候得者實ハ如何ものやと存候歟如何右之釣合ニ候得者とても建白位ニ而者中々以御採用者有之間敷歟建議御採用ニも相成儀ニ候得者是迄之事ニ者至間敷左すれハ上途致し其趣及言上　大樹公御取用無之候ハ者押而申上　幕

議立兼候ハハ御互ニ引受て東下致し神奈川横濱守衛之者江申談し拒絶談判相遂け翌日ゟ炮發致し候ハハ後ハともかくも一端　叡慮ハ相開ケ可申其上ニ無之而ハ迚も武備も立兼可申と存候右之程之意氣込ニ而無之而ハ因循説を打破り候而掃攘と申處ニハ至間敷ニ付拙官ニ於而も不取敢上京之志ニ御座候得共兄弟之中ニ違　勅之罪を負候而ハ容易ニ罷出候も深畏入さりとて傍觀座視もへき事ハ心濟不申且其上少々持病氣も有之御按思被下候程ニハ無之候得共迚も今明日之譯ニも不參時日移候而ハたとひ如何程存候ても噬臍不及と可相成と存候ニ付愚僕荒尾駿河土肥謙藏安達清一郎等三四人先不取敢上途爲致模樣ニより東下爲致拒絶之儀且水家進退之儀迄も建言且ハ心添いたし度積ニ御座候依之差出候間不外貴家之儀萬々御示敎御指揮奉希候先大荒略ニハ候得共愚按任仰得御意候書外ハ駿河ゟ可及言上候不取敢其爲如斯清一郎十三日晝頃當處著此御書清太市太郎持參同日夕到著右両人江ハ十四日夕刻逢清一郎江ハ十三日十四日度々逢追々貴官之見込も相

窺中候且無程御歸國と伺候可相成者駿河上京迄御滯在之樣祈居候事ニ御座候頓首

五月十五日　駿河儀明日爲致出立候事　慶德

備前權侍從樣　內事

○文久三癸亥年

一翰呈上仕候向暑之砌御座候得共先以益御機嫌能被爲入珍重之御儀奉存候然者御國邑ニは御歸著後者如何御消光被成候哉御樣子伺度奉存候扨當節者於　京師も　御上洛後者平常之御靜謐ニ相成町中抔も賑ひ候趣東都ニ而も英夷一件も一先落付候哉之趣ニ而戰爭期も相見不申候得共右者如何之事情ニ御座候哉　公ニ者兩地之模樣も委細御承知之御事と奉存候間伺度時候御機嫌窺旁奉呈一書候早々頓首

五月十七日　松　右近將監

松　相摸守樣

尙〻例文略之

○文久三癸亥年

小翰奉呈上候暖和之砌御座候得共先以益御機嫌能被遊御座恐悅奉存候陳ハ従　公邊被仰出も御座候ニ付爰許當時之形勢甚不平隱之取沙汰ニ御座候將又昨日之御達ニ而ハ暫時　還御も御延ニ相成　御發駕御日限之儀ハ追而被　仰出候趣ニ付左候得ハ猶更當時外櫻田非常手當之　公務中〻申假令詰滿ニ候而も容易ニ御暇被下間敷と奉存候然ル處兼々御承知も被爲在候通迚も一手之實備難相整心中何共恐縮罷在候依而此度中西和平を以御内々　尊慮之程奉伺候事ニ御座候何卒可相成儀ニ御座候得ハ大坂表御警衞御一手之御同備ニ御加へ被爲下候樣　公邊向ニ仰立振ハ有御座間敷儀ニ御座候哉猶御賢慮奉伺度奉存候迚も當地ニ而　還御前御暇相願候而も必定埒明申間敷と愚考仕候依之委曲ハ和平を以奉伺候得共猶又任幸便右之段再應愚毫を以奉希候先ハ右迄奉願度如斯御座候以上

五月廿二日　伊勢守

呈上

尙々例文略之

○文久三癸亥年

過日ハ芳墨給令披閱候如來諭薄暑相催候處弥御揃萬福令欣賀候抑舊冬ハ
仍　勅命御上京始而得拜顏大慶無限候尙又其後關東御下向再度御登京何
角種々御周旋有之出格御精忠之段呉々　御感之御事ニ候併寒氣之折柄ニ
而殊更御苦勞ニ存候扨ハ一先御暇被給候ニ付長途無御滯御歸城相成候旨
誠ニ重疊芽出度令大賀候就而ハ格外御懇念之御細書成給深ゝ令恐怖候且
前後不文ニ相成候得共抑昨冬初而御上京之砌より關東御歸京之節並御滯
京中其折ゝ每度〳〵出格御出入之品々御土產且ハ時節御尋問として被掛
貴意厚ゝ畏入候小兒へも同樣每ゝ何寄之御品々御惠投之段幾久〳〵深ゝ
畏入候多謝難盡禿毫候尙又此度も何寄之御國產給實ハ分而好物成品々早

速度々ニ相樂令拜味候小兒へも美敷御反物給早速相傳候得共大悅〳〵ニ
而芽出度可令著用候事ニ候吳〻萬〻御謝詞申入度候將亦此麁品御答礼ヒ
申も赤面成事ニ候得共令進入度候御一笑〳〵成給候ハヽ本懷之至ニ候小
兒よりも御禮之印迄此麁品三知麿殿ロ令進覽度候宜〻御傳之程御賴申入候
先ハ延引ながら御答旁如斯候也恐々謹言

卯月廿九日認置　　　　　　　　　　齊　敬

因幡中將殿

玉机下

再陳例文略之

副書水戸中納言殿始備前島原餘四麿等之儀ニ付而も不存寄御懇念之御
細示令恐怖候先日黃門卿ハ萬端都合克帰府相濟御安心可給候備前守殿
ニハ未滯京ニ而何角御苦勞之事ニ存候此節大樹下坂中備前も隨從之事
ニ候近々帰京ニ相成候筈ニ候餘四麿殿事備前守殿よりも每〻被賴出候精
々無如才心を付居候積ニ御座候尤不外成近親之事御安心可給候扨此間

ハ武田耕雲齋俄ニ一卿歸府之砌隨從被申付候事ニ而其前日備前守方内々被申出耕雲齋儀四麿年若之事ニ付暫後見旁居殘ニ相成候様勘考有間敷哉内談ニ付是又精々内繕致候得共何分此儀ハ難行屆困入候併餘四麿之處ハ原市之進連中三人計有志之者附居候趣ニ付先〻少しハ安心之事ニ候左様御承知可給候且來月十日弥攘夷期限之趣ニ候何卒貴官も精々御賢考可成給候書餘後便〻申殘候也不備

○文久三癸亥年

去四月廿四日御書當月朔日到著拜披候御帰國後從拙子も意外之御無音無申條候向暑之節愈御平康珍重存候陳者先般御滯京中光臨辱存候併何之風情も無之早々之仕合御困り御察申候其砌令借上候草稿二紙返給正ニ祖父江相渡候處被入御念候儀落手被致候且又去九日御使ニ而書取物三通返給是又正ニ落手被致候仍匆々右御答如此候也謹言

五月十二日　　大原重朝

因幡中將殿

二白祖父ニ當節被避嫌疑御無音之事被致量察候御傳言も如何ニ候得共ヶ樣計ニ而も有之間敷哉自然靑天白日を拜候御時節も候ハヽ又々文通も可申入候哉宜敷可申入被申付候以上

○文久三癸亥年

晋呈仕候先以　天朝益御平安恭悅至極奉存候御次貴卿御安寧被爲渡奉恭賀候抑去廿日夜不慮之次第不易御儀恐入奉存候就右　天氣之程相伺度使者爲差登候ニ付如斯ニ御座候委曲備前守餘四麿迄申遣置候儀も有之候間相窺候ハヽ無御伏臟御差圖奉希候一橋中納言儀も當職退候趣東武有司之處置具サニも承不申候得共實以恐入候儀ニ而不安寢食苦痛罷在候恐惶謹言

五月廿五日　慶德

三條中納言樣

閣下

○文久三癸亥年
抑去廿日夜不易儀有之殊更　御所近邊之趣相聞へ驚歎之至奉存候依之不取敢　天機奉窺度使者爲差登尙爲御守衛人數差出候間宜執　奏希入奉存候誠恐誠惶頓首
五月廿五日　慶徳
坊城大納言殿
野宮宰相中將殿

○文久三癸亥年
一翰拜呈向暑之候御座候處先以愈御淸榮奉欣躍候然ハ去ル二十日夜姉小路羽林及傷之儀其地詰家老共ゟ申越し昨日承驚歎至極將一橋中納言殿ゟ殿下ニ御上書之寫も相廻し近時之風聞等も申越委曲不容易次第ニ被存最早此上　公武御和平も如何可相成哉東武老中以下　勅命　台慮ニ違背仕候廉を以中納言殿當職辞退被申候譯ニ而ハ忽ち　幕府之御處置柄如何可

有之哉東武老中以下へ御處置有之是非とも　公武御合体之場ニ至り不申而ハ不相成何レ之道償金之儀ハ過去之儀不得止候得共拒絶之一件ハ速ニ被行候樣ニ無之而ハ　幕府因循之內早長州ニ而ハ兵端も被開候趣旁以乍恐征夷御奉職之廉ニも差響御合体之場合甚苦痛仕候其上姉小路之一条右朝臣ハ當時之有志於　天朝も深御賴思召候御人と申殊ニ九門內も朔平門外と申而も御場處柄と申第一守護職始之職別さへも如何可有之歟且ハ　大樹公御滯京中右等之儀有之万々一旗本之士ニ而も有之候ハヽ急度大樹之御賢慮も無之而ハ不相濟儀彼是不堪憂慮先不取敢　天氣相伺度旁側用人黑部權之介差出し申候委細ハ申含置候間両君　拙官意內御聞取進退御敎示可被下候をせより今日直よも出立相成候樣手當致し御報相待居申候昨今少〱不快乱毫御仁恕御推覽可被下候頓首拜

五月廿五日　　慶德

備前守樣

餘四麿様

尚〻迚も拒絶之期限　幕吏之手ニ而ハ程よく參るましくと歎息只〻此度之儀ニ而天下ハ瓦解仕候事と忠歎(懇カ)至極何も書外使者口上ニ讓候京都警衞增人數爲差出候間御心得迄ニ得貴意置候以上

○文久三癸亥年

去ル十三日御認之尊書相達し披見仕候弥御安寧大慶之至奉存候於江戸表水戸公之失体御同意絶言語候次第於　朝　幕而も御憤怒之程恐入候事ニ御座候乍去償金渡し不申候樣水公ゟハ　殿下ニは被及言上候間其処ハ少〻宜敷候得共小笠原圖書頭以獨斷償金相渡候趣ニ而獨木公後見職御免之儀　殿下ニは被相願候且又水公よも目代之儀御免被相願候而武田大場之二士も當節ハ引籠居候趣ニ御座候

一中野治平申聞候趣御承知相成候趣拜承仕候事濟故貴答不仕候一水両公辭官と迄ニハ不參候得共辭職被相願候間先〻宜敷と存候當時之形勢

之処荒増以代筆申上候間御承知可被下候何分ニも當節之處ニ而及戰爭
候節ハ其手當も無御座候折柄故日々繁用加之大樹御暇不出候樣之周旋
ト兩樣ニ相成候折柄ニ而手廻り兼候故代筆申上候故不惡御承知可被下
候餘ハ兩通之別紙ト相殘し何分淸一郎ハ後日之御都合ヨも可相成ト存
候間早々上京之方御專務ト奉存候
一京地御警衞ハ至極御宜敷御座候得共實ハ大坂城尾當亞相殿警衞之處未
タ上京さへ無之名古屋表ニ被居候趣故實ハ貴君御憤發大坂海邊御警衞
之儀ハ押而御免御願ニ相成御人數大坂城ハ御籠め置被成候而餘之御人
數を以御上京被成候而　禁中御守衞被成候而戰爭之時ニ至り　主上御
供被成候而大坂ハ御鎭護被成候而其節ニ至り候ハヽ楠公千破城ト同し
ニ被遂御戰功候而ハ如何御明策相願度奉存候早々頓首
皐月廿七日　　　　　　　　　　　　　　備前侍從
因幡中將樣

二伸萬々一大坂城守衛之向無之候節石蔓子ヵ兵を起し目掛ヶ可申段ハ十手之指處ニ御座候間後機候而ハ殘念ニ御座候間何分厚く御勘考可被下候以上

別紙

別啓仕候　大樹公御歸府御願之儀昨日兩閣老尾輔翼公ニ參殿申上候次第先日も　關白家ニ申立候通償金一條不容易事柄ニ付　大樹公早々東下於小田原驛江戸之奸吏を呼寄罪を正し一橋水戸公と力を合外夷掃攘之手運仕度尤勝算ハ無之儀無二無三ニ拒絶ニ及力盡而斃之意味人臣之節を效とも可申趣主張致し不顧前後暴虎馮河之説を唱申ニ付尾公御壹人之御説得ニも參兼此上ハ　德川之命運累卵之如くニ候得ハ〔共カ〕其實ハ大小監察以下雜卒ニ至迄歸心如矢無謀之動搖有之ニ付眼前之小動搖を恐れ後來之大動搖を不思輕忽ニ　御歸府之儀實ニ浩歎之至りニ御座候

一天下之大勢戰爭眼前ニ有之候間貴君御同家之儀ニも有之候間此上ハ因

伯備公を合山陰山陽を鎮厭致し申度御座候間壹人ハ京畿壹人ハ自國ニ罷在變ニ乘し作播ニ兵を出し東西應援を爲考ニ御座候間兼々御一和之儀ハ厚く御示し置奉願候右故此度當秋御守衞御相詰之儀ハ如何哉と痛心仕候御確算御報ニ相伺度奉待候京師御警衞御願有無之儀不奉申上候猶奉期後鴻候頓首

　皐月廿七日

二仲荒尾上京之儀御紙面ニ有之候間一安堵仕候處右も御延引ニ相成候儀如何當時之形勢故御家老貳人位ハ爲御名代御差上ニ而も宜哉と奉存候篤と御勘考可被成下候以上

　別紙

本月十日攘夷之期限ニ御座候處關東ゟ拒絕談判取掛候儀更ニ何等之言上も無之就而ハ被爲惱　宸襟候御事深奉恐憂候右ニ付小子共ハ傳議両度（役カ）ゟ度々之御沙汰　關白も被　命候御事其上滯在も致候ハヽ被爲安

叡慮候等之御儀實ニ不堪感激乍併不敏之小子見込も無之過任之御用被
仰付候而ハ　皇國之御大事を誤候も難測其邊之儀ハ御斷申上暫滯在仕
候儀ハ御請仕置申候折節關東之形勢ニ付大場武田ゟ之書翰等一両通原
市之進ゟ到來熟閲仕候處去ル九日小笠原圖書頭水野癡雲同行於横濱致
應接以獨斷償金十七万トル相渡罷歸其內從江戸井上信濃守を以應接爲
致候都合ニ而發程仕候處於途中小笠原ニ逢時勢承り茫然帰府致候由何
分ヶ様之儀輕忽ニ取計候段徳川家之失体ハ不及申　神州之瑕瑾蹉跎不
及〔申脫カ〕儀ニ而小笠原之罪惡不容死者ニ御座候然ル處滿　營之奸吏ハ迷津一
筏と不堪踊躍愈以毒焰を盛ふし正議之者を壓倒し迚も於　東幕攘夷之
開〔發カ〕業者難成奉存候尾水両公之御憂慮奉遙想候且又獨木公よも時情御洞
察ニ相成候哉後見職　天運之內奏　關白殿に御願ニ相成委細之儀ハ備
前守餘四麿へも申通候間御聞上可被下候様御端書も有之ニ付此旨　關
白殿ゟ御尋問之御書束も被下候得共　獨木公よりハ御申通も無之今以

到來不仕疑團罷在候時ニ廿一日禁中諸太夫之間江小子并米藝之二侯山内兵之助吉川監物等御召寄ニ相成昨日肥後守并閣老共ゟ願出候ハ償金之一件對　天朝申譯無之何共深恐入奉存候此上ハ老中歸府應接致候而も迚も難及力　大樹自身小田原驛迄罷越奸吏共相罰し一橋水戸等呼寄關東之情實篤と聞糺し候上急速攘夷成功可　奏上何分ニも　大樹自身發向仕度候段懇願致候ニ付可否如何之事並　一橋辭職之事右二ヶ條見込之程早々申上候樣御達御座候ニ付不取敢　大樹進退之儀ハ償金首惡之罪科を裁し其餘之奸吏を鋤き攘夷之發業確定之御暇被爲下可然候樣言上致し　獨木公之儀ハ骨肉之親を以嫌疑を避け何とも建言不仕候偖又前夜亥之刻頃姉小路少將殿退　朝之砌於朔平門邊何者とも不知三人白刄を揮て相迫り遂ニ深手被爲負絶倒被致候由御疵ハ面部壹ヶ處頭上壹ヶ處首筋壹ヶ處ニ而淺深有差翌朝御卒去相成申候從僕拔合せ相挑候とも申候得共其場之擧動誰も居合不申儀故不得詳悉如何被致候哉曲者之

刀姉小路家ニ奪取居申候疎裝之直刀他藩無類之品ニ御座候由嗟於　闕下縉紳家江加白刄御溝血を灑候儀奇代之珍事ニ御座候不啻此同卿者天資英邁　朝家之股肱ニ御座候處實ニ可惜且可嘆之極ニ御座候右等之儀ニ付草莽之志士両三輩愚僕ニ相迫り前夜之事萬一も幕奸之所行ニ御座候ハ者關東之時情彼是熟惟仕候ニ最早奉迫　玉体も難量且九門守衛も會藩ゟ懇望可仕左候得者内外有志之情不相通　天朝御危難とも可申且又　大樹滯在相成候而者虎狼を懐ニ養候譯ニ有之如何にも早々御暇給候樣御周旋奉願候抔喋々議論仕候段愚僕ゟ申出候ニ付愚鑑仕候處一圓無稽之説乍も・（不脱カ）被存申候其上有志之上言擁塞仕とも如何と存込同夜學習院江罷出候考ニ而傳　奏家江伺候處坊城殿江罷出可申旨申來候ニ付同殿へ参り九門守衛外藩江可被　仰付儀并　大樹進退之両条聊加私論建言仕置申候廿三日二條殿江愚僕被召寄小子之献論朝暮相違之趣御疑問有之其段者情實家僕ゟ申上御了解被爲遊候由此日近衛前關白樣德大寺

内府樣近衞九條一條鷹司之四亞相樣御集會ニ相成　大樹御抑留之御議論有之候由廿四日朝三條殿ヘ梶清次右衞門井愚僕遂拜謁　大樹御暇被下候ハヽ征夷之任豫御定置可被成其故ハ　東幕之勢迚も　大樹御歸府之上御指揮ニ相成候而も攘夷之儀ハ千萬難被行却而奸吏固結して因循說を主張し　台慮を奉擁弊事業不成而已ならは觸　朝憲其期ニ及んてハ　德川氏之命脈斷續如何とも難計　神祖之御德業を一時ニ御滅却被爲遊候樣奉存候夫迄も征夷之職を繼候者御撰定有之哉左之儀無之而ハ漫ニ　勅許有之候而も堂々たる　神州支離分解之姿ニ相成元建之先蹤ニ陷候事不忍儀ニ御座候間不如速ニ京江之幕奸を掃除し其上御暇被下候樣情理相責奉言上候處御嘉納ニ相成何分不日ニ可否御沙汰ハ無之候間前件早々幕間ニ周旋仕候樣被　仰付候旨家僕ゟ承り申候處翌廿五日朝原市之進參り夜前三條樣ヘ被召寄拜謁仕候處同卿被　仰候ニハ今朝梶清次右衞門等ゟ申出候儀委曲相含參　內仕候處其前於　關白殿閣老

共ハ　大樹歸府御暇之儀内達も有之最早後期候事故發論も不仕此上者致方無之儀左樣相心得候樣御手切之仰ニ而市之進儀も仰天嘆息仕候次第大ニ望を失候樣申出尤同人儀廿三日板防州ニ謁し　大樹滯在之儀說得致置申候且昨朝三條殿ハ清次右衞門等ゟ申上置候儀彼是熟考仕候處朝　幕之反覆固亡論已是等をも相含尾州老公ハ推參仕譚論仕候處同公ニ者右樣ニ者御承知無之　關白殿ゟ兩閣老ハ被　仰候儀者決而御内達与申ニ而者無之其上輔翼も申談決答可仕候樣御沙汰も有之儀此方ゟ左右不申出候而者去就未相定与被　仰是ならハ　幕家之運脈遏絕とも難申薄々安堵仕候是又老公之御胸算者　大樹華城鎭護相成候ハ者宜哉之儀ニ御座候得共此儀小子も甘心不仕奸吏をも不掃攘夷之施設も無之堅城ニ引籠候而者　大樹之身構被致候樣ニ而有志之議論を激し可申候樣見込之程申上候何分京江之奸を掃候儀急務ニ御座候間黜陟之見込申出候樣被仰先日閣老共申談唐津之罪者以死論候由乍併過激与申說も起り

兎角決し兼居申候由於老公ハ死刑ニ而宜様被存申候尤市之進へも申通
水藩ニ而も　幕中之人傑任撰爲致且又　大樹御抑留之儀三條殿ニ周旋
相頼候樣との御事退出後以愚僕前條市之進ニ申聞候處淸次右衛門等も
同座ニ而先日三條殿之御口氣何とも解得難仕候樣談合何卒探眞仕度存
今朝市之進儀御同殿ニ參殿拜謁之上過日之意氣相窺申處尾老公之御説
と大同小意（異カ）ニ有之候得共矢張御内達之處ハ慥ニ御申被爲成迚も老公御
壹人ゟ御申立ニ相成候而も　朝議御變動ハ被爲在間敷候得共此上ハ先
閣老成瀨等御呼出直ニ相成御尋之上ハ仄ニ被爲變候御廉も可有之哉何
分篤と尾州ニ周旋可致候樣被　仰此旨早々尾州ニも申通候由當今　大
樹之進退ハ實ニ　皇國之安危且　德川之存亡ニ御座候間何卒取留可申
盡力周旋罷在候事ニ御座候

○文久三癸亥年

去月廿七日之貴翰一昨日相達雪手拜讀仕候弥御安寧奉珍喜候如仰水卿之

失体　天幕御憤怒之趣御同意恐入奉存候如仰先〻水公ゟ者不相渡趣及言上候段者少々安慮仕候乍去唐津之處置振ニ於而者可悪之至依之獨木卿後見退職之儀被相願水卿よも目代御免被願武大両士も引籠之處一〻拜承實以切歯當惑此事ニ御座候一水両公ニ者辞官迄ニ不至共辞職被申先宜敷と思召候旨御同意ニ奉存候巨細ニ近情被仰下縉紳家　幕吏之論等委曲御教示被下御蔭ニ而能相分り大慶仕候何分ニも萬一戰爭等之節者其手當も無之而者不相成候儀故日々御繁用之由御尤千萬奉存候加之　大樹公御暇一條之御周旋ニ而御両様故夫彼御手廻り兼御別紙者御代毫を以被　仰下候趣拜承仕候清一郎者後日之都合も可有之と御考早々上京爲致候様ニとの御事拜承則過日發足爲致此頃者上京と奉存候同人儀も早々爲立候筈之處周旋方見込と家老初之見込と少々異議有之夫ゟして少々彼是混雜致し候儀有之乍御内々（側役土肥兵太夫　周旋方土肥謙藏）於城中對論ゟ少々心配致し候筋等有之夫故同人も立延ひ候得共最早上着致し候事と奉存候此儀者極秘尤周旋方計至

當之儀とも不被申其邊者眞秘之事情有之難盡筆頭陳京地御警衛も至極ニ而御考被成候事とも實者大坂城尾張殿警衛之處未タ上京さへ無之名古屋へ被居候趣ニ而迚も急ニ難參依之貴君御考ニ者大坂海邊警衛之儀者小子より押而御免相願餘之人數を以上京致し當時浪華之人數者花城ニ籠メ置禁中御守衛相勤戰爭之時ニ至り　主上を奉擁護大坂を楠公之千破と心得戰功を立候而者如何との御書面御忠誠之段一ツも無殘處御同意ニ者御座候得共當時人數を花城ニ籠置候儀何分六ケしく被存候歟其邊者如何御考被成候哉右之處一御勘考被下大坂城ニ人數差入候手續を御付ケ被下候ハ者難有如何程明策ニ而も城代以下　幕吏詰居候得者差當人數籠候儀如何可有之哉と存候間右之所御厚考相伺度尤花城者大城之儀迚も國を傾候迄も花城充滿之人數者難引足可成者貴君と小子両家ニ而引受年々交代致し其間ニ者四末家を名代として差出し置両家ニ而引受候得者無異議勝算も可有之と存候間右之處も伺度急便を以貴報可被下奉待候以上

六月五日　　　　　　　　　　　　　因幡中將

備前侍從様

尚以石蔓子之御掛念御尤奉存候御別紙拜見仕候　大樹公御歸府之儀ニ付閣老尾前公へ參殿申述候ニハ過日も　關白家ニ申立候通償金之一條不容易事柄ニ付　大樹公早々御東下於小田原驛江戸之奸吏を呼寄罪を正し一水両卿ニ力を合外夷掃攘之手運ひ有之様致度尤勝算ハ無之儀無二無三ニ拒絶ニ及力盡て斃之意味人臣之節を效とも可申趣主張いたし暴馮之説を申ニ付尾卿之御説得ゟも參兼此上ハ　德氏之命運纍卵と思召候得共其實ハ大小監察以下雜卒ニ至迄歸心如矢無謀之動搖有之ニ付眼前之小動搖を恐れ後來之大動搖を不恐輕忽ゟ　御歸府之儀御浩歎之よし御同情不堪悲歎之至ニ候如諭天下切迫戰爭眼前ニ有之候此上ハ備因伯之力を極メ候ゟ外無他素より御同家之儀萬々合力同心致し山陰山陽を鎭壓之儀御同意ニ候間壹人ハ京畿壹人ハ自國ニ在ル（リカ）變ニ乘し作播

攝ニ出發して東西應援ハ良策ニ御座候一和之儀ハ厚承知仕候當秋御相詰之儀ハ如貴示如何ニも存候得共　天幕之命不可背達而御斷申上候も如何と甚心痛仕候且他事御用も候間其の儀ニ候得ハ御用筋も不存むざと御斷も難致乍去只今之模樣ハ別紙被仰下候次第ニ而ハ小子上京仕候とても如何とも難仕依之別紙入貴覽候通三條中納言殿ニ及文通候間小子心中御面會ニ而被仰上被下度尤過日近臣両名爲差登候間拜謁可及言上儀と奉存候得共爲名代末家壹人京畿ニ差置度ニ付右之處懇願相叶伊勢守儀被爲召候樣ニ相成候樣厚御周旋被下度候依之家老ハ爲差登不申何卒伊勢守登京之儀從　天朝被　仰出候樣偏ニ奉祈願候御別紙貴答別段不申上花城之一條ハ早々被仰下候樣ニ致度　大樹公之處ハ必御暇出不申樣ニ御盡力可被成其儀ハ三條家ニも申入候得共貴君方も宜敷御周旋奉賴上候餘四麿儀當時矢張浪華哉土屋之處ハ如何相成候哉伺度同人儀之事ニ付小子存意御座候得共重便ニ奉申上候過日二條殿御直書賜殊

ニ悴へも御品被下重疊辱次第乍憚御序ニ御禮可然被仰上被下候樣奉賴
上候以上

○文久三癸亥年

晋呈炎暑流金之候先以弥御壯榮被成御起居奉珍重候爾來如何御消光被成候哉暑中御訊問申上度將近時京江之事情愈切迫之形勢ニ而御同情悲歎之至先頃唐津東行以來水戸中納言下向後東武之次第散々之事共ニ而遂ニ償金も被相渡候趣尤一橋中納言ハ著府前ゟも相聞候得共同人著後も未タ拒絕期限も相立不申趣尤尾張大納言殿上京御趣意被伺欲之手續ニも候得共備前守從京地申越候次第ニ而ハ更ニ　幕政府之定見も無之此節ニ而ハ只管ニ　大樹公御歸之儀而已水板兩閣主張有之前大納言殿御力ょも不及殊之外備前守ょも心痛之趣一橋當職辭退水戸退職之願ハ被　開食償金相渡し〔候カ〕罪ハ老中以下夫々御處分も相立候筈之趣ニ候得共彼是以心傳心難盡筆頭次第等種々有之尾張殿ょも上京ト申譯ニ而東武發途ニハ相成候由候得

共今ニ名古屋ニ滯留之由其折柄去月二十日姉小路家不慮之一件等ニ而夫ニ付而も議論甚敷趣實以切齒痛憤不堪悲歎　老公ニ者御明策御良考も可有之相伺度先暑中御見舞迄略紙御免可被下候小子儀加賀中納言と繰替當秋京都詰蒙　仰且他事御用も候間早秋上途可仕之旨難有儀ニ者候得共只々御承知之通之拙者當時詰之大名少く其上切迫之形勢先日京地之模樣と者萬端相違歟ニも被察甚心痛罷在御敎示奉仰候書外後便可申上候恐々敬白

六月五日　　　　　　　　　　松　相　摸　守

伊　豫　州　公
机下

○文久三癸亥年

追而申入候別紙之通京都留守居ゟ申越猶右ニ付中立賣御門警衛拙者ニ被仰付旨廿一日傳　奏坊城殿より被申渡候然ル處右之次第者不容易儀家臣共計ニ任せ置候儀も深心遣之儀ゝも有之且事柄ニよりて者當節之儀俄參內も致し　勅命も不相伺候而者難相成處陪臣ニ而者左樣ニも參兼甚以御

案事中上候廉も有之ニ付其許御儀　天朝ゟ被爲　召候樣御内々河毛文藏 羽原傳藏爲
使上京爲致去ル十八日及發足候間多分其通り可被爲　召と存候右　召之
趣被　仰出候得とも両人早追ニ而其地江下向之筈ニ付　公儀屆向等とも於京
申屆其他ニ而も拙方ニ而取計候樣ニと嘉助江も申遣候間両人下向候ハとも
早々御發途御上京ニ致し度候尤道路も成丈御差急ニ而小子六月末發足七
月上旬ニとも上京可相成間其前後を御出京之樣存候近時少々中暑委細とも側
役ゟ平太郎迄申入候樣申付置候間御聞取可被下候以上

水無月五日　　鳥取

金浦君
内書

金浦君ハ松平伊勢守カ

○文久三癸亥年

晋呈仕候雖甚暑之時御座候先以　天朝益御平安乍憚恐悅奉存候御次愈御
安全奉珍重候然とも先月廿六日坊城卿ゟ慶德來夏京地御警衛と過日被　仰
付有之候処他事御用も有之ニ付當秋加賀中納言と繰替勤仕之樣被　仰出

畏入奉存候右ニ付内々詰之家來共爲心得參殿御樣子奉伺候趣ニ御座候処
當秋就御用被　召登又來夏相詰候而ハ都合如何与被　思召候ニ付繰替
御沙汰之趣不肖之身分過當之儀實以超位マヽ候次第重々深恐惶至極奉存候十
日期限相延候ニ付而ハ一橋退職被　聞食届尚又尾張水戸江も其廉相立老
中以下償金相渡候罪御糺明之上改而期限被　仰出　大樹帰國之御暇被
仰出歟ニ薄々奉伺候處右事件ニ付而ハ貴地滯留之老中以下幕吏共種々申
立之趣も御座候哉ニ而全輔翼与同意与計よも無之歟ニも遠察仕尙姉小路
朝臣之儀ニ付而有志議論も御座候趣ニ相聞候得共　大樹去就ハ實ニ　神
州安危存亡之機會ニ而不容易事柄ニ御座候處天下之勢追日切迫之時ニ御
座候間乍恐格別ニ御勘考被在之何卒攘夷之期限相立候迄之處ハ暫　大樹
ハ被留候樣有之度奉至願候尤隨從之老中以下不被爲叶　叡慮衆心ニ背き
候者ハ退職被　仰出可然御儀且償金相渡候罪も糺明仕候儀ハ敢而　大樹
之去就ニ拘候儀ニハ有之間敷大略分明之儀ニ候間宮中江被　召寄斷然与

其罪を被糺以　嚴命夫々處置御沙汰ニ相成候ハ　天威も光被仕随而期限も相立可申欤畢竟是迄於　御所御斟酌被爲在候故萬事貫徹仕兼候儀と奉存候尤　大樹ニ於而ハ弱年之儀萬端幕吏之不行届ニ御座候間　大樹輔翼等親敷於　宮中御決議被爲在候樣奉存候右邊之處乍恐御採用無之而ハ譬下官上途仕候而も前日滯留罷在候と同樣之儀ニ而時勢切迫候而已ニ而却而促動乱候筋ニ相當何共恐入候ニ付御用之御模樣も不奉伺卒爾ニ中上候段ハ重々恐入存候得共敢而不憚忌諱心中有之儘吐露仕候何卒御用之程相窺度書ハ不盡言委曲備前守ゟ申入置候間御聞取可被下希入奉存候誠恐誠惶頓首

六月五日　　慶德

三條中納言殿
内呈

○文久三癸亥年

追々時勢及切迫候ニ付而ハ御用も御座候ニ付早々登京可仕御沙汰之趣畏

奉存候不取敢家老之者を以貴卿方迄御請奉申上候宜敷執　奏希入奉存候
誠恐誠惶謹言

六月十四日　　　　　　　　　　　　慶　德

坊城大納言殿

野宮宰相中將殿

尙〻近日不快臥褥罷在候得共少〻も快御座候得ヽ押而も来ル廿一日迄
ニヽ發足仕候尤貴地不穩趣相聞厚御案奉存候ニ付人數差上候条宜御差
圖希入奉存候以上

○文久三癸亥年

過日ヽ芳翰令披誦候甚暑之節弥御安全珍重存候然ヽ去月廿日夜不容易儀
有之候趣御聞取ニ付早速被伺　天氣尙又爲御守衛人數被差登候旨趣即及
披露候處　御滿足　思食候宜申達被　仰出候仍申入候猶近〻御登京得貴
面萬〻可申述候乍延引御答迄如此候也謹言

六月十一日　野宮定功

坊城俊克

松平相摸守殿

○文久三癸亥年

一翰拜呈仕候追日大暑相成候處先以益御勇健被遊御座恭悦之至乍恐重疊目出度奉存候偖私儀去五日早曉御暇願之通被　仰出難有仕合奉存候右ニ付同六日出立仕同廿一日帰府仕候私上京中ハ段々厚御慈愛相蒙參　内も無滯仕　天盃頂戴拜　龍顏誠以冥加至極難有奉存候右御吹聽旁段々之御禮ニ昇殿仕候心得之處俄ニ京都表御發駕被遊候趣ニ二條殿ニ而奉伺無其儀延引仕恐入候此度ハ萬端首尾好帰府仕候ニ付是迄之御禮厚奉拜謝候猶近日盛岡ゟ參候積ニ御座候間本家ニも段々是迄御懇命相蒙候段申聞候心得ニ御座候本家ニも嘸大慶難有可被存候且亦花輪圖書儀も是迄格別御懇命相蒙誠ニ以重疊難有仕合ニ奉存候乍恐私呈書仕候節御内々御禮奉申上呉

候樣ニ賴置候先ハ右段々之御礼乍恐以呈書申上候猶後日萬縷可申上候恐
惶頓首

五月廿七日認　　南部美作守

相摸守樣
玉机下拜呈

尙以時下折角被遊御保護候樣奉存候私無事帰府仕候間乍恐御安慮可被
成下候以上

別翰申上候然ハ此節上方筋西國邊之形勢如何御座候哉若御聞及之御儀
も被爲在候ハヽ御側向ゟ被　仰付荒增之形勢爲御認頂戴被　仰付候樣
奉願候草々以上

○文久三癸亥年

先月十五日御認ニ而戴御返書謹而拜誦仕候甚暑之節御座候得共先以倍御
機嫌能被遊御座愛度御儀奉存候然ハ先頃ハ色々御願御相談申上彼是奉掛
御配慮候儀恐入奉存候先々此砌世上浪士も至靜罷在候樣子ニ而安心仕候

事ニ御座候　幕府之御模様も染々承不申候得共差當り相替候ト申儀ハ無
御座趣ニ御座候異人も償金仕（さ）候様ニ相成候様承り申候間甚静御座候事横
濱邊も随分繁花之趣ニ取沙汰仕候于時去ル二日之夜八半時頃飯倉片町ゟ
出火ニ而折節南風强吹申ニ付飯倉町ゟ切通し四辻邊西久保邊既ニ右近將
監様御屋敷も御類焼ニ被爲成恐入奉存候夫ゟ愛宕下邊ハ少々移り虎御門
外ニ而鎮火仕候然ル處西ノ久保邊焼ケ申候内飛火ニ而も御座候哉　西御
丸炎上仕無御殘御焼失ニ相成誠以恐入候御次第ニ御座候其内ニも　御本
丸御中奥天上より燃上ケ掛候趣ニ御座候得共火消人數大勢ニ而消留申候
而先々御別条無御座恐悦奉存候昨夕御預り浪士も未御裁許付不申心配罷
在候事ニ御座候先ハ乍略儀御請旁捧愚札候猶奉期後音之時候恐惶謹言

六月五日　　松平出雲

中將様
參人々御中

尚以追日暑氣相募り候間折角御保護被遊候様乍憚奉祈上候先々此表此

砌ハ世上も穩ニ御座候得共一寸之御斷[油カ]相成不申御時節ニ御座候　公武之御意味合兎角御合体之程奉祈候儀ニ御座候得共末ハ如何成行候事哉私風情ニ於而も日夜心痛仕候事ニ御座候何も尊家樣御旗下之私儀ニ付若臨時之節ハ御幕下ニ而粉骨を盡し申度心得ニ御座候何も追〻御教示之程奉希候以上

○文久三癸亥年

以愚翰申入候炎暑之時候處御無異御在府令珍重候然ハ拙官來夏　帝都御守衞當順之處加賀中納言と繰替今秋勤仕從　天幕被命七月中登京之筈之處尙又別紙之通傳奏衆ゟ以書取被申達深辱畏入及御請則廿一日發途申候此段可申入如此候也

六月十七日　　　相摸守

伊勢守殿

出雲殿

尙以伊勢守殿ニ而從　天朝被　召候趣も承候へき愈左樣も成候得ハ早
々發途御上京不日可及御面談出雲殿戶七被差越御示之趣令承知同人ニ
返答申入置候以上
追而申入候於京都表傳　奏衆ゟ別紙之通被仰出候方今御警衛專務之事ニ
候間尙厚御心掛　叡慮貫徹之樣ニと存候此段申入候也
水無月十七日　相摸守
伊勢守殿
出雲殿

○文久三癸亥年
乾雅樂之助ニ被遣候御書
申遣候去ル十四日英吉利船天保山沖合ニ相見へ候ニ付其方始出張早々打
拂玉屆ニ而無之趣ニ而候得共早々掃攘致し候段滿足之事ニ候然ル處其後
城代ゟ達し有之以來心得方等申達候趣ニ而其段承候得共先達而從　天朝

蒙　仰候品も有之且一橋中納言殿松平春嶽殿在京中見掛次第打拂之儀ハ伺濟ニ相成居候儀ニ候得ハ城代ゟ如何程達しハ有之候而も萬一手後レ有之候而ハ對　天朝候而不相濟且ハ幕府へも伺濟之事ニ候間城代之差圖ニ拘るへき事ニ無之候間其方始必死を究重而異船相見候ハヽ不及手間似ヽ無二無三ニ打拂若城代ゟ差圖候共　天命背き難き趣を以及返答主人方ゟ沙汰無之儀ハ軍中之儀御城代之差圖ニ而も進退ハ不仕趣可及返答今度川口ニハ端船を以乘込候節打拂候ハヽ實以勇しかるへきニ殘念ニ存候重而來候ハヽ是非共死力を盡し候樣賴存候監物始一同ニハも厚可申聞候委曲大隅駿河可申達候也

尙以本文之趣伊豆守へも及文通候間必掛念有之間敷事

○文久三癸亥年

以直書申達候炎暑之時ニ候處先以愈御清安可爲御陵（凌カ）奉珍重候然ハ去十四日目印山沖合ニハ英吉利船相見候ニ付御警衞詰家來共早々出張打拂候趣申

達候處貴臣ゟ詰家來共ニ以來ハ見合候樣內達之趣申越致承知候然ル處平常地向之儀ハ可得御差圖候得共警衛之上ニ於而ハ先頃從　天朝總督之心得蒙　仰居未引渡以前之儀且ハ當春一橋殿在京中萬一異船相見候得ハ無二念打拂候段相伺候處春嶽も申達し伺之通打拂不苦旨御差圖有之且　天朝よりも此度重々蒙　仰候次第も御座候間對　天朝御差圖ニハ隨ひ兼候間此度御達之趣ニ不拘如何樣御沙汰有之候共　天朝ゟ御沙汰有之欤又ハ老中方ゟ改而御沙汰無之候得ハ無二念不及御達打拂候樣ニと其地詰家來共へも嚴敷申付遣候間過日貴臣ゟ之御達しハ無之以前ニ御取扱被下度候右之段爲可申述如是候以上

六月十八日　　松平相摸守

松平伊豆守樣

尚以右等之趣以來御沙汰無之樣致し度存候以上

○文久三癸亥年

華墨拜誦仕候酷暑之節先以愈御安泰被爲渡恐賀之至奉存候然ハ縷々御端書之趣敬承仕候右ニ付而ハ乍不及日夜苦心夫々手段も相盡候得共何分貫達難仕遂ニ　大樹公下坂之御次第ニ相成扨々遺憾千萬之儀ニ御座候併未タ再御上京欲直ニ御東帰欲之境更ニ要領相分兼候實國家安危之際ニ御座候先達而三條殿ハ御呈書案備前守様ハ御廻し被成候處既ニ御帰國御途中ニ付此表ニ而周旋可致旨小生方ハ御申越ニ付早速役筋之ものへ申付三條殿ハ委曲申立候處委細御承知ニハ御座候得共御細書中之儀既ニ過去候品も有之又償金相渡候等奸吏御處（置カ）筋之儀ハ今程唐津世子官位迄被止大坂城代ハ御預ニ相成詰問最中之事故右等之時態詳悉小生ゟ申越候様尚又早々被爲　召候上ハ一日も早ふ御登京御座候様三條殿ゟ御申越ニ付御廻し御草案ハ付札ニ而可申上と存候得共不遠御上京之御都合ふも相伺尚更入込候事情何分禿筆ニ難盡候間文略仕候萬々拜眉之上可申上候唐津世子御預ニ相成候由此度西上之心中實ニ不容易含まも相聞可處嚴科旨　天朝ゟ被

仰出候儀故此上之處如何成行可申哉萬々一右刑典も正敷御處置無之直ニ御東帰之事ニも相成候ハ者實以　德川家之御安危ニも相拘り候而已なら す詰り　皇國之御盛衰ニも相成候儀故痛心千萬御座候小生儀も御承知之努（駑カ）才且若年旁滯京仕候而已ニ而分寸之御奉公も無御座汗面之至ニ候間何卒疾〻御登京被爲在御周旋御座候樣國家之爲奉祈候且小生儀も親敷御示敎相受　祖宗以來尊王攘夷之御誠意も貫徹仕度候間拜眉御示敎之程奉待候先者三條殿御傳言申上度早々如此御座候恐々謹言

六月十三日　　松平餘四麿

中將樣

○文久三癸亥年

尊墨忝拜見仕候如貴命炎暑之節御座候得共愈御堅達珍重御事ニ御座候陳者去十四日目印山沖合江英國船碇泊致候ニ付　御手前樣ゟ御差出し之御警衛詰之御家來衆早速御持場江出張いたし打拂候趣ニ而右異國船即事ニ

出帆仕候其節私家來ゟ其御家來衆江御達申候儀ニ付　公方樣御在坂中紀伊殿ゟ異國船渡來之節御心得方拙者迄御問合御座候ニ付其段老衆江申達御差圖振伺置申候處攘夷之儀未タ於横濱表談判中ニ付承伏之有無難決内此方ゟ手向之儀者見合弥手切ニ相成候節者猶被相達候品も可有之間彼より襲來不申内者俄忽之所行不致樣御申付可被成尤攘夷之儀被　仰出候ニ付而者片時も警衛向油斷者難相成乍併通航之外國船無謂打拂候儀者御見合被成候樣可及挨拶旨御差圖ニ付去ル十四日英國船渡來ニ付諸藩江御心得迄ニ御達申上候儀ニ御座候然ル處異國船と見受候ハ者無二念打拂候樣從　天朝被　仰出候趣ニ付先日從私御達申上候儀者御取用被成兼候と之御趣意御尤ニ御座候既去ル廿日傳奏衆雜掌より拙者家來共江別紙之通御達之趣被仰遣候ニ付畏候段御請爲仕候就而者去ル十四日御家來衆迄御心得迄ニ御達申候儀者前件之次第柄ニ付過日御達申候廉者御取捨被成候樣御家來衆江御達可申上旨家來共江申付候間定而御家來衆ゟ可入御聞儀と

存候右尊答迄如斯御座候以上

六月廿二日　　　　松平伊豆守

松平相摸守様

尚以御端書之趣拜承仕候時候折角御厭被成候様存候以上

別紙

六月廿日傳奏衆雜掌中ゟ到來別紙寫

攘夷期限之儀先達而布告ニ相成既於長州遵奉　叡慮斷然及掃攘候間以後外夷渡來候ハヽ無二念打拂可申候尤警衛之諸藩互相援盡力防禦可有之候様被仰出候事

○文久三癸亥年

一簡拜呈仕候殘炎如燎難堪御座候處愈御清適被爲渉奉抃賀候扨此間ハ又々御上京御苦勞之御事奉察候野人儀も長々在京御守衛罷在候處漸々去ル廿七日御暇被成下難有仕合奉存候御警衛之儀ハ萬端御讓仕候間何分宜奉

願候　大樹公ニも長々之御滞京奉恐入候處無御滞御帰府ニ被爲成奉御同慶候御滞京中ゟ何分事六ヶ敷色々心配仕候事ニ御座候此節ゟ先々平穏乍併朝夕ニ變事罷在候間少しも油斷不相成時勢ニ御座候先日ゟ御細書被成下忝拜讀仕候從是ゟ彼是取込御無音申上失敬之至奉恐縮候右貴答旁時季御見舞申上度早々如此御座候頓首拜

六月廿九日　　　米澤小子

因州明公

二伸殘暑折角爲民社御自愛專一奉存候小子儀明日出立之含ニ而彼是取込罷在早々申上候備前上京仕候ハヽ乍憚宜御一聲奉希候以上

○文久三癸亥年

謹而奉申上候殘暑之節御座候處愈御機嫌克被爲入恐悦至極之御儀ニ奉存候扨野生在京中攘夷之儀厚く　叡慮も被爲在候ニ付關東江罷下早速右之段幕府江も罷出評議ニも及尚又大樹歸府被致候付而も一同厚く評議ニも

相成候　叡慮之趣早速取計可申筈ニ候得共衆議一致不仕誠以奉對京師候而も一旦御請仕其上ニ而前件之通不行屆と申候而ハ實ニ恐入其罪難逃仕合ニ候得共扨々力ニ及兼候場合も御座候而恐入奉存候乍去　勅命之儀を彼是御猶豫願候儀ハ實以恐入候儀ニ有之候得共關東ニ於而目當も不付儀を麁忽ニ御請仕　皇國之恥辱を外國ニ傳へ萬一大樹御咎ニ而も有之候樣ニ而ハ於野生も不相濟國家之一大事此上もなき御事と奉存候併右等之儀一應申上候而も御問返も定而可有之夫を文通ニ而ハ往復ニ月日を費し且書取かたき意味も御座候右ニ付而ハ一橋中納言儀ハ後見之儀ニ而逐一右等之儀も心得居候得ハ右ハ老中河内守付添被爲　召一々御尋ニも相成候ハハ攘夷之御策遲速之利害定而御分り被遊候儀と心付候事故每度御懇命を蒙り難有奉存居候間不顧恐　尊公迄申上候乍去右之儀我々ゟ申立候と申儀聊相顯レ候而ハ甚差支殊ニ一橋ニ而定而迷惑ニハ候得共爲天下無據此段極內々申上候間宜敷御周旋被下置候樣奉願候頓首謹言

六月廿六日　　　　　　水戸中納言

鷹司様
拜上

○文久三癸亥年

尊書被成下難有奉拜見候先以益御機嫌能被遊御座恐悦奉存候陳ハ御別紙之通京都御留守居ゟ申上右ニ付中立賣御門御警衛被爲蒙仰旨去月廿一日傳奏坊城殿ゟ被仰渡恐悅至極奉存候然ル處右之御次第不容易御儀御家來計ニ御任せ置被遊候も深御心遣ニ被思食且事柄ニ寄候而ハ當節之儀俄ニ御參　內も被遊　勅命も御伺不被遊而ハ不被爲成候ニ付陪臣ニ而ハ御不都合ニ付私儀從　天朝被爲　召候樣御內々河毛文藏 羽原傳藏爲御使上京去月廿八日御國表發足仕候由多分　思召通りニ可相成と被　思召候由右　召之趣被仰出候得ハ両人早追ニ而當地ニ罷越候由　公儀御屆向等ハ於京地御屆當地ニ而も御屆ニ相成候趣嘉助ニも被　仰付候趣一々奉拜承右兩人下向仕候得ハ早々出立道路差急　御前六月末御發駕七月上旬御上京其前後ニ出

京仕候樣委細奉畏候具サ𛀁御側役ゟ平太郎𛂞申越候趣も一見仕候事ニ御
座候近時少々御中暑ニ被爲入候趣御案事奉申上候折角御大事ニ御用心被
遊候樣奉祈念候先𛀁右御請奉申上候恐惶謹言

六月廿三日　　　　　　　　　　　　　　　　松平伊勢守

中將樣

別紙

別紙奉申上候陳𛀁過ル十五日御老中連名之奉書到來仕神田橋御門番伊東
左京太夫代り被　仰付難有奉存候依之非常人數出之儀𛀁　御免被成難有
奉存候右御吹聽奉申上候以上

六月廿三日　　　　　　　　　　　　　　　　伊勢守

○文久三癸亥年

捧拙筆候殘暑甚敷御座候處弥御壯健大賀之至奉存候然𛀁此度從　朝廷
御沙汰之御次第も御座候趣ニ而御上京相成候段承り御苦勞之儀奉存候

追々切迫ニ相成候而御同情　朝廷之處も如何と苦心此事ニ不過候左之ヶ條之處御内々御相談申上度奉存候御同意ょも被爲在候ハ者可然御周旋被成下候樣奉願上候

一相國寺内江精選之諸家人數一處ニ宿寺相成候樣御達し御座候

此ヶ條得と相考候處諸藩ニ罷在候而者自然平常共ニ彼是と申儀出來仕間敷共不被申又少々論等違ひ候迄て直樣天誅を加へ候樣之儀出來致候而者兼々勤　王致し候者之内ニ隔意出來候節者　主上之御爲ょも不相成候儀故　御所近邊ニ而別〳〵ニ居處之儀者御渡相成候樣三條殿江御周旋可被下候

一諸藩打交り追々者調練等も被　仰付候哉ニ承り候左樣相成候而者迄てんも治りも宜しからにゝ（マヽ）儀と相考候間一手限りニ而折々調練幷大炮空發仕候樣相成候ハ者彼是と申儀も無之御實備ニ諸藩迄も守禦出來可仕と存候間是又御周旋可被下候

一此度御上京之節御召連之士分以上人數荒増御示敎御內々被成下候樣奉願上候
一中川樣御內伊丹藏人山田勘解由召捕ニ相成候趣何等之次第ニ御座候哉不審ニ奉存候御分りも候ハヽ御示敎可被下候
一貴君ゟ長州表〻此頃爲御使御物頭位之者御遣し相成候趣承知仕候定而御援兵之思召と奉存候得共實説相分り兼候間相伺申候
一姉小路殿〻狼藉仕候者未タ相分り不申候哉御序ニ御示敎可被下候
一唐津を長州ゟ乘取候樣承り候ら如何
一隱岐國海邊〻夷船乘り候而直樣歸帆之樣承候ら如何
右等相伺度如此御座候急キ認大乱筆御免可被下候以上
六月廿九日　備前侍從
因幡中將樣
別紙

去ル廿四日野宮殿ゟ家來御呼出御達之御書付

松平備前守

從來七月參勤之處時勢追々切迫ニ付早々登京可致更被　仰出候事

御請左之通

去ル廿四日於野宮宰相中將亭被　仰出候趣深畏入候右御請奉申上候

誠惶誠恐謹言

六月　備前侍從

前文之通御請者奉申上候得共何分國元家老共登京之儀差止メ因循之儀申立候而既ニ池田出羽守上京ニ而登京之儀御猶豫相願候手段ニ相成候而何とも對　朝廷候而恐入候次第ニ而此上者小子之心底深御酌取相成候而登京御猶豫之儀主張仕候家來嚴敷咎申付候樣從　朝廷被　仰出候而一ニ者左之通之振合位ニ家老出羽學習院ゟ被　召寄候而被　仰出候ハ者於拙者者難有奉存候事ニ御座候何分此程江見陽之進と申者ゟ拙者

心底委細申聞候而上京爲仕候間被召寄御聞取被成下候而御周旋偏ニ奉
願上候相願候被仰出之儀ハ左之通

松平備前守

先日も登京之儀被　仰出候處此度家老池田出羽上京歎願之趣逐一達
叡聞候家老共申達候趣一通尤ニ候得共追々時勢切迫ニ相成候處國元
防禦不行屆勝之趣申立候段如何之事ニ候全体是迄とも違ひ　大樹歸
國ょも相成候而於　朝廷不安　叡慮候折柄故直樣登京可仕候儀至當
ニ可有之候處兼而歸國之節備前守ゟ申達置候期月ょも相成候折柄歎
願致し候段　叡慮ニ相反し如何之心得ニ候備前守意内逐一言上尚又
一藩とて乍申分而登京猶豫之儀主張致し候家來共嚴敷處置申付候而
其段速ニ言上可有之候樣被　仰出候趣　關白殿被命候
前條之振合位ニ被　仰出候ハヽ因循之家來共も發心可仕と奉存候間極
々御内々奉申上候小子ハ官位共御取上ケ相成候而も宜しく候間此末迚

も勤　王之処出來仕候様致度心底ニ御座候間偏ニ三條殿　殿下二條殿
野宮殿江御周旋奉希候
一何れも申上兼候得共野宮殿江之書状下案差上候間極々御内々家臣江見
陽之進被召寄御見せ被下候様尤外家來江者洩不申候様御申聞奉願上候
尤小子ゟ申上候と御沙汰御座候而も同人者宜敷御座候間無御心置被仰
聞候様奉願上候以上
六月廿九日
尚以餘四殿不快之趣心配仕候間御序ニ委敷様子御申越可被下候小子
ゟも宜御鶴聲相願候段御傳言も奉願上候以上
野宮殿江之御草按
謹而奉捧短簡候殘暑去兼候處弥御安全奉大賀候先般上京中者度々御懇
篤ニ萬端御示教被成下御厚情之段難有深畏入候抑追々上京之時節及切
迫候ニ付被　仰出候趣も有之畏入候儀ニ而御請も奉申上候事ニ者御座

候得共兼而御承知之通之茂政不肖之身分聊微功も無御座候處深奉蒙
朝恩候儀故　御沙汰無之候而も時勢追々切迫其上兼而之月割ニ至候而
已ならす歸國之節ハ厚キ被　仰出も御座候事故迅速ニ上京不仕候ハ而
ハ不相成候儀且七月朔日ニハ國元出立仕候趣申上置候意味ょも相反し
違約之罪難免何共重々恐入候得共國元家老共初見込之趣申達候品も御
座候而難默止此度家老池田出羽と申候者上京爲仕候間近々京著可仕と
奉存候間委細ニ御聞取被成下候樣奉願上候先頃上京中も茂政異存之處
ハ御承知之通之儀故今更奉申上候も恐入候得共歸國罷在候而も日夜不
安寢食御地之御模樣如何と深心配仕居候殊ニ長州表戰爭ニ相成候ニ付
而ハ近海之事故國元防禦之筋も心痛仕候事ニ御座候出羽申達候意味御
聞取ニ相成候而茂政念慮變動不仕候段ハ深御酌取被成下候樣兼々御懇
命も被成下候儀故右之段奉願上度如是御座候誠惶誠恐謹言

六月廿九日　茂政

野宮宰相中將殿

○文久三癸亥年

一翰拜呈仕候甚暑候御座候得共先以御揃被遊益御機嫌能被爲入珍重之御儀奉存候然者今般御妾腹之御男子樣御出生被遊候趣目出度奉存候右御怡暑中伺御機嫌度旁如斯御座候恐惶謹言

六月十七日　　松平右近將監

松　相模守樣

二伸中略先月十日長州赤馬關〻英國船壹艘來舶仕候處同月廿三日長州方〻敵船〻大炮數發打掛ヶ遂ニ及爭戰長州方ニ而者手負等も夥數敗軍之趣實ニ切歯之事ニ御座候右風聞書等眞僞者難計候得共入手候間奉入尊覽候以上

○文久三癸亥年

過日參殿之節拜見仕候六月十三日付一橋中納言呈書幷會津肥後守東行願

之通被　免候節之　御沙汰書小栗長門守ゟ被　仰出候　御沙汰書共御内々拜見仕度且去三日於　宮中蒙　御沙汰候儀ニ付言上仕度儀御座候間御程合次第參殿仕度宜御披露希入存候誠恐誠惶謹言

七月五日　慶德

殿下

諸太夫中

○文久三癸亥年

以急便申達候　天朝益御平安臣下一同奉恐賀候御次貴官弥御安祥御休息珍重存候然ハ別紙之通三條殿ゟ御書取御渡御座候間早々廻達仕候急速御發途早々御登京之樣ニと存候尙二條殿三條殿ゟも早々御出京之樣申入候樣ニとの御事ニ候右之段可申述如是候以上

七月五日　因幡中將

備前侍從候

別紙

松平備前守

登京之儀更ニ被　仰出候處今度家老池田出羽致上京御猶豫相願出候趣ニ相聞候方今追々切迫之時勢殊ニ大樹歸府よも相成深被惱叡慮候折柄早々登京可有之儀ニ候且兼而備前守ハ御沙汰之期月よも相成候折柄御猶豫被相願候條如何之心得ニ候哉備前守異存言上可有之候且彼是申立候輩有之候得ハ屹度申諭し早々上京之樣周旋可有之此餘遲延ニ及候得ハ　御沙汰之品も可有之旨　關白殿被命候事

七月

○文久三癸亥年

愈御淸榮萬賀候陳ハ一昨鳥於　宮中三條中納言御談被申述候擊劍場之儀御勘考如何候哉御世話敷申兼候得共否早々承度先御尋申試候匆々不具

七月五日　野宮定功

飛鳥井　雅典

因幡中將殿

○文久三癸亥年

芳翰拜見仕候愈御安康御奉勤奉恭賀候過日參　内之節蒙御内意候擊劍場之儀熟考仕候處利害得失不少儀ニ付猶御深慮之上被　仰出候樣仕度奉存候諸家より差上候御親兵も多人數上京仕居申事ニ付武學御造營ニ相成右武學中ニ歸宿寮御取建被成候而上京有志之徒主人持者其主人ニも御沙汰之上ニ而右歸宿被　仰付御養被下候樣相成候ハ者有志之徒歸宿せる處を得て其差支少く哉と奉存候得共猶得と利害御講究之上御創建被爲遊候樣仕度此段御内々申上試候誠恐誠惶謹言

七月　　慶德

飛鳥井中納言殿

野宮宰相中將殿

○文久三癸亥年

芳翰拜誦仕候如來諭殘暑甚敷御座候處愈御淸安可被成御起居奉欣喜候先頃中四孌膺出生之趣御聞及被入御念御楮上之條奉多謝候長州一條風聞書圖面共御廻し御厚情忝奉存候大ニ心得ニも相成不淺大慶仕候如貴示長州方敗亡實ニ不堪切齒候何卒從是ハ先日從　大樹公攘夷之儀御請被　仰上則當夏中諸藩にも布告相成候趣も御座候間何卒　幕廟御憤發之樣ニと奉存候處此程水戸殿一橋殿より　天朝に極密被仰上之次第且又板倉退職唐津之處置振姉小路殿不慮之趣等何一ツ御遵奉之意立兼殊ニ蒸氣船還御之御次第等第一　朝廷ニ而ハ斷然と攘夷御決心幕議未治定ニ而毎々　公武御不都合而已甚恐歎甚痛實切迫之次第此時爲　公武周旋不仕ハ何レ之日欲又再　朝幕之御榮耀を可奉拜哉悲歎泣涙之至且先日も貴書被成下攘夷之模樣申上候樣御申越早々申上候筈之處先月廿有一日國許發足上京仕候ニ付取紛延引之段御仁恕可被成攘夷之次第ハ荒略右ニ御座候得共此節之

儀ハ難及紙筆儀而已ニ而御座候間幸餘四麿も上京中之儀水戸家來も多分
罷在候間當節時情巨細承知之向を貴國ゟ差上委曲申上候樣可仕と存候此
段如是ニ御座候謹言

七月初五　京都旅邸堀川於本國寺境内認　慶　徳

右　近　殿

尙又時下御自重奉專祈候一昨日參　内難有奉存候御吹聽申上候備前守
殿も近日上京之趣ニ御座候云々

○文久三癸亥年

秋暑甚敷候處弥御安康御奉勤奉恭賀候然ハ過日　宮中ニ於而御談之別紙
熟考仕候處尤至極之意味合ニハ御座候得共只今と成正邪分別之儀　御沙
汰御座候迚も被行申間敷却而　勅意立不申節ハ　朝權ニ差響不容易奉存
候尤是迄數度　御沙汰之上又右被　仰出候ハヽ乍恐　御仁慈之邊ニ於而
ハ此上も無キ難有儀ニ而　幕ハ兎も角も諸藩　天愛之程奉感戴哉ニハ御

座候乍去威恩並行ニ無之而ハ萬端如何と奉存候間尙與得被運御賢慮　天
威相立隨而　御仁慈之邊被行候樣伏而奉希候誠恐誠惶頓首
七月六日　　　　　　　　　　　　　　慶　德
三條中納言殿
尙以御別紙返上仕候昨日吉成之書面両傳迄差上候御落掌之儀と奉存候
以上
○文久三癸亥年
飛鳥井中納言樣ゟ御達書付
御用之儀候間明七日午刻若差支之儀有之候ハ明後八日巳ノ刻ゟ未ノ刻迄
之內假建ニ參上可有之旨被　仰出候事
七月六日
右御請書
御用之儀御座候ニ付明日明後日之內參上之旨奉得其意候則明七日午刻參

上仕候此段御答申上候以上

七月六日　慶德

飛鳥井中納言殿

○文久三癸亥年

昨夕ゟ芳書令披見候弥御勇健之御事珍重存候抑過日來駕之砌内々入覧候一橋書状并一昨日返書ニ申達候書取會津肥後守江御沙汰書且願書小栗長門守江被下候書取尚又内々一覧被致度趣承候則右書付類入覧候何卒御内密之御心得希入候跡ゟ何卒早々御返し之様ニと存候且此頃御入來之事承候今日ゟ別殿江用向ニ而參り候明日ゟ七夕參賀致候まゝ御理申入度明後八日朝之内ニ候ハゝ先々差支無之候儘右之儀乱筆なから申入候也恐々謹言

七月六日　鷹司輔熙

因幡中將殿

○文久三癸亥年

華墨薫讀仕候如命秋暑甚敷候愈御勇健被成御座欣喜之至存候然ハ過日於宮中拜面之節御談申候儀ニ付縷々御示教之旨謹承仕候賢慮之趣一々御尤之儀感佩仕候於僕も御同意存候被返下候一紙慥落掌仕候猶拜晤心事萬々可申述候先ハ乍遅延昨烏貴報申入度如此御座候頃日暑邪臥床乱筆失敬之段偏海宥可被下候頓首謹言

七月七日　三條實美拜復

因州羽林君

二伸御端書之趣敬承候吉成之書面從傳奏衆被傳落手仕候匆々不備

○文久三癸亥年

過日同姓備前守登京遅延之上尙家老池田出羽差出御猶豫相願候欤ニも被聞食候ニ付　殿下被命候趣慶徳迄御内達之御書面早々備前守ニ相達候筈ニ御座候處出羽上京之上期日遅延之段ハ厚恐入奉存候得共弥來十二日

方發足路次差急上京之旨申越候就而者不日登京ニ相成候儀右等蒙　御沙汰候而者重々恐入候次第御座候間何卒以出格之御憐察此度之處者　御沙汰ニ不及樣伏而奉希上候尤尚又御趣意相含速ニ登京之樣申遣置候間御書取返却仕度御落掌奉希候以上

七月八日　慶德

三條中納言殿

○文久三癸亥年

今朝御約束之寫入呈候御返しニ不及候也

七月八日　輔熙

因幡中將殿

別紙

微臣之輩昧死建言仕候方今時勢益切迫既於長州兵端相開攝海江毛夷艦時々乘入候上者何時大學襲來茂難計折柄於幕府者攘夷之　勅命御受

者乍申上兎角因循仕明燎（瞭カ）之處置無之候ニ付微臣之輩不堪苦心候迚茂只
管幕府江而已御命令ニ氏者決而　叡慮貫徹之期無之遂ニ醜夷之正朔乎
奉候樣可成行与存候間何卒斷然被定　聖策　御親征之儀天下江布告被
爲在候者闔國之士民一心戮力速掃醜夷　奏太平候儀數年之内ニ可期存
候間即今之急務此他ニ良策無之候呉々　御果斷伏而希上候事
但前條申上候　御親征之儀者即今　鑾輿を被爲進候儀ニ而者無之先
御親征〻申儀天下江布告ニ相成候ハヽ者人心一定却而鎭靜可仕左も無
之候而者天下人心所適從無之四分五裂（烈カ）之勢判然〻相見候間右御布告
之儀無之而者有志之輩不堪悲憤騷擾紛乱如何可成行哉難計候間何分
急速先布告之儀被行候樣希上候事

滋野井　實在
東園　基敬
四條　基修

此ノ別紙ハ七月六日ノ日附也

壬生　隆謌
錦小路　頼德
澤　宣嘉

○文久三癸亥年
今朝ハ奉拜　台顔其砌ハ御高談拜聽深畏入奉存候御封中之趣畏入御請奉
言上度執事可然御披露希入存候誠恐誠惶謹言
七月八日　慶德
殿下
諸太夫中

○文久三癸亥年
執事迄言上仕候　台下益御安泰奉恭悦候一昨日參　朝之砌両役衆參政諸
卿御議論承ヶ條ハ種々御座候得共餘之儀ハ細末之事而已御座候得共兼而
御内咄窺居候　台下被惱　尊慮被爲盡　賢慮候御一條之儀段々御議論ニ

付微臣乍不及見込之儀申入候得共中〻以短少不才之微臣共所及ニ無御座
次第ニ而昨日も　殿下ニも愚見ヲ及建言候次第ニ而尙　尊慮も奉伺候様
之事ニ御座候愚見ヲ汚　尊顏可言上仕候得共當朝申上置候間不取敢此段
迄言上仕度宜披露希入存候誠恐誠惶頓首

七月九日　　　　　　　　　　　　　　　　　　慶　　德

右　府　公

諸太夫中

○文久三癸亥年

飛鳥井中納言様ゟ御達

其許　御用之儀有之候間明十日午刻後假建ニ參上可有之旨被　仰出候事

七月九日

同御請書

明十日參　上之儀奉得其意候得共今朝暑邪不相勝候ニ付明日之儀ヲ御猶

豫相願度此段希入存候以上

七月九日即時　慶徳

飛鳥井中納言殿

（原朱）因州家書類

文久癸亥

尺牘草案

四

○支久三癸亥年
過日御内命探索方之儀拙官方取調未行届候得共別紙内々入手仕候間疾御
承知之事とは奉存候得共差出申候恐惶謹言
七月十日　　　　　　　　　　　　　　　　慶　　徳
野宮宰相中將殿
尙〻議　奏衆にも宜御傳達希入奉存候以上
○文久三癸亥年
華翰令拜誦候少々御所勞之由御保護專一存候陳者過日内々申入候儀御探
索別紙御手ニ入候由内々御差越慥落手候彼是御面働氣毒存候尙期貴面縷
々可申述候御報迄早々不備
卽漏　　　　　　　　　　　　　　　　　野宮定　　功
因幡中將殿
尙〻議　奏にも可相達候也

○文久三癸亥年

芳墨忝拜誦仕候如貴命炎暑酷烈先以弥御清康被爲渡奉恭賀候然ハ朔平門前之件々唐津登京之儀追々時勢切迫ニ付而ハ速ニ御登京被蒙　仰廿一日御發途之段奉珍重候小子無異消光御同然上京候樣蒙　勅命一昨朝淡城發足仕明夕ハ明石渡海兵庫ニ止宿仕候心意ニ御座候近日得拜眉萬々御卓論可奉伺先ハ貴答迄早々頓首

初秋十日朝　淡路守

相摸守樣

案下

尙々例文略之

○文久三癸亥年

一翰奉呈上候殘暑之砌御座候得共先以益御機嫌克被遊御座恐悦至極奉存候陳ハ厚思召を以河毛羽原両士ハ被仰付上京仕候處三條殿ゟ以　勅書別紙之通被仰出難有仕合奉存候右ニ付河毛奥田　敕書持參廿五日申ノ刻著早々謹而頂

戴難有奉存候且文藏ゟ委細　御沙汰之趣奉伺奉畏候右ニ付早々願書進達
仕明朔日御暇被下置候趣ニ御座候左候得ハ即日發足仕度申付候處急々之
儀如何ニも出立出來兼候ニ付二日早曉之治定ニ御座候羽原傳藏儀ハ御用
向ニ而京地ゟ罷歸候趣ニ付奥田萬次郎ニ相成候趣ニ御座候先ハ右御吹聽
御禮奉申上度如斯御座候恐惶謹言

六月廿九日　松平伊勢守

中將様

尙々御例文略之

別紙　松平伊勢守

松平相摸守
御名儀爲御守衛上京被　仰付候ニ付伊勢守ニも上京共ニ御守衛相勤候
様被仰出候事

六月

○文久三癸亥年

内呈仕候愈御安泰被爲渡奉賀候然ハ先頃當秋京師蒙御守衛之命既去月廿七日上京仕去三日傳奏衆ゟ依御達參　內仕拜　龍顏難有仕合奉存候陳其後去ル七日參　內仕候以來度々　御親征被遊候旨四方ニ御布告之儀蒙御下問候得共追々建言仕暫御猶豫之處申上置候得共右　御親征之議論相起候儀ハ全關東攘夷之御處置御延引而已ならす小笠原等之儀並姉小路卿等之次第追々及切迫且又此儘ニ而ハ遂ニ　朝權墜地諸藩も亦奉　勅之者少きニ可至と深御案事被爲在且諸有志と相唱候向專申立候次第も有之實不得止事ニ出候策ニ而其上小倉藩之傍觀違　勅等種々相重り候ニ付而ハ被促　叡慮候儀も乍恐不御無理次第　御親征御一決ニ相成候而ハ　鳳輦之所向何レ之地か不測實ニ不容易譯柄ニ付　御親征之儀ハ段々建言之上御猶豫申上尤　叡慮貫徹不仕候段ハ重々恐入候ニ付先觀察使被差遣候而而後　御親征御布告相成候共不遲儀と奉存候間先監察使之儀關東ニ御沙汰

相成候樣ニと奉存候間其段建言仕候心得ニ御座候得共御採用之上被下候節ニ至り候而も攘夷之御處置不被行奸吏盛ニ事を取却而　天使を拒み候樣之次第ニ而者　徳川家者其日限之勢ニ而御同情可悲歎之至何卒此内速ニ両卿御憤發被爲在候樣横濱夷虜之巣屈〔窟カ〕御掃斥之御良策被廻隨而酒飛淺伊等之奸吏御罰黜之御果斷伏而冀度御同意ニ御座候ハ者監察使之儀建言可仕候間弥下向之期ニ至候ハ者両人〔卿カ〕之内小田原迄も被爲進監察使を奉て叡慮貫徹攘夷罰奸之御處置水卿御一手ニ而御進發被遊程之御果斷被爲在度両卿御不同意ニ候ハ者迚を餘存無御座候間不得止事　御親征之命を奉し候外無之左候而者事實ニ及大切且其節下官之輩　鳳輦ハ隨從仕候者を𪜈より若攘夷之旅察として幕奸掃攘征討等之儀不下も難計於臣子も奉命不仕候得者忽ち違　勅之名を蒙り去りとて御家門之末を汚し御地ハ弓を引候儀者實ニ不忍次第進退困窮仕候何卒臣之心中御憐察且時勢御洞察被下御果斷之御處置希度貴報次第何レ𪜈も御請可仕心得ニ御座候委曲者

一眞齋ニ何レを差下し候樣申置候間著之上御直ニ御聞取奉願候望紙涕泣不知所言餘情御高察奉願候恐惶謹言

七月十二日　　水人尼子長三郎持参　松平相摸守

水戸中納言樣

尙〻譜代恩顧之大名ハ素より數年蒙　高恩候儀萬一水公御一手ニ而御不足ハ有之間敷候得共事大切之儀ニ付何卒早々不洩樣　台慮御伺ニ相成候と欲可と欲格別之御取計を以兩卿幕ニ代て諸藩之布告ニ相成候程ニ無之而ハ乍不及迚も事果申間敷と奉存候其邊ハ尙被廻賢慮候樣奉願候以上

○文久三癸亥年

過日參　朝拜面之砌御談之御答所勞及延引候得共兩卿迄差上申候且又兩朝臣監察使被仰出候趣相窺元ゟ御至當之御儀と過日も申上候通於慶德も乍恐御尤奉存候得共是迄例幣使等被命候とハ事替り隨從之臣下ハ元ゟ屬官も無之而ハ不相濟樣奉存候且一ニハ威嚴顯然と致し不申候而ハ自然

朝威ニも相拘候間其邊迄も與得被盡　朝議候儀共奉存候得共未發ニ建言不仕既往噬臍仕候迚も無詮儀ニ付甚恐入候得共御次第奉伺度倘其上ニ而ハ拜面存意も言上仕度依之奉申上候恐惶謹言

七月十三日　慶德

両傳奏宛

○文久三癸亥年

松平備前守儀先般賜御暇歸國之砌略及言上置候處右期限より遲延仕重々恐入奉存候然ル處去十一日發足來ル十七日登京仕候得共右延引仕候ニ付而ハ伏見ニ滯留仕差扣進退相伺候方ニも可有之哉此段相伺候樣申越候得共　御膝元御人少之儀ニ付直樣上京爲致候心得ニハ御座候得共一端恐入差扣相伺候方ニも可有之歟此段御內慮奉窺度如此御座候以上

七月望賀　慶德

廣幡大納言殿

三條中納言殿

○文久三癸亥年

貴札拜誦仕候益御芳健珍重奉存候然ハ松平備前守殿御進退之儀ニ付御尋之趣致承知候即關白殿ヘ相伺申候處決而御進退抔御伺之儀ニハ不及申事ニ候早速御上京御座候樣被命候此段御報申入候忽卒略答海宥可被下候仍如斯候也恐々謹言

即刻　三條實美

廣幡忠禮

松平相摸守殿

○文久三癸亥年

昨日ハ芳翰辱令披誦候如來諭其後ハ御疎遠打過候未殘暑難退候処御安榮珍重存候然ハ以　叡慮先般被爲　召候處過日ハ御上京之由御苦勞奉存候早速御上京定而　御滿足被遊候儀と奉存候扨右御上京ニ付時候爲御尋玉

章拜閲候加之爲御土産何寄之佳品恩賜之御厚情難謝申辱存候猶得尊顏候
ハヽ可盡萬謝候仍早々御報迄如斯候也謹言

七月十六日　坊城大納言

因幡中將殿

尙以如來示當春御上京之砌度々御面話忝奉存候御念謝痛入候扨又下官
儀因所勞辭役之儀再應歎願候處去月願之通被　聞食深畏奉存候乍序御
吹聽申入候併不外儀不相變御懇意所願候御用暇來臨も被下候ハヽ拜謁
萬々可申述候早々乱毫宥恕可被給候也

○文久三癸亥年

飛鳥井中納言樣ゟ御達

其許御用之儀有之候間今日午刻後假建ニ參上可有之旨被　仰出候仍申入
候事

七月十六日

○文久三癸亥年

拜見仕候參上之儀奉得其意候則參上仕候右御答如斯御座候恐惶謹言

七月十六日　　松平相摸守

飛鳥井中納言殿

○文久三癸亥年

昨烏ゟ拜顏大慶爾來愈御清穆奉珍喜候然ゟ昨夕殿下御議論如何被爲在候哉且御內話申上候　親征之儀御良策御明考も被爲付候哉小子拜趨如何可相心得哉貴報被仰知被下度候先ゟ右迄匆略申留候拜具謹言

七月十六日　　相摸守

淡路守樣

○文久三癸亥年

昨日ゟ得寬顏不淺忝奉存候爾後益御清康被爲渡奉賀候次ニ小子無異消光仕居候陳ゟ昨日之御卓論之儀ニ付申上度有之候間今夕未刻過ゟ御光駕被

下度奉存候御差支之有無貴答ニ御申越可被下候先ゟ此段迄早々頓首

即　　　　　　　淡路守様御旅館
　　　　　　　　　　　　　永観堂小子

本國寺賢君

尙以時下御保愛專一奉存候何卒今夕御出被下度奉待候以上

○文久三癸亥年

芳翰忝拜誦如命昨夜殿下之御議論奉伺候御來駕被下候ハゟ可申上候右ニ付先刻以愚書御來駕相願候儀ニ御座候處行違貴翰御惠投被下候事と奉存候何卒未ノ刻過御光臨奉待候頓首拜

七月十六日　　　　　淡州

相州賢公

尙〻萬々御來駕之上可申上候以上

○文久三癸亥年

殘暑酷烈先以愈御勇猛被爲渡奉賀候昨日ゟ御來駕萬々御議論之處奉御同

意候今日ゟ是ゟ三條家ぃ可參と奉存候偖昨烏拜借之御建白書慥ニ奉返上
候先ゟ御入來御禮迄早々頓首

七月仲七　茂韶

慶德君

尙以時下御自愛奉專禱候今日ゟ御舍弟ふも最早御著之事奉察候此段迄
早々不具

○文久三癸亥年

昨烏ゟ貴翰拜誦仕候如諭殘炎流金愈御淸榮奉欣賀候一昨日ゟ參堂御卓論
共相伺大慶萬々御同意被下奉拜謝候昨夕ゟ三條殿ぃ御越之趣中納言殿御
談論如何御座候哉定ゐ　親征監察越薩且諸侯被　召寄候儀と御議論有之
儀と奉存候御模樣爲心得相窺度希入候御返却をの慥ニ落手仕候備前守も
及深更著仕候定ゐ御文通申上候事と存候先ゟ右迄早々頓首

七月仲八　慶德

報永觀堂君閣下

○文久三癸亥年

松平淡州ゟ別紙之通申越候間御廻し申上候右ニ付而ハ何時之御供揃ニ而御出相成候哉貴答ニ御申越可被下候尤小子ハ馬上ニ而罷越候考ニ御座候一寸御樣子相伺度奉存候貴兄御答次第弥罷越候段ハ淡州ヘ申越候樣可仕候間左樣御承知可被下候以上

七月十九日　　　備前侍従

因幡中將殿

尙以昨日ハ御苦勞奉存候每々御世話被成下難有奉存候後刻得拜眉萬縷可申上候以上

○文久三癸亥年

貴翰忝拜誦仕候如命秋冷相催候先以愈御榮福被爲渡昨夜長途無御滯御上著之段不淺奉恭賀候小子無異今般登京之　勅命相蒙去十五日上京仕候儲

ゟ當事之機會ニ付相摸守殿御相談之儀も有之明日晝後ゟ御両君御來臨被下候旨忝奉存候乍去無據儀出來ニ而他出仕候間晝後御光駕被下候而も留守中之儀ニ御座候依而乍自由夕景未中刻頃ゟ御出被下候儀ゟ聊差支無御座候乍失敬相摸守殿ニゟ別段愚翰呈上不仕候間宜御申通し奉希候先ゟ此段迄餘事得拜顔萬々可申出候頓首百拜

初秋仲八日　淡路守

備前守樣

貴報

○文久三癸亥年

曇朗熱暑先以愈御清康被爲渡奉賀候昨日ゟ御同然參殿　朝議之處も粗決定ニ而先ゟ難有儀ニ御座候偖ゟ昨夜從　殿下拜見致し候小倉御答書付模寫仕候間呈座右候備前へも別ニ書付寫相廻し候間御廻ニゟ不及候將明朝御來駕之處弥御出被下候哉貴答ニ御申越可被下候此段迄早々頓首

初秋廿日　永觀堂小子

本圀寺賢兄

倘〻例文略之

別紙

口上之覺

先達而被仰達候　御沙汰之御書付之趣者在所表ニ相達置申候早速御請可申上之處　勅命御直達之儀者大膳太夫家ニ於而者初而之儀ニ而重疊難有仕合奉存候得共從來幕府之命令を以進退仕來候家格ニ御座候得者不達台聽候而御請仕候儀者深奉恐入候次第ニ御座候依之　御沙汰之趣關東ニ相伺候ニ付其內御請及遲緩候之段可申上置旨申越候此段迄御雑掌中迄申上候以上

七月三日

小笠原大膳太夫內
關　重郎兵衛

○文久三癸亥年

於關白殿亭御答之御書取

宰相長門守　御親征之儀及言上其段及　奏聞候處　叡慮之趣も被爲在何
レふも　御親征御意氣込ニハ被爲在候得共重大之儀ニ付両役幷在京之大
名ゟ御内々　御尋ニ相成且戊午以來　御親征をも被遊度程之　叡念之趣
申渡候處ゝ實以　神州之御武徳感戴仕候就而ハ両役初在京之大名一同時〔得カ〕と
參集會議之上　御親征之儀ハ御尤之御次第ニ而被促　叡念候段深恐入何
卒　御親征之御手續被爲付先御廢絶之器械早々御造立ニ相成候様一同御
決答申上候乍去御布告と申御廉ニハ無之事故不及其期而ハ以　宸翰被
仰出候儀ハ不被爲出來候得共一同決答申上　上ふも其邊尤ニ被思食候ニ
付早々御用ニ取掛候様ニと御内々役人衆ゟ　御沙汰有之候様之御事ニ候

○文久三癸亥年

以一書申入候弥御安康之條承度候抑昨日ハ來駕面上忝存候併及深更御草
臥と存候後談ニ御申之馬揃之儀則今日言上候處被催度　御沙汰ニ候先始
而之事故其朝臣と備前守欤會津肥後守欤之内貳人を被　仰付度御急速ニ

被催候ハヽ又々有志輩之人氣引立ニも可相成哉何日頃ならハ調候哉内々御尋申入候猶委細之儀ハ被仰出之上両役へ被申候様ニと存候也恐々謹言

七月二十日　鷹司輔熙

松平相摸守殿

内々

別紙内々

昨日御尋之儀何卒早々以一封言上可有存候且長門一件今日御治定ニ不相成又々参政以下所存有之趣扨々苦心致し候此儀ハ任序密々申入候必〱御洩し無之様ニと存候實ニ〱痛心之程御察被下候只今退　朝大乱書御仁恕可給候也

○文久三癸亥年

御機嫌克恭悦存候抑上杉以下被召役候趣御示命敬承候右ニ付両役参上仕候様御沙汰之儀被爲在候哉一應相窺度宜預洩達候也

七月十九日　三條中納言

關白殿

諸太夫中

二白今夕參上候樣申上置候處武家參上之由相伺候ニ付扣明朝可令參上
候宜希入候也

○文久三癸亥年

御親書謹而奉拜見候益御機嫌克被爲成奉恭悦候抑一昨日者參殿仕蒙御尋
問殊ニ預御懇命重疊冥加之至其砌者及深更御草臥被爲遊候御儀と奉存候
後座及言上候馬揃之儀被爲遂　奏聞候處備前守欤會津肥後守欤下官之内
両人之内ニ被　仰付度御模樣ニ被爲在候旨奉敬承候急速被催候ハ者有志
輩之人氣引立ニも宜敷奉存候先始而之儀ニ御座候間　御親兵之揃を　叡
覽被遊候ハ者と奉存候　御親兵ニ御座候而も多人數之儀不揃を一度ニ者
御六ヶ敷可有御座と奉存候間両度ニ相成候而者如何ニ御座候哉　御親兵
ニ御座候ハ者廿三四日之内ニ被仰出候而も（差支脱カ）有之間敷と奉存候銘々手勢之

揃ニ相成候得ハ同列之面々ハ壹人ニ而も二三千人ゟ四五千人ニハ至可申
ニ付混雜仕候計ニ而最初よりハ御六ヶ敷樣ニも相考候ニ付先急速　御親
兵之揃を　叡覽被爲在候樣ニと奉存候此段預洩達度如斯御座候恐惶謹言

慶　德

殿　下

諸太夫中

御內々　御尋之儀早々言上仕候樣奉畏候長之一條昨日も御治定相成兼
參政以下所存紛々之趣ニ而御苦心被遊候旨深恐入候是ゟ淡路備前両侍
從參會早々御答可奉申上候此旨極密ニ及言上候間宜披露希入存候以上

○文久三癸亥年

御追書御別紙共奉拜讀候此度京師御警衞被遊御配慮之御儀ニ深恐察仕候
陳去月十四日ニハ浪華御臺場ニ而英艦御打拂ニ相成候樣承り實ニ無此上
難有御儀奉存候被　仰下候通外夷拒絕之儀ハ先達而被　仰出之期限も有

之既ニ長州ニ而も兵端を開候事ニ御座候得者諸藩一致急ゝ可奉安　叡慮候得共此節於幕府者專ら開港之議論而已ニ而兎角因循苟且之事ニ御座候趣何卒此處偏ニ御周旋御盡力被爲在　神州之耻辱と不相成候樣奉仰候就而者一旦御打拂ニ相成候處御國表之儀者近畿要害之御場所ニ御座候得者兵備格別御嚴重ニ被遊度深く御案事申上候事ニ奉存候先者右之段御請旁奉申上度如斯御座候恐惶謹言

七月八日　松平出雲

中將樣

尚以例文略之

○文久三癸亥年

明廿二日両朝臣參　內被　仰出候處供方上下ニ而不苦候旨申入置候得共過日御噺有之候通遵奉之廉も御座候ニ付初參　內御暇參　內之節者供方布衣素襖被召連度旨御同意被成候ニ付御示之趣承候明日且御暇參　內之

節共供方布衣素襖著用ニ而も不苦存候仍此旨及御報候以上

七月廿一日　　飛鳥井中納言

因幡中將殿

○文久三癸亥年

明廿二日両朝臣參　内被　仰出候處供方上下ニ而不苦旨被　仰聞候趣ニ

御座候處過日御談申候通遵奉之廉も御座候ニ付初參　内御暇參　内之節

ハ供方布衣素襖召連度申聞同意仕候ニ付此段申上置候尤明日上下供ニ無

之而ハ御不都合之儀も御座候ハヽ當両朝臣ヘ其段可申遣候御差圖希入存

候以上

月　日　　因幡中將

飛鳥井中納言殿

○文久三癸亥年

先刻得拜眉候後弥御安寧大賀之至奉存候飛鳥井殿より先刻之返翰被遣候

内別紙之通被申越候間差向候儀故貴兄ヘ御廻し申上候尤先刻之供方之儀ハ御申遣し通ニ而も不苦と被申遣候間小子ハ布衣供之方可然と存候旨淡州ヘ申遣置候間左樣御承知可被下候扨明日ハ參　朝ニ相成候ハヽ　朝議之處ハ御書面ニ而も又ハ貴兄也淡州也御來駕被下候ふもいつれニ而も宜敷御座候間　朝議相伺度御申聞奉希候何分過日來之儀ハ御同意之事故拙者も御同意之處御主張可被下候又餘事ニ御座候ハヽ乍不及御相談も申上度得と御勘考之趣之樣被　仰達候而御退　朝被下候而御相談申上候而後不日拙者も乍不快おして參　朝も可仕候間其邊淡州殿御相談可然御取扱奉希候事ニ候也

七月廿一日　　　　備前侍從

因幡中將樣
机下

猶以御名當之書面開封致候儀ハ先刻及御示談置候事故開封致候儀故其邊篤と御承知可被下候以上

○文久三癸亥年

一御親征云々外二ヶ條之趣今日被　仰出候趣ニ候得とも兼而被　仰出候以前傳奏衆ゟ三人之内ニ被　仰出候間存意無之候哉と御尋有之候上ニ而被任　天氣候樣と御決答申上候上ニ而御治定相成候樣過日も両役衆ニ申置候得共やもり今日之通被　仰出候而後之申渡ハ如何哉と存候貴兄御存意相伺度御同意ニも御座候ハヽ以後ハ私共ゟ被任　天氣候樣申上候上ニ而御治定被　仰出候樣両役衆ニ御申置ニ而ハ如何淡州殿ニ御相談有之候樣存候早々大乱筆御推覽可被下候以上

七月廿一日　茂政

中將樣

○文久三癸亥年

飛鳥井殿ゟ過刻之返翰之外ニ別紙之通被申越候處差向候儀ニ付御廻し承知致候供方之儀ハ申達候通ニ而も不苦との事ニ而貴君ハ布衣供之方

可然と御考淡州江も御申置候よし致承知候布衣供之方可然明日參　朝
ニ相成候ニ付　朝議之意申上候樣ニとの御事何レ兩人之內參殿可申候
過日來之儀ニ候者成丈主張可申候餘事ニ候ハ者遂評議爲　言上候樣申
上退　朝可仕委細淡州江も可談候

一御親征被遊度程之　思召ニ付器械御造立之儀者布告ニ及不申事柄ニ付
被　仰出者無之とも存候得共爲念飛鳥井殿江
先年來攘夷之　叡念不被爲絶事ニ寄候而者御親征も被遊程之　思食
者先日大樹參　朝之節御沙汰ふも相成候事ニ付先廢絶之器械御造立
ニ相成候樣內々役人衆江御沙汰と申位ニ而可然と奉存候

右之通三人共同意と申入置候間左樣御承知可被下候頓首拜

即　　相摸守

侍從朝臣

御端書承知仕候以上

○文久三癸亥年

御親征之儀外二ヶ條之趣御治定之旨兼而被　仰出候以前傳奏衆ゟ三人之內江被　仰出存意無之哉御尋之上ニ而被任　天氣候樣御請申上候上ニ而御治定相成候樣両役衆江申入置候ニ付其通可相成處矢張今日之通被　仰出候上ニ而之申渡者如何と御考被成候旨承知仕候乍去是者貴君御考違ニ可有之監察使布告式部大輔江之　御沙汰者元ゟ器械造立而も三ヶ條迄も建言之通り被　仰出候儀ニ付別段御相談之御沙汰ニ者及間敷御治定之儀迄達しニ而宜敷欤と存候尙參　朝之上両役江者可申置淡路殿へも相談可致儀者承知仕候貴答早々以上

即　　相模守

備前侍従様

○文久三癸亥年

別紙入御覽候且御用被爲在候ニ付明廿二日未ノ刻御參　內可有之候樣被

仰出候乍御苦勞御參可給候仍此段申入候也

七月廿一日　　飛鳥井雅典

因幡中將殿

追而申御衣体可爲袍冠差袴候事

別紙

一御親征も被遊度　思召候ニ付廢絶之器械（御造立脱カ）被　仰付候

一両灘監察使之事諸藩布告之事以書付被　仰出候

一松平式部大輔關東ヘ被差遣小栗下總守ヘ差向有之候得共小身之事故

相助周旋有之候樣被　仰付候

右今日御治定被　仰出候事

○文久三癸亥年

一翰呈上昨日者得寛顔忝奉存候爾後益御清康被爲渡奉賀候偖者備前守ゟ

飛鳥井中納言返翰差越し候間御廻達申候尙　貴君ニも明日者御參　內被

仰出候由奉珍喜候拜顔之上萬々可申上候夜中乱毫大略之段御仁恕可被下
候早々頓首

七月廿一日夜　　淡州

因州賢兄

尙〻備前守ゟ申越候ハ明朝參　内之上參政議論之處先日内申上置候邊ニ候ハヽ宜候得共未申上不申儀一應御談も不致議論申上候而ハ齟齬出來可仕間他事ニ候得ハ御兩君御申談仕候上申上候樣申越候勿論御互ニ兼而御約束之事故他事之議論ハ決而不致候其上明日ハ　貴君ニも御參之事故尙更御一所ニ議論之席攜候事と奉存候此段も早々申上置候不具

○文久三癸亥年

別紙之通御治定之趣飛鳥井殿ゟ被相達候存意無御座候ニ付及廻達候留之方ゟ手元江御返却可被下候以上

七月廿一日　　慶德

淡路侍従殿
備前侍従殿

尚以　親征之儀ハ器械御造立之儀　御治定ニ而布告と申譯ニハ有之間敷候得共萬一難計尚又別紙之通申達候而ハ如何御同意ニ候ハヽ留之方ゟ飛鳥井卿江御差出し可被下候以上

別紙

先年來攘夷之　叡慮不被爲絶事ニ寄候而ハ御親征をも被遊度程之　思召ハ大樹參　朝之節御沙汰ニも相成候ニ付先癈絶之器械御内々御造立ニ相成候様役人衆江御沙汰相成御布告ニハ及不申儀と奉存候ニ付爲念申上候以上

月　日　　三　名

飛鳥井中納言殿

○文久三癸亥年

御用談御座候ニ付今日未刻參　朝被　仰出畏御請申上候御別紙ハ夫々拜承淡路守備前守ヘも通達仕候且事ニ寄候而ハ　御親征をも被遊度程之思召ニ付先御麼絶之器械御造立被　仰出差向御布告ニ相成申間敷奉存候得共爲念伺度御布告ニ不相成樣有之度希入奉存候恐惶謹言

七月廿一日　　慶德

飛鳥井中納言殿

野宮宰相中將殿

尙以參　朝衣体畏入申候以上

○文久三癸亥年

貴翰拜呈飛鳥井殿ゟ御治定之御書翰慥ニ落手致し候其內　御親征之儀器械造立御治定ニハ候得共萬一布告とも申御譯ニ而ハ不宜とも之事ニ而別紙書付爲念御差出之段至極御同意仕候跡二ヶ条之儀も別ニ存意無御座候依而備前守ゟ廻し來候ニ付早速小子ゟ飛鳥井卿ヘ差出申候將又昨日飛鳥井殿

江　貴君ゟ之御書翰之返翰昨夜備前守ゟ廻し來宜樣小子自翰相認返翰添呈上仕候筈ニ御座候如何相間違候儀哉甚不審ニ存候御返書ニ者及不申候得共此使ニ申含候御返し可被下候早々頓首

七月廿二日　　　　淡路侍從

因幡中將君

尚〻本文相認候返翰と申者布衣素襖供之事ニ付貴君ゟ飛鳥井殿江被遣候返翰と存候右者本文之通ニ御座候弥素襖布衣供ニ相成候事ニ御座候

○文久三癸亥年

昨夜之御返翰落手仕候何も御同意ニ御座候間可然奉希候今日之　朝議如何可有之候哉難計候得共於　御前而之御議論者今日御延引之方可然と奉存候外ニ存意無之候得共萬一右府殿ゟ臣等申達候意味達　叡聞不申候而居候節者御不都合と存候間一寸奉申上候夫レとも御都合相付居候得者宜敷候得共心付候儘申上候　殿下御狀返却御落手可被下候

一昨日建白御廻達申上候間淡州殿ゟも貴兄ゟ御廻達可被下候早々頓首

七月廿二日　　　　　　備前侍従

中將様

○文久三癸亥年

今朝ゟ秋冷凌克候愈御勇健之條承度候昨日ゟ御參　朝両役衆御示談之事と存候一昨夜ゟ淡路守を以御傳言之趣承候抑昨夜亥刻頃所司代ゟ傳ニ而一橋黄門書狀到來候儘寫ニ而早々入覽候余四麿一眞齋ゟも被見候樣ニと存候輔熙ゟ可申遣書狀且　御沙汰書之事ゟ原市之進委細承知之事ニ候儘其儀内々申入置候先ゟ荒々如斯申入候也恐々謹言

七月廿三日　　　　　　鷹司輔熙

因幡中將殿

内披

別紙

攘夷之周旋不行届ニ付後見職再應辭表言言(上カ)之趣達　叡聞無餘儀筋被

聞食候得共攘夷之儀ハ先年來　叡慮御一定譬　皇國焦土ニ相成候共聊
不被爲　厭醜夷と鏖戰　祖宗ヘ之御申譯被遊度御赤心ゟ被　思食立候
御事ニ而右以來日夜寢膳を不被安天地神明ヘ　御祈誓之上被　仰出候
儀ニ有之武臣之職掌速膺懲之奇策を施し可奉安　宸憂筋候處幕府ニ於
而度々御請ハ被申上候得共兎角決心如何ニ被　思召候儀有之期限を以
而被　仰下候次第候得ハ今更內政不相整一心一和無之旨を以彼是猶豫
ニ及候樣ニ而ハ折角德川家御扶助之御盛意ニ相戾り畢竟天下動乱之端
を開き不容易形勢ニ至り可申候間一時嫌疑之場合御垂憐被遊候得共
皇國之爲盡紛骨大勢挽回候樣可致丹誠依之再度之辭表被　召止之由
勅諚之趣謹而奉畏候不肖至愚之私輩右樣之奉蒙　天旨候段誠以冥加至
極難有仕合奉存候辭職之願再度之　御差留被　仰出候儀此上只々同樣
辭職奉願候も奉恐入候次第奉存候又御請申上候而名目計後見ニ而意見
一切行れ不申候得ハ曠職之罪相濟不申ハ勿論第一奉背　天意候樣自然

相當可申〻痛心悲歎仕候猶幾重ニも辭職奉願度奉存候得共再三之　勅
諚ニ付篤〻勘考之上私上京仕候而委細奉建白猶　天意相伺御沙汰次第
如何樣ニも捨身之微忠可奉盡奉存候尤上京之儀ハ於幕府聞濟無之候而
ハ不相叶儀ニ付早々上京之儀閣老迄申立置候右ハ先御請御礼迄如斯御
座候餘ハ後便萬々可奉拜　奏候誠惶誠恐頓首百拜

七月十七日　　慶喜

殿下

○文久三癸亥年

尊書謹而拜見仕候　殿下益御安泰被爲　渡奉恭悅候昨日ハ參　朝而役衆
會議仕候一昨夜淡路侍從を以過日之御答申上候則被　聞食難有奉存候抑
昨夜深更一橋中納言書狀所司代傳ニ而　呈上仕候寫拜見被　仰付難有余
四麿一眞齋にも早々相廻し淡路備前にも申通し從是否可奉言上一橋中納
言此上建白如何樣之儀申立候事欤萬一因循とも唱候而ハ不相成儀ニ付市

之進も委細承知ㄟ伺候儘同人ゟも存意承候可奉申上候ニ付其内可然御執
成御披露希入存候恐惶謹言
七月廿三日　慶德
殿下
諸太夫中

○文久三癸亥年
只今從　殿下別紙之通被　仰越候一橋中納言殿御書寫共相廻申候両君如
何御尊考被成下候哉御存意承度早々被　仰談且又一　眞齋市之進意存も御
聞被成両人之内を以御談合之趣御申越し可被下候早々以上
七月廿三日　慶德
備前侍從君
余四麿公子
備前君ゟ申上候淡州ゟも談し可申何も御同意ニ候ハゝ御申談可被成候

依之別書添廻達仕候以上

○文久三癸亥年

從
殿下御別紙之通一橋中納言殿書狀差上候旨ニ而御廻しニ相成候一存ニ而貴答も仕兼余四麿ニも入貴覽候樣ニとの御事ニ付則連名仕候早々御順達各樣御存意相窺度早々以上

七月廿三日　慶徳

淡州公

備前公

余四麿公

机下

○文久三癸亥年

昨日ハ得拜顏候而大慶奉存候其節親兵調練近々　叡覽ニ相成候趣奉畏入候乍去何分是迄小子不行屆之ハ乍申規則も相立兼居候間當時旅宿之內空地も御座候間　叡覽ニ相成候前調練一二度爲致候上ニ而　叡覽ニ相成候

樣仕度存念ニ御座候間別紙之通傳奏衆江願書差出可申と奉存候依草稿入
貴覽候思食も御座候ハヽ無御遠慮可被　仰下候何分一二度足ならし爲仕
不申候內ハ甚不安心ニ付何分御同意ニ候ハヽ淡州殿江も御申遣し之方可
然被思召候ハヽ被仰合候上今日中ニも御答御座候樣奉希候早々用事而已
申上殘候以上

七月廿三日　備前拾遺

因幡中將樣

尙以別紙願書　殿中江も內々差出候方宜御座候哉御序ニ可被仰下候以
上

別紙

此度備前守上京小川通武者小路上ル旅宿之內空地も御座候ニ付於同所
三器之相圖を用ひ人數之驅曳幷大砲小銃火入之調練仕度奉存候右ハ方
今急務之儀其上爲御守衞相詰居申身分ニも有之非常之節不都合之儀も

御座候而者甚以奉恐入候間何卒不日御聞濟被下候樣奉歎願度旨備前守
申付候以上

七月廿日　　　　　　　　　　松平備前守內
　　　　　　　　　　　　　　　　留守居

○文久三癸亥年

別紙申上候親兵行軍之次第并其外粗御人數之御手配如何被成候哉又　叡
覽處前ニ而も作法等迄委細ニ御敎示可被下候御互ニ一家之儀同樣ニ相成
候方可然と被存候此段奉申上候早々頓首

(臺本朱書)(七月)廿三日　　　　　　　　　　拾遺拜

中將樣

○文久三癸亥年

逾御清榮萬賀候然者別紙　御沙汰之旨申入候御一列中御傳達可有之候仍
申入候也

七月廿三日　　　　　　　　　　　　　　　定功

因幡中將殿　　　　　　　　　　　　　　雅典

別紙

海岸防禦之儀度々　御沙汰之處往々不備之聞有之候ニ付今度紀州加田浦播州明石浦等江被立監察使候是迄傍観畏縮之藩有之趣ニ候自後右様之輩有之候得者屹度　御沙汰被召上官位候於列藩も其心得可有之　御沙汰候事

七月

○文久三癸亥年

御親書奉拜見候愈御清榮奉萬賀候然者別紙　御沙汰之旨畏入御請奉申上候一列中早々傳達仕筈ニ御座候得共甚自由ヶ間敷恐入候得共

下　官

松平淡路守
上杉彈正大弼
松平備前守

右連名ニ而被　仰渡在國一列不洩樣早々及傳達候樣御達相成候方惣方人氣ニおも可宜哉と奉存候間御別紙留置候ニ付今一應御認直し御廻し被成下候儀ハ難相成哉此段御談旁如是御座候恐々謹言

七月廿三日　慶徳

飛鳥井中納言殿
野宮宰相中將殿

○文久三癸亥年

御用談申入度儀有之候間明廿四日午刻過參　内可被成候且過日被示候馬揃之事御親兵ハ少々差支候趣ニ付松平肥後守ニ被　仰付度御模樣ニ候間此段御相談申入候御親兵差ハ之子細ハ面謁可申入候仍右早々申進候

七月廿三日　定功
雅典

因幡中將殿

追而中松平淡路守にも參　內之儀申入候且明日衣冠御著用ニ而御參可
被成候仍爲御心得申進置候事

○文久三癸亥年

御用之儀御座候ニ付明廿四日午刻過參　內之旨奉得其意候過日御沙汰有
之候馬揃御親兵之被差止松平肥後守に被　仰付候趣委細之拜顏被　仰聞
候旨畏候則明廿四日午刻過參　朝可仕候恐惶謹言

七月廿三日　慶德

飛鳥井中納言殿
野宮宰相中將殿

松平淡路守儀も參　內被　仰出候旨衣体之儀奉得其意候以上

○文久三癸亥年
馬揃之儀御親兵ゟ少々差支御座候ニ付松平肥後守ゟ被　仰付度御模様之
御旨慶德別存無御座被任　天氣候樣奉存候両朝臣御同意ニ御座候得ゟ留
り之御方ゟ御存寄無之趣傳奏衆ゟ可被申達候以上

七月廿三日　　慶德

淡路侍從朝臣

備前侍從朝臣

○文久三癸亥年
晩刻ゟ陽之進差上其節御返翰被爲下難有奉存候且又御親兵調練　叡覽之
節共三器相止メ太皷計相用申樣御示敎被下奉拜承候然ル處三器之儀ゟ申
上候迄も無御座進退之制度を裁し候迄ニ而別段仰山ふも被存不申戎裝之
嚴々堂々ニ比較仕候而支相厭ひ不申候樣奉存候間今一應御質問仕候御賢
考之程御高論奉希候匆々拜啓

七月廿三日夜　備前

因州様

尚〻晩刻之儀未淡州ゟ何ニても沙汰無之爲念奉伺御意候

一明朝原市之進參殿仕候間委細之儀同人ゟ御聞取可被下候市之進罷出候儀ハ　殿下御書之事ニ而罷出候儀ニ御座候以上

○文久三癸亥年

御報致披見候然ハ別紙〔前同断 連名ニ付除〕御沙汰之旨御一列中連名ニ而差進候方惣而人氣ニも可宜哉ニ被存候旨御紙上之趣御尤存候則別紙差進申候御傳達可被成候事

七月廿四日　定功

因幡中將殿　雅典

○文久三癸亥年

昨日從　殿下一橋中納言殿書狀差上候旨ニ而貴君江御廻しニ相成候旨を以備前守余四麿小子江御相談被下昨夜備前守ゟ廻來仕候然ル處余四麿之存意ニ而ハ當時之形勢一橋上京之儀於關東相願候而も迚も御許容有之間敷と勘考ニ付更ニ一橋中納言儀御用被爲在候間上京致候樣御沙汰出候ハヽ同人も速ニ上京可相成左候得ハ關東之模樣も達　叡聞候事ニ而又々朝議之一端ニも可相成と勘考之旨申越於備前守も同意之事ニ而小子も勘考同意仕候貴君ニも御同意ニ候ハヽ明日位寄會及御判談候上ニ而　殿下江及言上候而ハ如何哉と存候旨備前守ゟ申越候此段荒々申上候頓首

七月廿四日　　　　　　　　　　　　　淡路守

因幡中將賢君

○文久三癸亥年

會津中將江馬揃被　仰付候節ハ因幡中將茂政ハ爲御守衞上京之身分ニも御座候得ハ馬揃之節ハ武臣戎器ニ而六門内通行之事故　叡覽處之前ニ爲

警固罷出候而ハ如何何も無御座候とハ存候得共幕臣會津之事故萬々一家來共心得違無之共不被申候間前文之通ニ而ハ如何哉及御相談候早々頓首

七月廿四日　備前侍従

因幡中將朝臣

淡路侍従朝臣

尙々昨日調練之儀ハ一同御外存も無御座候趣故今朝傳奏衆ゟ願書差出候間御參之上ハ早々願相濟候樣傳奏衆ゟ御申達可被下候又御親兵調練ハ何等差支之儀御座候哉於茂政而甚不審ニ奉存候調練之儀出來不申とハ萬々一非常之節ハ御親兵ハ出不申候而も宜候哉又非常之節御間ニ合不申候儀ニ候得ハ諸藩ゟも御親兵差出置候而ハ入費も不少其上御用ニ相立不申候姿故何之益ゟも無御座候間以來被相止候方可然と奉存候

一小子不快ニハ候得共おして參　朝仕候得ハ宜敷との儀奉畏候最早今日

ゟ理髮も仕候事ニ御座候間おして參　朝被　仰出候上ゟ可罷出候ヽ心得
ニゟ候得共何分少々入湯六ヶ敷故出勤之儀ゟ不申達候明日ゟ出勤可仕
と奉存候右之次第故今日之　朝議ゟ両朝臣之内ハ罷出候而相伺候而も
よろしく候御退　朝掛ヶ御出被下候も深く御苦勞ニ奉存候前文之儀貴
答ニ御申越可被下候以上

○文久三癸亥年

會津中將馬揃之儀被　仰出候ニ付其節貴公慶徳ゟ爲御守衛上京之儀ニ候
得ゟ爲其　叡覽處前爲警固罷出候事御同意ニ付今日則申立候事ニ御座候
調練御願之儀も早々相濟候樣申立置候親兵調練差支御同樣不審之儀ニ付
是又尋候上一議論致候心得ニ候明朝五ツ半出宅茂詔旅宿ハ會合今日之
朝議尚可申談候以上

卽　　中將

少將樣

○文久三癸亥年

一翰呈上候者　貴君ゟ御廻達之趣を以馬揃之儀松平肥後守江被　仰付旨之書面備前守ゟ廻來相考候處可然奉存傳奏衆江返翰ニ相及候將今日者御參　內被　仰蒙奉珍喜候小子儀も同樣相蒙午刻ゟ參　朝之心得ニ御座候猶萬縷　宮中ニ而拜顏可申上候頓首

即　　　　　　淡路拾遺

因幡左中將君

○文久三癸亥年

両公之尊翰敬承仕候今朝申上候件々被及　朝議候趣承知仕候會津中將馬揃　叡覽之節貴君茂政罷出候事ニ相成候ハヽ者装束も如何と相考候小具足之方可然と存候御參中之儀故御同意ニも候ハヽ者一應傳議之內江御聞置可被下候別紙之通只今飛鳥井殿江家來持參爲致候間明日ゟ者外出致候而宜敷と存候爲念相伺度候外出致し候而不苦候ハヽ者淡州公御旅宿江參殿夫ゟ

有栖川宮ゟ慶徳君御同伴可仕と奉存候早々頓首

七月廿四日　　茂政

因幡中將様

淡路侍従様

○文久三癸亥年

私儀暑邪相勝不申候ニ付去ル廿二日参　内無餘儀御斷申上候然ル處追々快方ニ赴候ニ付明廿五日ゟ出勤仕候此段宜御披露希入存候以上

七月廿四日　　備前侍従

飛鳥井中納言殿

○文久三癸亥年

拝見仕候別紙連名御書状之趣畏入候則淡路守ゟ相達し候御答以使者可申上候先ハ御報迄如斯御座候以上

七月廿五日　　慶徳

飛鳥井中納言殿
野宮宰相中將殿

○文久三癸亥年
松平式部大輔儀東下周旋被　仰出候御文言ㇵ如何御座候哉奉窺度且參内も無之明日出立之樣子傳承仕候追而歸國之節參　內被　仰付候儀ニ御座候哉此段相伺候以上
七月廿五日
茂政
茂韶
慶德

飛鳥井中納言殿
野宮宰相中將殿

○文久三癸亥年
一昨日參　朝之砌廣幡大納言殿被　仰渡候國事加談人体著京迄之間微臣

共折々參　內預　朝議可申旨其節も申上置候通迚も將來定見も無之猥ニ
大政ニ預り候段過當之至恐惶至極奉存候何卒出格之御憐察を以御沙汰止
之程偏ニ奉願度宜執　奏希入存候恐惶謹言

七月廿六日　　　　　　　　　　　　　　　　　　　　　茂韶

　　　　　　　　　　　　　　　　　　　　　　　　　　　慶德

飛鳥井中納言殿

野宮宰相中將殿

○文久三癸亥年

以剪紙啓上仕候秋冷之節御座候處愈御勇健被成御座珍重御儀奉存候然者
攘夷期限被　仰出候得共當時鎖港談判中之儀ニ付猥ニ兵端を開候而者以
之外之儀ニ付弥御手切ニ相成候ハヽ其節御達可有之候間夫迄之處無謀之
所業無之樣此地御警衛之面々ヘ可相達旨先達而從關東被　仰越候ニ付早
速夫々ヘ者相達候得共御手前樣ニ者去月十四日目印山沖ヘ英船渡來之節

御打拂被成候ニ付既ニ京師ゟ　御褒詞も有之其上昨年從　天朝惣督之任被蒙　仰候御事も御座候儀ニ而其砌一橋中納言殿春嶽惣裁職勤役中御差圖濟ニ而御進退被成候御心得ニも有之猶又今般無二念打拂可申旨被蒙　朝命候上者前文從關東被　仰越候趣拙者一存ニ而御手前樣江御達申候而者奉對　天朝萬一御不都合ニも可相成哉と深心配致し候ニ付其段關東江申上候處鎖港談判中ニも有之殊ニ今般京師江被　仰立候御旨も有之候ニ付今一左右被　仰越候迄者打拂之處篤と御推考有之度旨被　仰越候ニ付此段申上候恐惶謹言

七月廿一日　松平伊豆守

松　相摸守樣

猶以例文略之

○文久三癸亥年

一昨日備前侍從迄御申越之趣熟〔孰カ〕も御同意ニ付別紙之通言上之積ニ御座候

文言御存寄も無御座候ハヽ別紙御連名可被下候尚乍御手數　殿下江御差
出可被下候早々頓首
七月廿五日
備前守
相摸守
余四麿君
○文久三癸亥年
貴翰奉拜見候明日茂韶茂政上杉旅宿江罷越候儀御約束申上候處同人方
手狹故三人入來斷之旨申上候ニ付貴君方江御招之旨拜承仕候然ル處茂
政明日參　朝被　仰付候儀故茂政之處ハ無據御斷申上候乍去無御遠慮
御集會可被下候御議論之儀ハ乍御苦勢三君之内より御申通し可被下候
一吉川一件ハ上杉蜂須賀之兩君江可然御示談被下候樣例之一条も御座候
故迚も　慶德君下官ハ主張致兼候間可然奉希候今日蜂須賀江參候間少

〻相咄し見候處少々不審且者如何之意味有之候哉与預責問而茂政深痛心致候得共其場ニ而も例之一条元より口外者不申候而かなりふ相分り候仕合可然御察し被下候而御示談専要と奉存候急き用事迄早々申上殘候以上

七月廿六日

茂政

因州様

尚以連名之御手紙故直様囘文ニ致候間左様御承知可被成候昨日貴約之一紙御序ニ御遣し可被下候

一貴君ゟ淡州旅宿ニ而拜借仕候書付三枚帳面壹冊返上仕候壹冊者今日者寫取兼候間明日迄抑留仕候且茂政昨日淡州旅宿江持參之書類者明日八時前迄ニ返上可仕候間今晩之返上者被免可被下候

一餘四・（膺脫カ）方江之御草稿者返上仕候今一通者本書を先方江遣し候間御入用

ふも候ハ者寫差上候様可仕候以上
一今日淡州と相談明日參　朝之上別紙之ヶ條申立候而武傳江催促仕且
最早被　仰出候儀ニ候得者被　召候御文言共伺度趣申立到著日積り
承候積ニ御座候淡州同意ニ御座候貴君御存意伺度候
一城代被　召寄候事
一小倉被　召寄候事
一席定之事
一別紙之通警衛場之儀淡路守江相談仕候間及御示談候御同意ふも候ハ
者米澤江御申通し是又同意ニ候ハ者淡路守備前守同意ニ付傳　奏衆
江御申達被下候上ニ而挨拶之處御申越し可被下候
一吉川江御逢ニ而　親征之儀御諭一条茂政異存御座候間其後謁拜眉候
上得と御相談可申上候間夫迄者被止候方ニ候以上

別紙

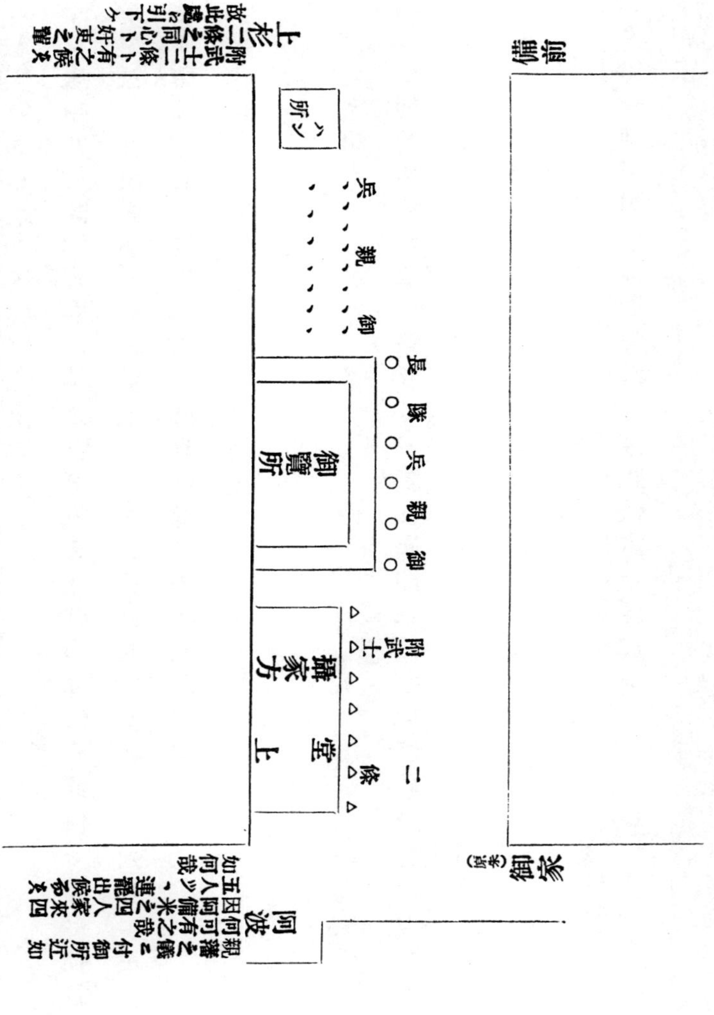
御親兵隊長
二條附武士
御親兵
ハン所
御覧所
攝家方
堂上
上杉
附武士二條ト有之候又
二條之同心ト奸吏之輩
故此處ゟ引下ケ
阿波
親藩之儀ニ付御所近如
何可有之哉
因阿備米之四人家來四
五人ツヽ連罷出候而又
如何哉

○文久三癸亥年

今朝ゟ貴翰御恵投被下忝爾來愈御清安奉賀候陳ゟ豊岡始監察御人撰御存意御座候ニ付傳奏ゟ差出候處少々見合候樣被　仰下夫々奉承知候然ル處最早傳奏ゟ差出候跡ニ御座候ニ付家來差遣及御相談候事ニ御座候處右家來ゟも委細被　仰下夫々承知仕候依而家來直樣飛鳥井卿ゟ伺ニ出候處最早參　內被致書付も持參被致候由ニ御座候且今日ゟ備前守旅館ゟ參り居同人相談致し候處ニ而ゟ武臣差添之處吉川監物差加候而ゟ如何哉左候得ゟ　親征論も薄らき可申と存候御同意ニ候得ゟ備前守明日參　朝之上議奏中ゟ申上候樣相成候ハゟ可然と存候此段貴囘旁早々頓首

卽　　　　　　　　　　　　　　　　　　淡　路

因州賢君

○文久三癸亥年

貴囘之貴囘申上候御清榮奉賀候今朝傳　奏ゟ差出候書付左之通ニ御座候

吉川之儀も御同意之段承知仕候益田彈正も至極可然奉存候御同意之儀ニ
付別段廻達ニ不及候頓首拜

即　　　　　　　　　　　　淡　州

因　州　公

別紙

一長崎監察使被立候御人撰左之通ニ相成候ハヽ可然と申談候

豐岡大藏卿殿

副使

錦小路右馬頭殿

澤　主水正殿

武臣差添

有馬中務大輔

松　浦　肥　前　守

右中務大輔肥前守儀以監察使被立候日限迄ニ上著不仕候ハヽ途中ゟ
御差添被　仰付可然奉存候

一此度於薩州異舶及掃攘候ニ付御褒詞被　仰出追々昇進之　御沙汰可
有之段被　仰出可然旨一昨日（慶徳茂韶）參　朝之節申上置御座候處尚又勘
考仕茂政ニも存意相尋候處　御褒詞被　仰出候儀ハ可然奉存候得共
昇進之　御沙汰ハ先ヽ御見合之方可然と申談候間此段被　仰談度奉
存候

（原本朱書）七月廿六日カ
月　日　　三人名

両卿宛

尚ヽ薩州　御褒詞計今日出候由　殿下ゟ伺候夜中乱筆御推覧可被下
候以上

○文久三癸亥年

飛鳥井ゟ回文淡州ニ相達候趣ニ而同人持參故則及廻文候御覽後淡州ニ御

返し可被下候淡州ゟ傳奏衆ぃ今朝差出候草稿御廻し申上候御落手可被下候以上

七月廿六日　茂政

慶徳朝臣

尚以明後日供連區々ニ相成候而も如何哉と淡州心配致居候間粗之處淡州ぃ御申遣し可被下參　朝且明後日之取調ニ而大取込乱筆御免可被下候以上

〇文久三癸亥年

床机之儀ハ中將少將　紫宸殿下御固之節も被相用申候間於武家御警衛之節相用候儀不苦樣奉存候御同意ニ候ハヽ武傳ぃ御申達可被下候否之儀ハ傳　奏挨拶之上可被　仰下候將人數減少之儀飛鳥井ゟ無屹度留守居ぃ達候が御人數ハ先刻被　仰下候通ニ而御減し不相成候哉御中座之儀ハ如何御一定ニ相成候哉御序ニ相伺度奉存候萬端御取極之上ハ米澤ぃも一寸御

申遣し可被下候以上

七月廿六日　　茂　政

因幡中將様

淡路侍從様

○文久三癸亥年

御申越之趣御同意ニ𛀁候得共過激之様ニ愚考仕候淡州にも可申遣候得共議　奏衆に申立候儀も得拜顔候節御相談申上候上ニ可仕と存候御請迄早々以上

七月廿六日　　備　前

因　州　様

尙以只今淡州にも之書狀認居候事故直様可申遣候以上

○文久三癸亥年

松平式部大輔儀東行周旋被　仰出之文言且參內も無之今日出立之由御尋

之趣承候別段　御沙汰書ゟ無之附武士小栗に持參之　御沙汰書寫相渡
大樹公に篤と通達ニ相成候哉可取調且攘夷之情實一体之形勢等且（風カ）聞委細
ニ被示候樣演說ニ而申聞候將又參　內之儀ゟ上京之上可被　仰出趣ニ御
座候仍此段及御報候也

七月廿六日

野宮宰相中將
飛鳥井中納言

因幡中將殿
阿波侍從殿
備前侍從殿

追而小栗持參之　御沙汰書寫掛御目候也
大樹二百年來之曠典を興し上洛有之萬事恭順　君臣名義改正之儀ゟ
深叡感候處去九日賜暇下坂有之候已前　奏聞之件々始末不分明殊
蒸氣船尓氏遽に歸府且第一攘夷期限等之儀ニ於而不都合之次第非一

候ニ付屹度御糺可有之候得共深　思食被爲在候間追而　御沙汰之儀
毛可有之候事

○文久三癸亥年

別紙之通餘四麿ゟ返書差越候間及廻達候追々御順達可被下候留之御方ゟ
本書茂政江可被返候以上

七月廿六日　茂　政

因幡中將朝臣

淡路侍從朝臣

承知仕候
淡路朝臣江及廻達候　中將

別紙

貴翰拜誦陳者一昨日御相談得貴意候儀御同心之趣ニ而別紙建白之草稿
御廻し致拜見候處何等異存も無御座候間清書御連名ニ而早速　殿下江
差遣候樣可仕先者奉復迄草々如此御座候頓首百拜

七月廿六日　餘四麿

相摸守様
淡路守様
備前守様

二白本文之儀早速取扱差出可申尤一橋黄門公不日御上京可相成趣ニ而今日會津家ゟ從幕府注進申來候哉ニ承り申候得共聢と取留候事ニも無之何れ之道別紙を指出可申奉存候間左様御承知可被下候以上

○文久三癸亥年

一翰呈上仕候殘暑之節先以弥御安泰被成御座目出度奉存候陳を過日御沙汰御座候一橋中納言上京之一件孰も申談候處即今之形勢幕府ゟ相願候而も迚も御許容有之間敷譬御許容相成而も閣老抔を折合如何可有御座哉と奉存候更ニ上京仕候様　御沙汰出候ハを速ニ上京も相調可申と奉存候間此段內　奏仕度宜預洩達度候恐惶謹言

昭　訓

七月廿五日

茂政
茂韶
慶徳

關白殿下

諸太夫中

○文久三癸亥年

昨日明日上杉ニ相越候儀両兄ニ貴約仕候處先方狹少ニ而入來斷先方ゟ三人之内ニ可參と申越候ニ付拙子方ニ而引受候間八ツ前ゟ入來之様ニと申入置候間両公ニも御入來奉希候此段申上度御連名略儀之段御免可被下候頓首

七月廿七日　相摸守

淡路守様　致承知候
備前守様　致承知候

尙以　殿下江両公小子餘四麿連署上書者餘四方迄今日御廻し被成候哉
且又右草按も貴約之通拙子方江御廻し可被下候將又昨日之帳面貳冊書
付三枚是又御返却可被下候右者備前公江申上候
餘四麿江之草稿相州江相返シ申置候傳奏江御差出之草稿ハ相州ゟ相
廻し置候又茂政持參之書面之儀者申遣置候　　茂政
一淡路公江申上候昨日備公ゟ之帳面貳冊御寫相濟候ハ者小子江御廻し可
被下候今朝傳奏江被差出候御書取寫し御草按小子方江御廻し可被下候
早々以上

○文久三癸亥年
貴翰拜見吉川之儀御同意被下忝且又益田彈正儀も被差加候樣被　仰出候
事備前守江も御相談被成候由然ル處備前ゟ右御書狀差越拜見致し候處益
田ニ先鋒と有之候先鋒者餘り過激ニ存候此段備前守江も申遣置候右之通
備前江被遣候御書狀小子江之御書狀齟齬有之候而者兼而御申合仕候廉も

相立不申様相成候此後右様之儀無之様ニと奉存候失敬心付候間申上候早
々頓首

郎　　　　　　　　　　　　淡路侍従

二述傳奏衆江差出候書付備前守ゟ差上候旨ニ承候兼而貴約之上杉方狹
少ニ而斷之由貴君御旅館江入來之由両人共も罷出候様小子者九半時供
揃ニ而出門仕候筈ニ御座候帳面貮冊後刻罷出候節持參可仕候不具

○文久三癸亥年

別啓申上候明日馬揃之節御同然警固人數之多少不同有之候而者不宜候様
考候間貴君之御人數御申越可被下候將又火事頭巾之儀備前守ゟ相尋來候
小子者頭巾者用不申陣笠ニ而出候筈御座候貴君ニ者如何御座候哉是又御
同様可然と奉存候間御申越可被下候學習院ゟ持場江出候節も同様陣笠ニ
而可然と存候是又御申越可被下候此段迄不具

月　日　　　　　　　　　　淡路守

因州様

○文久三癸亥年

越前國探索横帳及返却候間御落手有之様ニ奉存候以上

七月廿六日　　茂政

因幡左中將閣下

○文久三癸亥年

今朝大場一眞齋儀入來昨日及廻達候一橋中納言一件尊兄淡路茂政連名ニ致し淸書有之候ニ而殿下ニ差出候趣申聞候間爲御心得申入候尤御用ニ御取掛り被爲入候趣御對面も無之太夫ニ封書ニ而差出置候趣ニ御座候右之段申入候也

七月廿七日　　茂政

中將様

○文久三癸亥年

貴翰被投忝領掌仕候弥御安泰大賀〻〻昨夜より出火早々鎮火御同意無此
上儀ニ候扨參　朝之砌武傳へ申込候ケ條夫々御同意之趣畏入候武傳へ
申込候樣取扱可申候
一床机之儀承知仕候
一中座云々九門內乘馬云々拜承飛鳥井家ゟ差圖有之候ハヽ御申遣し可被
下候
一米澤參殿之趣拜承且警衞出張場之儀武傳へ申込候樣可仕候
一越州探索書壹冊より甚恐入候得共後刻及返却候間暫遲延ニ相成候間不惡
御承知ニ致度候
一牧和泉守建白之書面二冊及囘達候乍御手數同人へ之御答振得と御考被
成候而御一同御相談之上より　殿下へ御返上可被成候要用早々以上
七月廿七日　茂政
中將樣

尙以勢州上京之趣承知仕候御序之節可然御申置可被下候猶其内面晤萬々申合可申候也

○文久三癸亥年

別紙圖面之通二條附武士と申處ハ因阿米備之四藩主へ五人ツヽ家來召連候而罷出候而宜敷と飛鳥井殿野宮殿被申候間此段申上候

一中座致し候而宜敷との事相州殿ゟ二條殿ハ中座候而宜敷との事ニ候其外米澤少將侯阿波侍從侯両侯共何レハ御中座と申儀武傳ハ御申遣被成候樣尤只今出張致し宜敷と申儀ゟ傳奏衆案内有之候趣ニ御座候（私儀ゟ近邊ニ付屋敷より出張致し候）

一小砲貳三發ツヽ打候趣ニ取極メ相成候よしニ御座候

一堂上攝家方之前ハ警衛として出候節ゟ家來五人ゟ相增不申候樣堅く傳奏申聞有之候

一六門内乘馬無用御門外ハ殘し置候樣ニとの事ニ候

一檜井其外道具ハ持込不苦候由ニ御座候
一席定之事ハ過日之通ニ而不苦よし壹人之節ハ諸席共是迄之通ニ有之候よし
一薩州ニハ御褒詞出候よしニ御座候
一城代小倉被　召出候儀ハ不定之由ニ御座候以上

七月廿七日　　　　茂政

因幡中將朝臣
淡路侍從朝臣
米澤少將朝臣

別紙圖面

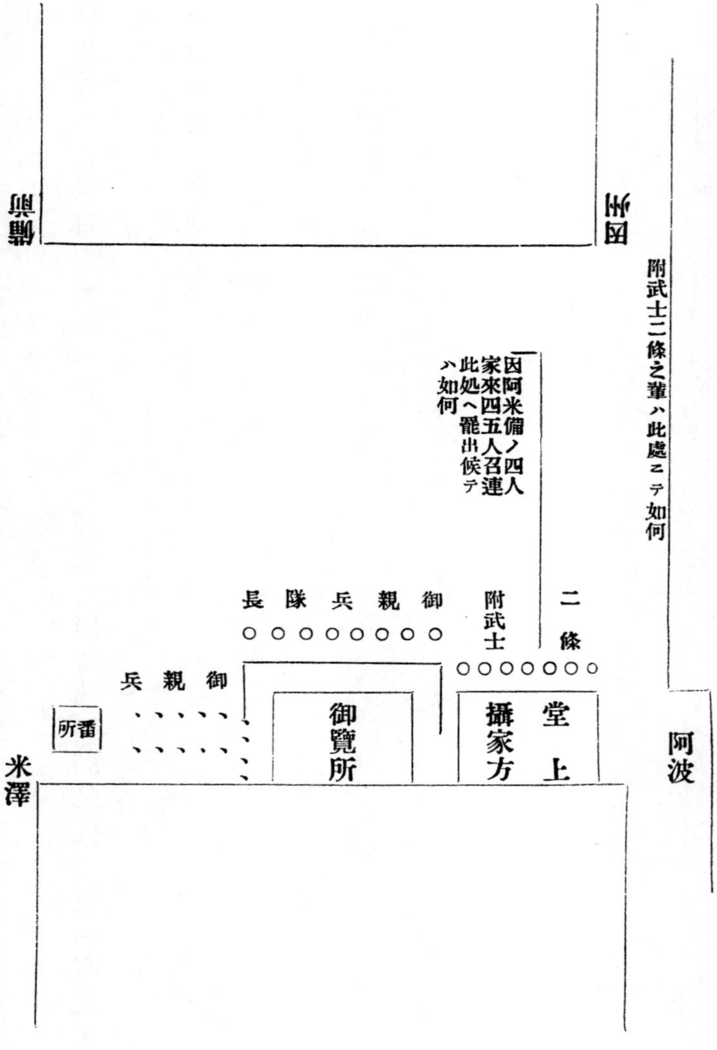
附武士二條之輩ハ此處ニテ如何
因州
備前
因阿米備ノ四人家來四五人召連此処へ罷出候テハ如何
二條
附武士
御親兵隊長
御親兵
番所
堂上
攝家方
御覧所
阿波
米澤

〇文久三癸亥年

芳墨薫誦愈御清安珍重存候將床几中座御承知之由拜誦九門内家來乘馬不相成主人之處ゟ今少々相分り兼分り次第御家來迄家來ゟ可申上候出張場武傳江被　仰入返答振如何哉伺度米澤被參申談之趣從是可申上越前探索書御返却落手牧和泉上書是又落手今朝大場一眞齋參上云々之趣封中を以大夫迄差上候旨是又拜誦飛鳥井卿差圖濟書付壹通小子供連人數書壹通今朝淡路迄差遣候間廻達被致候事と存候得共尚又爲念相廻候間貴報ニ御返却可被下候也謹言

慶　徳

備前侍從朝臣

二伸今日御退　朝何時頃候哉伺度伊勢守御傳言之趣申入置候暑邪相勝不申以代筆申述候御仁免可被下明朝ゟ押而も出勤之心得御座候間御案被下間敷淡州ゟ俄差掛不被參乍不都合上杉江ゟ申談同人異存承り置候

貴囘旁如斯候也以上

○文久三癸亥年

備前より之廻狀承知阿州ぃ廻達仕申候早々頓首

七月廿七日　米澤小子

鳥取明公

○文久三癸亥年

只今淡州より別紙之通申來候間御廻し申上候小子も彼是手數之儀ニ而候得共夫々別意ハ無之候其内一旦持場ぃ相詰御互ニ御打合之上　玉座近ぃ相詰候儀是ハ互ニ私之申合とも申譯ニ候得ハ改而武傳ぃ相伺候ニハ不及儀とも被存候　聖慮如何被爲在候哉愚考之處申上置候早々頓首

七月廿八日　米澤少將

鳥取中將公

二伸此大雨ニ而も一旦御出張被成候哉奉伺候以上

○文久三癸亥年

明日　叡覽之節御同然四人儀ハ　叡覽所脇ヘ出張之事故家老主人之名代ニ持場〻〻警固致候儀ニ付　御前遠くニも候得ハ床机相用可然存候段備前守ゟ申越候小子考候處ニ而ハ至極同意之事ニ御座候此段御兩君御相談之上御同意ニ候得ハ武傳ヘ伺書御差出し被成候而差圖之處御申越可被下候以上

卽　　　　淡路侍從

因幡中將樣

米澤少將樣　（都而別意無之候 因州ヘ相廻し候）

尙〻　天機伺之儀飛鳥井家ヘ備前守ゟ伺有之由相分次第備前守ゟ御兩君ヘ申上候筈ニ御座候

一玉座近ヘ出張之儀ハ一度人數出張場ヘ揃候上ハ互ニ以使者只今出張と申儀御打合申上候上出張之方可然と存候旨是又備前守ゟ申來候於

小子も同意仕候　御両公御同意ニ候ハヽ武傳に伺書御差出可被下候
追啓本書之趣夫々御同意ニ候得ハ其段備前守に被仰遣可被下候以上

○文久三癸亥年

花墨拝誦弥御安健奉大賀候主人乗馬之儀御分り次第御家來ゟ家來迄御申越可被下候出張場之儀武傳迄申入返答振過刻　御所より申上候間定而御承知と奉存候越牧書類御落手之旨領掌仕候淡路ゟ貴君御供連人數書差越落手仕候飛鳥井卿指圖濟書付ハ不相廻候間承知不仕候右貴答迄如斯御座候以上

七月廿七日　備前守

相摸守様

二伸今日之退　朝申半刻過ニ御座候勢州に御傳言相願候處御申聞被下難有奉存候明朝殿下に御出之由御書中ニ御座候何等之御用筋ニ御座候哉一寸相伺度候淡州今日不參之趣扠々不都合上杉參殿御申談之趣ハ御

序ニ相伺度例之通議奏衆參政御對面後面談例之一条議論有之多勢ニ無勢甚當惑仕候仕合ニ御座候右等之意味を近々拜顔可申上と文略仕候御別啓飛鳥井差圖濟御連供連名書只今御家來ゟ相廻し承知仕候退　朝后大草臥失敬以代筆申上候段御仁免可被下候以上

○文久三癸亥年

薰誦昨を拜面大慶爾來御清安珍喜如諭小子も別意無之持場ニ相揃候上御互ニ打合之上　玉座近ニ相詰候儀私之申合故武備ニ相伺候方とも不存候ニ付其段を備前ニ申遣候以上

即　　因幡中將

米澤少將樣

二伸大雨故先供揃置見合せ居申候出馬致候ハを以使者御案内可申上候以上

○文久三癸亥年

今日ハ大雨愈御清榮珍喜只今淡州貴君御申合之趣ニ而上杉ゟ廻達承知候段々色々と相替候而込入候尤別存無之候間某朝臣ゟ武傳江御申込否御申越被下候上杉ゟ申越ニハ一端警衛場江相詰夫ゟ申合　玉座近江罷出候儀ハ日延之申合ニ候得共〔ママ〕別段武傳江伺ふも及間敷欤四人相揃候而見合せ罷出候而も可然と申越候間申上候且又　天機伺之儀昨日淡路ゟ申越貴君迄申上候きら如何相成候哉伺度此大雨ニ而ハ一円ハ御出張可被成哉

七月廿八日　　因州

備前公

○文久三癸亥年

今日ハ大雨弥御清安珍重奉存候上杉ゟ之廻達落手仕候床机之儀ハ拙者ゟ申候事ニ無之全淡路ゟ申越始而承知仕候事ニ御座候實ニ彼是と相成候而惑入候　天機伺之儀ハ飛鳥井ゟ之返答ニ別段不及候由申越候若伺候方ニ候得ハ於其場差圖有之候様返答御座候今日ハ御延引故出張不仕候右之段

申上候尤床机之儀ハ武傳ヘ申込分次第可申上候早々頓首

卽　　　　　　　　　　　　　　　　　備前侍従

因幡中將君

○文久三癸亥年

明日四人列居之所　御前近ニ候間圓座ヘ著座致候儀小子愚存ニ而ハ為
警固出張之事故少く　御前を外れ南之方ヘ寄候而も床机相用候樣相成
候方可然と存候將又附武家二條同心之類矢張　御前近ヘ出候由ニ承候
是ハ向堺寄ヘ追遣候而ハ如何可有之哉此段御同意ニ候ハヽ因米ヘ貴君
ゟ御申通可被下候

一天機伺之事家老床机用候事　玉座近ヘ出張前互ニ使者差出御打合之事

三ヶ條共先々御同意ニ付因米ヘ申遣し置候此段貴回旁乱筆御宥恕可被
下候頓首拜

卽　　　　　　　　　　　　　　　　淡路愚弟

備前賢兄

二白別紙書付者返却申上候

○文久三癸亥年

小笠原大膳太夫領分豊前國大里ニ而有馬中務大輔船入屋敷地面兼而借用之處此度長州應援海岸防禦之爲右場所幷用地形勢見立臺場築立樹木砂石等便宜ニ寄取計可申旨中務大輔江被　仰付候趣ニハ候得共右者多年大膳大夫領地ニも有之候處攘夷之儀ニ付他家ゟ領地江砲臺築造被致候而者一藩人心居合兼候者必勢（ママ）之儀ニ而主客混乱見込一定無之而者都而防禦不行届之儀ニ付右要衝之地ニ而難捨置場所者船入屋敷を始其地（ママ）共砲臺築造都而大膳大夫江被　仰付中務大輔江被　仰付候儀者御免相成候方可然事

一海岸諸家御固之儀者將軍家ニ而夫々御處置有之候儀ニ付　御所向ニ而御勝手ニ御引替等之儀無之樣致し度尤　叡慮之趣も有之候上者一應御

打合之上御取計有之候樣致度候事
別紙之通年寄共ゟ申越候間此段申上候以上
七月　　　　　　　　　　　　　會津中將
○文久三癸亥年
島津家御褒詞之御書取
松平修理太夫
去二日英艦渡來之處及砲發血戰候趣達　叡聞候布告之奉　御趣意無二念攘斥候段　叡感不斜候彌勉勵有之　皇國之武威海外ニ可輝樣　御沙汰候事
七月二十五日
○文久三癸亥年
有馬中務大輔ゟ臺場築造之儀被　仰付候儀ニ付幕吏共申立之趣末ヶ條共
諸君ニ御考如何哉橫濱長崎港を始攘斥之御模樣も無之更ニ　天意之御遵

奉も無之して傍観畏縮之小倉之一件ニ而右等之儀申立候ハ如何可有御座
哉各様御存慮伺度如斯御座候也謹言

七月廿八日　因幡中将

米澤少將賢朝臣

尊意之趣甚御尤奉存候外ニ愚意無
之候則相廻申候　米澤

淡路侍従賢朝臣

尊慮之通實以甚敷因循切歯扼腕之
事ニ候尚又厳重ニ此度　御沙汰出
候ハヽ可然奉存候武傳ヘ御差返之
節此段申上候而ハ如何哉　淡路

備前侍従賢朝臣

書面相返候節申候ハ響も不宜と存
候間　殿下ニも此節御一同ニ申達
候方と存書面其儘差返し餘ハ御同
意　備州

○文久三癸亥年

只今　殿下ゟ別紙御文通御座候中納言上途之儀被差免候幕吏之存意如何と被存候就而ハ御筆談ニも及兼候ニ付得拜面度奉存候得共下官昨夜中ゟ暑邪平臥出宅相成兼候御足勞ハ被下間敷哉此段希入存候早々以上

因　州

淡　州　公

備　前　公

餘四麿公

尙以両拾遺御足勞被下候ハヽ餘四麿殿ニハ御病中之儀備前守殿御出かけニ餘四麿殿ニハ御立寄ニ而御越ニ而もよろしく候又ハ大場參候ハヽ共ニ御談申候而も宜敷其邊ハ備拾遺君御存意次第ニ可被成希存候以上

○文久三癸亥年

雨下秋冷ニ候愈御安康之條承り度候抑昨日ハ大場一眞齋を以一封被差出落手申入候併仍所勞一眞齋面會不致候然ル處只今傳　奏ゟ右別紙內覽致

し候儘早々以寫入覽候被差登候幕吏之深意如何哉と甚以心痛致し候又々御勘合も候半尚淡路守殿備前守殿餘四麿殿ゟも御示談之樣ニと存候何も荒々如此候恐々謹言

七月廿八日　輔　熙

因幡中將殿

別紙寫

一橋中納言殿御事被　仰立之趣も有之ニ付御上京被成候樣被　仰出候此段爲御心得申進候右之趣傳　奏衆ゟも御申入置候樣ニと存候以上

七月廿一日　有馬遠江守

井上河內守

水野和泉守

松平肥後守樣

別紙老中ゟ申越候間此段御屆申上候以上

七月

○文久三癸亥年

昨夜ハ不計拜顏忝失敬仕候米澤ゟ廻達差越し候間差廻し申候有馬中務大輔砲臺築造之儀幕府申立之趣實以因循再三攘夷之儀被　仰出候ニ遵奉も不被致右之申立以之外之事ニ候此廉を以尚又屹度嚴重之　御沙汰出候ハハ可然奉存候此段御同意ニ候ハハ中將ゟ被　仰遣候上武傳ゟ前顯之段申上候而ハ如何可有之哉と存候將又薩州御褒詞之書付委細拜誦御返却仕候此段迄早々頓首拜

卽　　淡拾遺

備拾遺君

二述有馬中務大輔臺場築造幕吏申立之一条ニ付中將廻達仕候間御廻し申候以上

○文久三癸亥年

貴翰拜見　殿下御書落手則淡州ゟ及回達猶卽刻本國寺ゟ參殿候樣申遣置
候私儀も餘四靡殿方ゟ一寸罷越し夫ゟ貴君御旅館ゟ直樣參殿仕候間左樣
御承知可被下候以上
卽　備前守
相摸守樣

○文久三癸亥年
御廻達之趣委〻拜承關東ゟ申立之一件も尊慮之處甚御尤御同意奉存候扨
明日四人列居之儀色々ニ存意相變し御同然困入申候狀几不相成候故變慮
とハ存候尤以別意等も無之候得共武傳ゟ達し之固メ場所ゟ相詰少しく相進
ミ家來人數も後ゟ差置前ゟ纒馬印を相立其本ニ床几相用候ハも却而勇〻
敷　叡覽も可有之筈と被存候乍去阿州見込不同意と申譯ニも無之愚存之
處申上候廻達之數通も直ニ淡州ゟ差越申候貴答旁早々頓首
七月廿八日　米澤小子

因幡中將公

二伸昨日ハ罷出寛々拜顏大慶仕候其節種々御饗應忝奉謝候歸後ハ又美事之鯉魚御惠投被成下御配慮痛入御禮厚申上候以上

○文久三癸亥年

只今別紙之通り　殿下御書相添相州ヨリ申越候間何分明日も　叡覽之事故御相談も成兼候間只今ゟ餘四麿旅宿江一寸罷越相談致し夫ゟ相州旅宿江罷越候間乍御足勞御出可被成候樣奉希候早々以上

七月廿八日　茂政

阿波侍從君

二伸　殿下御書簡壹通相摸守手紙相添及回達御落手可被下候以上

○文久三癸亥年

御親書謹而奉拜見候益御安泰被爲成恐悅至極奉存候抑一橋中納言上京之儀大樹許容有之登京之趣年寄共ゟ申越松平肥後守申上候ニ付而御尋淡路

備前餘四麿示談之趣以別書及言上候宜預洩達度希入存候恐惶謹言

七月廿九日　慶徳

殿下

諸大夫中

○文久三癸亥年

抑一橋中納言登京之儀老中ゟ松平肥後守ニ申越候趣　御内覧之儘御寫取
御下問之段謹奉拜誦候則各申談候處如　台命中納言登京差免候幕吏心中
如何ふも存候間昭訓ニ以　敕命内々中納言存意尋届早々言上之樣被　仰
出候樣仕度左候得ハ以急使其段申遣し存意相分り候上ニ而入京相成候樣
昭訓ニ是又　御沙汰相成候方ニ一同申談候ニ付以連署御内々申上度宜披
露希入存候恐惶謹言

七月廿九日　昭訓

茂政

茂政
慶德
殿　下
諸太夫中

○文久三癸亥年

爾來愈御清安奉賀候昨夜ハ得寛顏誠ニ大醉過言而已恐縮〻〻御宥恕可被下候米澤ゟ囘達差越四人列居之處別紙之通申來候得共愚意ニ而ハ何分御親兵　玉座近ヘ罷出候ニ御同然　御前遠ニ罷有候而ハ甚不都合とも奉存候矢張四人列居之方可然奉存候何をこ御勘考も御座候得ハ被　仰越可被下候此段迄早々頓首拜

卽　淡州

因州賢兄

尙〻本文之愚考米澤ヘ申遣し御座候此段御承知可被下候以上

○文久三癸亥年

爾後愈御清康奉恐賀候然ハ明日ハ馬揃定而可有之四人列居之都合如何御取極ニ相成候哉奉伺候將又過日申上候長州家老益田根來両人今日參り寛々談判仕候然ル處格別之見込等ハ無之候得共過日　殿下之御趣意ともハ相違候事御座候間いつれ拜顔御直話申上度奉存候右明日之都合相伺度艸々如斯御座候頓首拜

七月廿九日　米澤少將

因幡中將樣

二白明日ハ弥五時御供揃ニ而御出馬被爲在候哉奉伺候以上

三伸過日極御內話之人物ハ猶篤と思慮仕候得共筑前秋田之外ニハ可然人物心付無之候右之両人とも申而も一長一短十分と申ニハ無之候得共餘ニ心付無之候間此段申上候以上

○文久三癸亥年

薰誦四人列居之儀今朝貴君御手翰相添淡州ゟ文通御座候得共右一件度々

相變候ニ付談示付兼候間淡州ニ宜敷様取極候様申遣置候長老ニ御寛話拜承明日　叡覽無之候ハヽ午後拜面委曲可伺明日五時供揃ニ御座候人物之儀敬承御同意仕候尙會合之砌可申談早々頓首拜

七月廿九日　　　　因幡中將

米澤少將殿

○文久三癸亥年

一翰呈上仕候兎角不順之時候御座候處弥御安寧可被成御座奉恭賀候然ハ其後ハ存外御疎遠申上何共恐縮之至偏ニ御海恕被下候様奉希候扨ハ緩々御談申上度儀御座候ニ付參殿も可仕處可相成ハ御光臨被下候様仕度左候得ハ別而忝奉存候依而ハ何日頃御差支無御座候哉小生方ハ來月二日四日之内ニ御座候得ハ何等差支無御座候此段申上度如斯御座候草々頓首

七月廿九日　　　　會津

因州明公
玉机下

二伸時下折角御自愛被成候様奉祈候明日ゟ馬揃　叡覧ニ而甚心配仕候
貴君ニも御覧之由不整之儀も可有之哉と恐縮之至奉存候以上

○文久三癸亥年

今朝伊勢被參候而加談御斷之一条云々敬承

一八朔式日ニも違拙者并相州殿ニゟ御警衛詰中之儀故午之刻參　朝當賀
申上候儀云々敬承衣体之儀ゟ武傳ㇾ御聞合ニ相成候儀哉相伺度候米澤
他席も同様之儀故一同參　朝之方云々御同意ニ候米澤其外ニゟ武傳よ
り可申遣儀ニ候哉如何相伺度候

一薩云々敬承

一淡路歎願書御文意無存意候間御差出し可被下候別紙返上仕候

一牧和泉云々敬承何分御一同和泉面會以前ニ御集會申し尋振等御談判申
上候而御一同之處も區々不仕候様致置候上ニ而御一同ニ面會之方可然
左候ハゟ米澤山内淡州稲葉いつれㇾかり八朔退　朝掛ヶ集會候而ゟ如

何御存慮伺度候且稲葉山内之深意未タ愚夫ニ而相分兼候處も有之候間
旁申上候事ニ候御書狀ニ而淡州江相廻し申候
一明日ハ何分御出馬有之候樣希入候餘ハ明朝拜眉萬縷可申上候以上
卽　　　　　　　　　　　　　　　　　　　　　　　　　　　　備　前
因州賢兄

○文久三癸亥年
昨夜相州ゟ一通申來候間御廻し申上候加談一条ハ一ト先安心之事ニ御
座候
一八朔參　朝ハ賢兄米澤稲葉其外他席之向も御當地ニ居候からハ參　朝
之方至當と奉存候御存意如何承度候
一牧和泉面會之儀ハ相州申越候通御一同御相談申尋振區々不仕候樣致し
置候上面會之方可然と存候間其段相州江も申遣置候尤左樣相成候得ハ
何レ江成り明日集會致候而ハ如何稲葉米澤山内福山戶田等も一座ニ而

面會之方可然と相考候御同意ニ候得ハ其段相州ヘ御申遣可被下候早々頓首

七月三十日　備州

粟　公
机下

○文久三癸亥年

今朝松平伊勢守武傳ヘ相越御斷之儀達而申入候處加談之儀ハ過日來臨之被　仰聞も有之候事ニ付　御沙汰ニ不被及候得共追々上京迄之處三人ヘ是迄之通御相談有之候樣被致度大名衆不被加御相談候而ハ實以被惱　宸襟候儀ニ付是非御相談之處ハ御請有之樣御説得可被成旨達而被申聞候ニ付譬如何程御沙汰御座候共御請ハ仕間敷間何卒恐入候得共右之段ハ　御沙汰止ニ相成候樣ニと達而及言上度旨申入置候趣ニ御座候間御咄し申置候

一八朔ハ式日共違ひ別段之日ニ候間備州殿小子ハ御守衛之儀外々共違候

間午ノ刻諸大夫之間ヘ參上當賀申上候而ハ如何小子存意無御座候ハゝ
備州殿ヘ御相談申入候而返答之樣被申聞候旨淡州殿ニも御守衛ニ而無
之候得共是又御詰中之儀故當賀被仰上候而よろしく欲と被申無急度御
談申候樣ニとの事ニ候よし
慶德云御守衛之有無之不拘當賀申上候儀ニ候得ハ両公米澤他席も同
樣之儀故一同參　朝之方と奉存候御存意承度參　朝衣体ハ衣冠差貫
之趣也
薩御褒詞昇進之御沙汰ハ無之方と三人申立候故右昇進相除キ御褒詞計
ニ相成候前後ニ相成乍不都合相席故申入候との事之よし
長崎監察之一条ハ　殿下日頃之御不參ニ而未定と申事ニ御座候
右之條々伊勢守より申立候筈ニ御座候得共序故申上候
別ニ備前殿ヘ申上候別紙之通明朝両役ヘ差出候心得ニ候其內文言御存
寄も候ハゝ可被　仰聞候下書御廻申候

私方ニハ今日牧和泉參り何角議論致し度と申趣ニ御座候而參り申候所勞中且福山も參り候事故今日面會も斷壹人ニ而承候而も混雜致し候而も不宜候間一向一列參集致し可承と申聞候積故來朔日晝後參　內退出より両君上杉山內兵之助福山稻葉伊勢守一同ニ承候而も如何両君思召伺候上ニ而米澤山內ニハ可申遣と奉存候貴報ニ否哉可被仰下候明日長之吉初參度ゝの事是も馬揃ニ而斷之積ニ御座候以上

七月廿九日　稻　拜

粟　君

黍　君

机下

○文久三癸亥年

貴翰忝拜誦一昨日米澤迄備前より之廻狀御廻し被下貴君御存意書も御添ニ而御廻被下夫々拜誦御同意ニ付備前ニハ返却仕御座候昨日備前迄相廻候廻狀も小子も承知不仕候八朔ニ付而之　天機伺も五節句通ニ而可然奉存

候牧之儀ハ貴君御考御同意ニ存候今日之列居之處米澤之存意ニ任せ候而
ハ如何哉此段貴答迄早々頓首

郎　　　　　　　　　　　　　　粟　拜

稻　君
貴報

○文久三癸亥年

松平阿波守領淡路國詰家來共彼是混雜も御座候趣ニ而淡路守罷越取鎮方
不仕候而ハ甚心配之趣申越候處此節御用繁之砌相願候ハ重々恐入存候得
共無據次第ニ相聞へ此餘國許混雜仕候而ハ自然御用相勤兼恐縮仕候ニ付
何卒暫時之間淡路國ニ賜御暇領分取鎮方行屆候ハ早々登京之樣被　命候
ハ深可奉畏と奉存候右懇願之趣達而申聞も御座候處只今　御膝元御多端
之折柄微臣共不行屆之者ニ御座候得ハ實以賜御暇候而ハ不淺心痛仕候得
共右等懇願之儀ニ付一應ハ言上仕候間此上ハ被盡　朝議可然　御沙汰奉
冀度此段及　言上度如是御座候誠恐誠惶謹言

七月三十日　茂政

議奏諸卿

傳奏兩卿　慶德

○文久三癸亥年

朶雲拜見秋冷之時ニ候處愈御清安御奉勤珍重存候然ハ攘夷期限之儀ニ付縷々御示之趣當時鎖港談判中無謀之所業無之樣先達而從幕府被仰出之儀御座候ニ付夫々江ハ御達ニ相成候得共拙者儀ハ去月十四日於目印山警衛場英船打拂從　御所向御褒詞も賜其上當春中重き蒙　敕命其砌一橋中納言殿松平春嶽奉職中差圖濟ニ而進退之心得ニも有之尙又今般無二念打拂可申段奉蒙　朝命候上ハ從關東被　仰越候趣拙者江ハ御達被成候而ハ奉對天朝萬一御不都合ニ可相成哉と御掛念ニ付尙又　關東江御伺之處當時鎖港談判中ニも有之今度京師江被　仰立候御旨も有之候ニ付今一左右被

吉田侍從ハ大坂城代欤

仰越候迄ハ打拂之處深致推考候樣御紙面之趣致承知候然ル處右打拂之儀ハ始奉蒙　朝廷度々之　命且前以中納言殿春嶽差圖を請進退仕候儀ニ付此度從　關東被　仰立候御旨も被爲在候趣ニ御座候得ハ猶於　朝廷其旨被　聞食屆候上更　御沙汰無之內ハ拙者一存ニ而右御請申入候事ハ奉廢閣　叡慮候道理ニ而何共恐入存候貴官ニも此邊之意味旣ニ御推恕被成候程之儀ニ付尙御深考可然御取扱被下度希入存候乍延引貴答如斯御座候頓首謹言

七月三十日　　慶徳

吉田侍從君　回復

尙以打拂之一儀實ニ進退窮迫何卒貴官ニも被盡賢慮公武御一和一歸攘夷候樣御周旋希度長又薩四國邊ニも發砲承申候旁浪華之儀一意ニ歸し一途ニ出候樣ニ致し度候頓首拜

○文久三癸亥年

口述

過日御約諸申置候別紙貳通繪圖壹枚等令進達候也

七月廿九日　飛鳥井中納言

備前侍從殿

○文久三癸亥年

去月廿八日英船七艘城下海ニ渡來生麥一條之儀ニ付妻子養育料可相渡旨書翰差出候間此儀ニ付而者何處迄も曲直を致分解候含ニ而爲致應接候央去ル二日曉水夫共爲乘付城下邊ニ繫置候手船蒸氣船三艘非法ニ引出既ニ出帆之形ニ見受候ニ付不堪憤激卽時ニ可打碎旨嚴令を下し諸方臺場及砲發候處彼よりも同樣頻ニ發砲終日戰爭翌三日晝過退帆掛同斷海中孤島之臺場前通船又者互ニ打合其夜城下より四里計沖ニ七艘ち碇泊同四日退帆仕申候得共内壹艘洋中ニ碇泊仕居申候其内相應相痛候も有之体相見得壹艘者漸引船ニ而退帆追々死体并器械等流寄申候得共幾人打留候哉相分不申候

此方手負死人別紙之通并蒸氣船三艘焼亡且市中寺院等詰所焼失仕候不取敢此段形行早々御届申上候以上

七月五日　　松平修理太夫

別紙

手負死人姓名書

即死　貳拾四封度覘役伍長　税所清太

薄手　右同玉藥支配　家村幸之丞

右同　右同打役　平田甚五郎

右同　右同代玉藥役　肱岡伊之助

右同　小銃隊　大平新右衞門

右同　貳拾四封度什長　平田九十郎

右同

右同代覘役伍長 門松源之丞

深手後日相果

二之見之内野戰砲打手 重久甚太郎

右於臺場手負戰死

宮原道之丞

右爲遊兵致出陣居候處爲砲丸卽死

芦谷藏右衛門

松崎忠四郎

右同斷之處薄手

鄕士 前田平右衛門

右同 脇佐金次郎

右同斷之處卽死

右同 有川善兵衛

右同斷之處摺疵蒙ル
井上直八

右孤島於臺場薄手蒙ル
藤崎新之丞

薄手
澀川五郎左衛門家來
川添喜右衛門

右於臺場卽死
姶良郡山田士著士
山下堅之丞

卽死
島津内記家來
西休兵衛

深手ニ而相果

以上

（原朱）
繪圖略ス

○文久三癸亥年

昨日ハ得貴面大慶候弥御清榮珍重存候然ハ松浦豐後守京著候ニ付過日御

談申置候通稲葉右京亮儀如願御暇今日可申渡存候又々御用之節被　召候
ゟ早々可有上京旨可申渡候此段御心得迄申入置候早々不具

八月二日　定功

雅典

因幡中將殿

阿波侍從殿

備前侍從殿

尚以阿部主計頭も願之通御暇今日可申渡候也

副啓

乍略儀貴公ゟ差出候御傳達御賴申入候也

八月二日　定功

備前侍從殿

○文久三癸亥年

昨日ゟ參　朝得拜顔大慶仕候抑松浦豐後守　京著ニ付稻葉右京亮ゟ御暇
御申渡之趣何レも別意無御座右申上度如斯御座候恐惶謹言
八月二日
茂政
茂韶
慶德
飛鳥井中納言殿
野宮宰相中將殿
尙以阿部主計頭も今日御暇御申渡之旨右ゟ如何樣之被　仰出ニ御座候
哉奉窺度希入存候右在所ニ罷越候儀ニ候ヘゟ領海巡見も可有御座間御
暇被下御用御座候ハゟ重而通行之節被　召止候而も御宜敷儀ニ付先方
心意御尋ニ而ゟ如何と申合候此段申上候謹言
御副書薰誦仕候備前侍從ニ御差越之御手翰各拜見仕候則及御答候以上

八月二日　　　　　　　　　　茂政

茂韶

慶徳

野宮宰相中將殿

○文久三癸亥年

過日備前侍從に御達之御書面貳通繪圖壹枚等夫々廻達何も拜見仕候ニ付及返璧候右申上度如斯御座候恐惶謹言

八月二日　　　　　　　　　　茂韶

慶徳

飛鳥井中納言殿

猶以備前侍從よりハ別段御答不仕候以上

○文久三癸亥年

一翰啓上仕候先以益御安泰被成御座愛度奉存候然ハ昨夜參殿之節申上候

箇條別紙ニ相認奉呈上候右申上度如斯御座候恐惶謹言

八月二日

茂政

齊憲

茂韶

慶德

殿下

諸太夫中

○文久三癸亥年

御書中拔見候弥御安全珍重存候抑昨夜御入來之節承候儀御別書承候扠只今水戸中納言殿ゟ別紙書狀到來候まゝ任序入覽候也恐々謹言

卽刻

輔熈

因幡中將殿

備前侍從殿

〇文久三癸亥年

謹而奉呈一書候一両日者秋色相催少々凌能奉存候處益御機嫌能被遊御座恐悦至極奉存候然者此度大砲製造之儀　台命を蒙り冥加ニ叶難有仕合奉存候右御吹聴奉申上候扨一橋儀來月五日頃迄ニ者是非上京仕候積ニ御座候間此節關東之模様委細ニ御尋問被下置其上ニ而宜敷御了簡被遊候様仕度此段旁奉申上候恐惶謹言

七月廿七日　水戸中納言

鷹司様

拝上

尚〻例文略之

〇文久三癸亥年

謹而奉言上候然者此度餘四麿儀　御所ゟ御菓子拜領仕候段當人者申上候迄も無御座於野生も家之面目ニ罷成實ニ難有仕合奉存候右御禮奉申上度罷成候儀ニ候ハゝ御序之節宜敷御執奏被下置候様奉願度此段奉申上候恐

惶謹言

七月廿七日　　　　　　水戸中納言

鷹司様

書添奉申上候大場一眞齋原市之進儀御用も被爲在候儀ニ候得者長く御留置被遊候ても何等爰元ニ於て差支之儀無御座候間右之段御含御内々奉申上候以上

○文久三癸亥年

致披見候一両日者秋冷相催候處弥御無異抃喜之至ニ存候然者一橋連名ニて被遣候御密書之趣一々無御據御次第ニ者候得共何分重大之儀ニて不容易分柄故一橋ニも得与相談之上御答可申進候猶委細者近日一橋登京之上御噺申候筈ニ候間此段御報迄早々申進候不備

七月廿七日　　　　　　水　戸

松平相摸守殿

二白例文略之

○文久三癸亥年

尊書難有拜見仕候追々清涼之候相催候得共益御機嫌克御在京被遊珍重之御儀奉存候然ハ如仰最早當夏中も諸藩ゟ攘夷之儀御布告ニも相成候上ハ何ニも征夷之御任御盡不被遊候而ハ不相成候處未　天意御遵奉之御様子も不被爲在殊ニ水橋両公方御密奏之趣も有之兎角　公武御和睦相成兼候趣ニ而委曲之儀ハ御楮上ニも御盡し兼被遊候ニ付幸此節餘四麿殿ニも上京中ニ付御同人御附之中壹人弊邑ゟ被差遣候思召之處御人少ニ而被遣兼候ニ付拙者家來一両人ツヽ差出候様被　仰下候ニ付則差出申候且尊兄之御意內ハ如何被爲在候哉未タ承知不奉候得とも若上京等仕　公武御和熟相成候様周旋可仕との御儀ニも可有之哉左も有之候ハヽ何とも仕上京可仕候儀ニハ御座候得共當春中も申上置候通之儀ニ有之且又先便も申上候通隣國之一條も有之何時領海ゟ夷舶等襲來仕候儀も難計右ニ付而ハ城地

海邊ニ而ハ都而不都合之儀も御座候ニ付城地海邊之處[遠脱カ]ニ移度趣も公邊ニ

願置候程之儀ニ而何分弊邑を離難き意味合も有之候間右之處能々御勘考

被下候樣奉願候猶委細之儀ハ家來ニ申含置候間被爲聞候樣奉願候恐惶謹

言

七月廿八日　　松平右近將監

松　相摸守樣

再酬

尙〻例文略之

○文久三癸亥年

楷簡拜呈秋冷御座候處益御淸穆御起居被成奉雀躍候扠八幡行之儀昨晩可

爲伺之通旨傳　奏ゟ御達し御座候仍而明後五日發足仕候此段奉得貴意度

如此御座候草々頓首

八月三日　　阿部主計頭

松　相摸守樣

尊下

○文久三癸亥年

華翰拜誦候愈御勇健珍重存候抑稲葉右京亮御暇之儀無御別意旨承候將主計頭ニ　御沙汰之趣御尋承候右ゟ親藩且若年ニも候事故別段　御沙汰書ゟ無之只如願賜御暇旨演説申達候左御承知可給候仍早〻御答申入候也

乃時　定功

雅典

因幡中將殿

阿波侍從殿

備前侍從殿

御返之書取圖等正致入手候事

○文久三癸亥年

拜讀如諭昨日ゟ拜顔大慶仕候爾後愈御安康奉賀候然ゟ昨日之御書付貳通被差越慥ニ落手仕候披見仕候上傳　奏ニ可相返旨奉承知候所存御答之儀

尤明日御談之上可申上旨是又承知仕候貴答早々頓首

則　　　米澤小子

因州大先生

貴答

○文久三癸亥年

屬晴候弥御清壮萬賀候抑馬揃更　御覧被遊度旨被　仰出來五日辰刻參集巳刻可被始御治定候雨天延引日限追而可被　仰出候如過日御出仕有之候様　御沙汰候將一昨日議　奏ニ御談有之候馬揃抔之日九門内御家來騎馬並被用貝陸〔鐘カ〕等之儀不苦候左御心得可給候仍早々申入候事

八月三日　　野宮宰相中將

飛鳥井中納言

因幡中將殿

阿波侍從殿

米澤少將殿

備前侍從殿

乍御面倒別紙御廻達御頼申入候事

八月三日　定功

因幡羽林公

○文久三癸亥年

芳墨拜讀仕候愈御清勝奉萬賀候然ハ明後五日馬揃更ニ被　仰出候ニ付御沙汰之趣畏入奉存候今日ハ何レも德慶亭ニ參集仕居候ニ付一同拜見仕候右御請申上候以上

八月三日　茂政
齊憲
茂韶
慶德

飛鳥井中納言殿
野宮宰相中將殿

衣体之儀ハ下官共火事具家來野服ニ而罷出申候并過日申上候通出張引取之節何之御方ニ御出會申候共御會釋不仕候此段申上置候

(原朱)八月三日

○文久三癸亥年

貴翰拝誦抑松平肥前守申立候趣及軍艦目印等之儀何も御別存無之可被任朝議とゝ之旨委曲承候態々御示御面倒存候仍早々御報迄申入候也

廼時　　野宮宰相中將

因幡中將殿

阿波侍従殿

米澤少將殿

備前侍従殿

○文久三癸亥年

昨日ハ得貴面大慶ゝゝ其後愈御清光奉大賀候過刻牧和泉一件家臣以成

田太郎兵衛御家臣加藤高澤江為申置候意味得と御勘考之上明早朝御申遣し可被下候將若し御延引被遊候ハ者御人數之處も御申遣し可被下候

一米澤少將手紙壹通且野宮ゟ之囘達御廻し申上候尤少將侍從江者相廻し置申候間左樣御承知可被下候追々　朝議轉々内乱在近候次第能々御勘考可被成候尤昨日御相談申候次第故兎角被任　朝議候方共存候得共甚々心配仕候事ニ御座候餘四麿ゟ之三通及囘達候侍從江者其朝臣ゟ御囘達可被下候急乱筆可給御推覽候早々頓首

八月四日　備前侍從

因幡中將樣

猶以折角御厭專一奉存候今日肥後守之口氣御序ニ御示教可被下候以上

○文久三癸亥年

昨日者緩々拜顏大慶仕候爾後愈御安康奉賀候然者明日之都合九門内抑太皷爲持候御打合之處相詰候節も引取之節も無詮儀相考候間發砲有之候而

其節固場ゟ押出し候時爲持候而も如何と淡州入來ニ付相談仕候處同意ニ
付貴兄御別意も不被爲在候ハヽ因先生ゟ御申越被下度奉願候餘ハ明日拜
顏萬々可申上早々頓首
八月四日　　　　　　　　　　　　米澤小子
備前先生
○文久三癸亥年
秋冷相加候愈御堅達萬賀候抑小倉一條別紙之趣御治定可相成候爲御心得
申入候樣議奏ゟ示候仍申入候不具
八月四日　　　　　　　　　　　　定功
　　　　　　　　　　　　　　　　雅典
因幡中將殿
阿波侍從殿
米澤少將殿

備前侍従殿

小笠原大膳太夫

○文久三癸亥年

其方儀追々被　仰出候攘夷之儀遵奉不致而已ならを去ル六月五日佛夷長門海ニ致渡來候節長門より打拂候處其方領分豊前國田浦ニ爲致上陸貳通之書簡受取候始末夷賊内通之所業明白ニ候依之官位所領共ニ被　召上候事

跡目

親大膳大夫　勅勘之儀有之官位所領共ニ被　召上候然ル處舊家之儀且家臣迷惑ふも及候儀舊領之内三万石被下置候事

○文久三癸亥年

（原朱）前紙ノ別紙

芳墨奉拜閲候如高論秋冷相加候處愈御壯寧奉敬賀候偖ヽ小倉一條御別紙之通御治定ニ相成候ニ付右相心得候樣奉拜諾候早々囘達可仕先ヽ貴酬迄

如是御座候謹言

八月四日　　茂政

飛鳥井中納言殿

野宮宰相中將殿

○文久三癸亥年

拜啓仕候扨又餘四麿ゟ之廻達入貴覽候且野宮家ゟ昨日備前迄被申入候小倉一條實以不容易且昨日備前　殿下ゟ被伺候儀有之處是又不容易儀有之既內乱蜂起今日ニ御座候依而又片時も猶豫難仕樣被存候何卒貴兄ニも明早朝御出張掛御人數又御中座被差向貴兄又備兄又備前方ニ御來駕之樣希（三字重複カ）存候右可申上如斯御座候必御來駕可給候也恐惶謹言

八月五日　　相摸守

阿波拾遺君

○文久三癸亥年

一翰拜啓仕候一昨日拜顏大慶爾來御清安珍重存候野宮家ゟ備前江被申入
候小倉一條甚不容易次第内乱蜂起此時ニ候依而与得御面談申度奉存候何
卒明早朝御人數者御中座江被差向貴君ニ者備前旅亭江御入來被下候樣是
非〻〻相願度候頓首

八月五日　相摸守

上杉賢兄

○文久三癸亥年

貴翰拜見餘四曆ゟ廻達介落手候色々御申談之儀有之候ニ付備前守方迄參
候樣委細拜承只今出館伺（候カ）可仕候此段迄早々貴答申上候頓首

即　淡州

因幡君

○文久三癸亥年

尙〻餘四曆廻達後刻持參備前守江廻達可仕候以上

肅啓秋晴御同慶奉存候抑一昨日市之進ニ被仰含候事件同人ゟ早速　殿下ニ及言上候處委細御領掌被爲在直樣両役ニ可及談判との御事ニ御座候處只今別紙之通御沙汰出申候就夫市之進早々指下可申之處今日承候得ハ一橋公御旅館大坂本願寺ニ當り候よし全風聞ニハ御座候得共萬一海陸之異同ニ罷成候而ハ無其詮候間得と承り披候上差下し候心得ニ御座候就而ハ當今之形勢如何之進退ニ而中道ニ相叶候哉何卒一橋公ニ爲申上度奉存候間御著眼之處得と御定論被下度奉存候先ハ不取敢匆々如是御座候不備

八月四日　　　　餘四麿

相州君
淡州君
備州君
各机下

猶以別紙筑州ゟ建白　殿下ゟ御廻しに相成候間則廻達仕候以上

○文久三癸亥年

今度外夷掃攘并隣國應接之儀ニ付　叡慮之趣御達有之奉謹承候速ニ奉安
宸襟度心底申迄も無御座候就右私儀上京仕　宮中御時宜巨細奉窺度存念
ニ御座候處兼而之持病再發急速之旅行仕兼無餘儀悴下野守登京爲致奉窺
天氣度且又當節　御親征之御沙汰可被爲(在脱カ)哉ニ風聞相伺誠ニ不容易深恐入
奉存候旁取急上京爲致度相應之節御用向且又委細之御模樣相伺度奉存候
事

七月廿二日　　　松平美濃守

○文久三癸亥年
今度一橋中納言建言之儀有之候ニ付上京之趣彼是飛語相聞候間意底如何
可有之哉篤と探索可致候旨　御沙汰候事

八月

○文久三癸亥年
別紙之趣両卿迄奉願度　台慮如何被爲在候哉伺度参　殿遂　内覽候筈御

座候得共一同所勞罷在候ニ付以封中及言上度宜敷披露希入存候以上

八月五日

茂政

齋憲

茂韶

慶德

殿下

諸太夫中

○文久三癸亥年

八月六日申合

松平相摸守

上杉彈正大弼

松平淡路守

松平備前守

何レも辭官差出候內ㇳ他出且他人ニ面會無用之段何レも申合之事

鳥取池田家文書 一

日本史籍協會叢書 149

大正 六 年 十 月 十五日 初版
昭和四十三年十一月 十 日 覆刻

編者 日本史籍協會
代表者 森谷秀亮
東京都三鷹市大澤二丁目十五番十六號

發行者 財團法人 東京大學出版會
代表者 福武 直
一一三 東京都文京區本郷七丁目三番一號
振替東京五九九六四電話(八一一)八八一四

印刷・株式会社 平文社
本文用紙・北越製紙株式会社
クロス・日本クロス工業株式会社
製函・株式会社 光陽紙器製作所
製本・有限会社 新榮社

九〇〇二三

日本史籍協会叢書 149
鳥取池田家文書 一（オンデマンド版）

2015年1月15日 発行

編 者 日本史籍協会
発行所 一般財団法人 東京大学出版会
代表者 渡辺 浩
〒153-0041 東京都目黒区駒場4-5-29
TEL 03-6407-1069 FAX 03-6407-1991
URL http://www.utp.or.jp

印刷・製本 株式会社 デジタルパブリッシングサービス
TEL 03-5225-6061
URL http://www.d-pub.co.jp/

AJ048

ISBN978-4-13-009449-8 Printed in Japan